阅读成就梦想……

Read to Achieve

EMPTY
MANSIONS

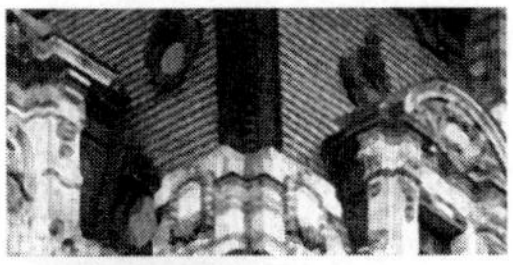

The Mysterious Life of
HUGUETTE CLARK and the
Spending of a
Great American Fortune

空虚的豪宅

美国神秘女富豪的传奇人生

[美] 比尔·戴德曼（Bill Dedman）
小保罗·克拉克·纽厄尔（Paul Clark Newell, Jr.） 著

黄文彦 译

中国人民大学出版社
·北京·

图书在版编目（CIP）数据

空虚的豪宅：美国神秘女富豪的传奇人生 /（美）戴德曼，（美）纽厄尔著；黄文彦译 .—北京：中国人民大学出版社，2016.5

ISBN 978-7-300-22028-4

Ⅰ.①空… Ⅱ.①戴… ②纽… ③黄… Ⅲ.①克拉克，H.M.（1906～2011）—传记 Ⅳ.① K837.128.5

中国版本图书馆 CIP 数据核字（2015）第 255585 号

空虚的豪宅：美国神秘女富豪的传奇人生

［美］比尔·戴德曼 / 小保罗·克拉克·纽厄尔 著

黄文彦 译

Kongxu de Haozhai: Meiguo Shenmi Nüfuhao de Chuanqi Rensheng

出版发行	中国人民大学出版社		
社　　址	北京中关村大街 31 号	**邮政编码**	100080
电　　话	010-62511242（总编室）		010-62511770（质管部）
	010-82501766（邮购部）		010-62514148（门市部）
	010-62515195（发行公司）		010-62515275（盗版举报）
网　　址	http://www.crup.com.cn		
	http://www.ttrnet.com（人大教研网）		
经　　销	新华书店		
印　　刷	北京中印联印务有限公司		
规　　格	160mm×235mm　16 开本	**版　次**	2016 年 5 月第 1 版
印　　张	19.5　插页 3	**印　次**	2016 年 5 月第 1 次印刷
字　　数	260 000	**定　价**	69.00 元

威廉·安德鲁斯·克拉克家谱[1]

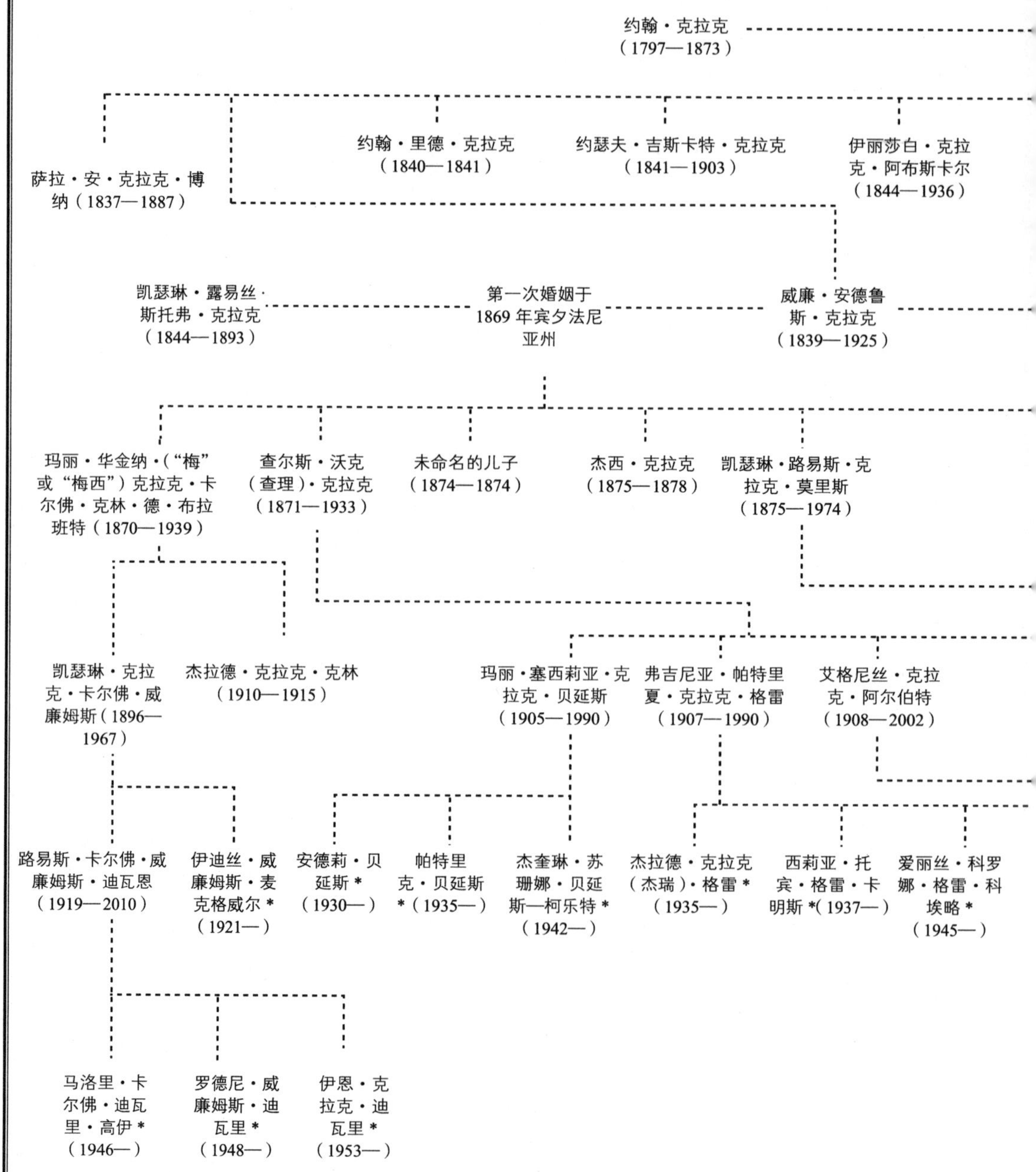

① 其中 * 号为争夺胡姬遗产的 19 位亲人。

② 艾伦·克拉克是本书合著者小保罗·纽厄尔的祖母。

③ 蒂莫西·格雷死后他的遗产也加入到争夺中。

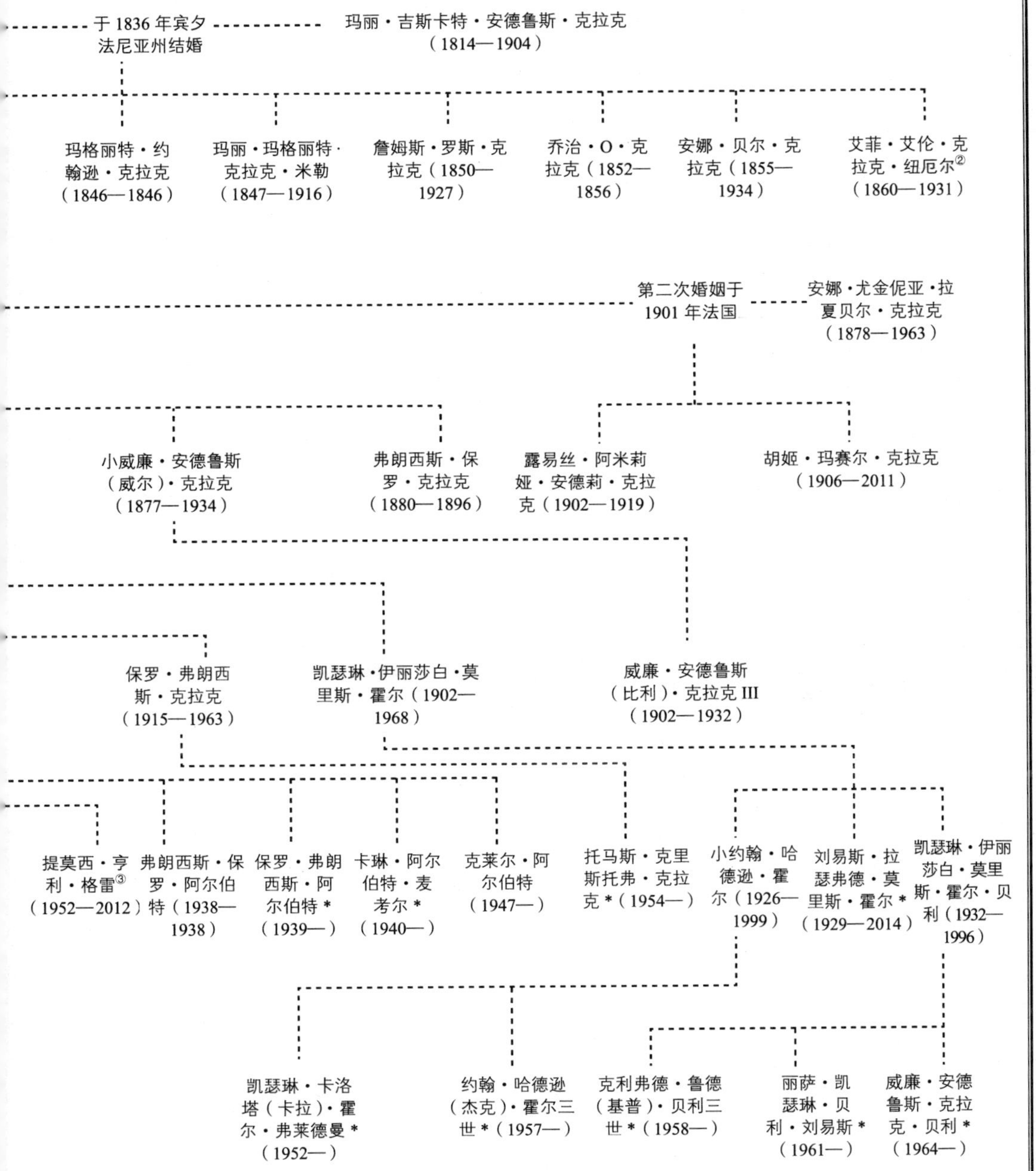

未在家谱上列出的还有威廉·安德鲁斯·克拉克兄弟姐妹的子女，其他亲属请参见克拉克家族详细族谱：http://ancestry.com/clark.

目　录／Contents

前言

Empty Mansions
The Mysterious Life of HUGUETTE CLARK
and the Spending of a Great
American Fortune

隐秘富豪

我们是以不同的方式走进这个故事的，一个是出于偶然，一个是出于血缘关系。

比尔·戴德曼

机缘巧合，我误打误撞进入胡姬·克拉克的神秘世界，当时家里正在找房子，但价格有些超出我的能力范围。

2009年，因我妻子工作变动，我们从波士顿搬到了纽约，但我们都希望还能接触到新英格兰的魅力和独特气质：古老的石墙，乡村角落里殖民时期的房子，节俭的北方佬省掉了“drawer”的r音说把他们的羊毛袜子放在“抽屉”（draw）里，但却把“画画”里的r说得别有风味①。租房期间，我们看了康涅

① 语音学家称这种舌头向上卷的发音为“后曲音”（retroflex）。美国新英格兰地区的人在读含/r/的词时，略带一点卷舌音。18世纪，新英格兰人追求“创新”的英语，像祖先英国人一样，读/r/音时舌头在口腔内保持平放的位置，发出的音称为是无/r/的读音；而美国的南方人则保持着“原始的发音”，这是今天美国“南方口音”与新英格兰地区乃至全美口音的主要差别之一。此处作者指的是北方佬说drawer（抽屉）音时，发不出“r”音来，但在说draw（画画）时，“r”音却发挥得淋漓尽致。

狄格州的小镇，这片区域在帝国大厦的东北方，车程只需一小时。虽然房子价格已陷入大萧条，但对我们来说房子还是只有两种：不喜欢的和买不起的。

有天晚上，失望之下，我索性另做他事了。我开始浏览网页列表里那些我确确实实买不起的房子——“美国梦”的一种锻炼方式。有些房子的名字很熟悉，比如常听说的连脱口秀主持人唐・伊姆斯（Don Imus）和菲尔・多纳休（Phil Donahue）都卖不动的长岛湾海滨豪宅，其他的宅名则只能靠谷歌搜索才能得知。有人凭借在网上卖内衣赚的钱，买了价值800万美元的房子（“穿着内衣买内衣”）。然而，当看到表单里排名第一的房子时，我震惊了。

康涅狄格州待售的最贵的房子在新迦南地区的托尼镇，当时已从原价3 500万跌至2 400万美元。它名为乐博堡——“美丽城堡”，这“梦中情人”占地14 266平方英尺①，嵌在52英亩②的林地里，一条河流穿过其中，还有一道瀑布飞流而下。城堡里有22个房间，包括9间卧室，9间浴室，11个壁炉，1个酒窖，还有电梯、行李间、安全走廊和衣物干燥室。仅房产税每年就要161 000美元，这大约是一个典型美国家庭四年的收入了。我不认识房子的主人胡姬・克拉克，不知其是男人还是女人？

镇上的网站上有条奇怪的记录：自从乐博堡的主人在1951年买下房子后，房子就一直无人居住。这不可能啊！谁能够买得起这样的房子然后空置60年？为什么会有人这么做呢？

作为一名调查记者，我的工作职责并没有包括去调查一个美丽的城堡，但第二天早上我还是驱车前往新迦南。

这条名为“丹”的高速公路实为一条蜿蜒狭窄的小道，路上有个手工做的小路标写着104号，还有一个警示牌，上面标着“私家宅院，请勿擅闯”八个字。一排矮红砖墙油漆斑驳，后面坐落着两间小砖房。车道从砖房中间穿过，经过锈蚀的铁门，穿入树林，弯弯曲曲消失在视野外。如果真有童话般的城堡，那它必然在林深之处。这房子四周没有人烟，只看见野生的火鸡、麋鹿

① 1平方英尺≈0.093平方米。

② 1英亩≈4046.856平方米。

和鸟。说它是个家，倒不如说它就是一个自然保护区。这里没有信箱，没有名号，也没有门铃。我倚在墙上，敲了敲一间屋舍的窗户。

一个胡子拉碴、穿着白背心的男人慢吞吞走了出来，睡眼惺忪，说自己叫托尼·鲁杰罗，负责照看这房子。此人年过八十却依然健硕，他说自己曾经是拳击手，还曾和洛奇·马西亚诺[①] 打过拳击，现在只是在照看“克拉克夫人宅邸”。他开不了门，这房子虽然无人居住但有人精心打理。20 多年来，他从没见过房子的主人，只知道支票是她的律师从纽约寄来的。

鲁杰罗像想起了什么，他走进房里，拿出一张《纽约时报》的剪报。在一家拍卖行，雷诺阿的《玫瑰丛中》以 2 350 万美元的价格成交，画中描绘了一个女人坐在花园长椅上。报纸上说这幅画来自“胡姬·克拉克的遗产”。鲁杰罗一直指着“遗产”二字。

“我有个问题”，他对我说，“你觉得她去世了吗？”

…

我在南加州网络论坛找到胡姬·克拉克的名字，发现乐博堡并不是她唯一的房产。她还有一套更大的房子坐落在圣巴巴拉，这幢度假别墅坐落在面积 23 英亩的峭崖顶上，面朝太平洋。但是这幢别墅绝不出售。报纸上说几年前她拒绝了一亿美元的议价。豪宅名叫贝洛斯瓜尔多，意为“美丽风景”。论坛上说胡姬至少有 50 年没有去过那儿，但这个面积为 21 666 平方英尺的宅子被人精心照料着，20 世纪 30 年代的轿车还停在车库里，餐具齐全以备主人到来。

我本无意投入这个故事，但还是被激发了好奇心。一段时间后去圣巴巴拉出差时，我尝试探访贝洛斯瓜尔多。这栋房产隐秘在断崖上，一面高墙把它和圣巴巴拉公墓阻绝开来，即使是魂灵也很难一瞥其中姿态。但是通往贝洛斯瓜尔多的后门开着，我沿着那条弯曲的车道往上走。山顶上几个园丁正在工作。主宅隐秘在一片丛林中。突然，一个 50 多岁的彪悍男人拿着对讲机，开

① 美国拳击运动员，生于马萨诸塞州布罗克顿。他击拳凶猛，耐久力强，1947 年 3 月起成为职业运动员。1952 年他击败了乔·沃尔科特获得最重组级世界冠军，并保持到 1956 年退出比赛为止。

着一辆高尔夫球车驶向我。他介绍自己叫C·约翰·道格拉斯三世，是这儿的房产主管，并指着“私人领域勿入”的标志。在把我送下车道的途中，谈到守护的一些事，他只透露两个信息：他受雇于“克拉克夫人”已经超过25年了，而且也从未见过她。

边谈着话道格拉斯边把我送出了锁着的铁门，他似乎是没心情帮我解开这个谜团了。“很抱歉”，他淡淡地解释道，“要想养活孩子，你就得这么做。”

看着我对此的好奇心越来越强烈，家人有些担心。但毕竟我和妻子是在一次监狱暴动中相识的，我俩都是记者，为了近距离接触人质曾闯入亚特兰大联邦监狱。我把这座空宅和打探其神秘主人的事情告诉了哥哥（他是个电影迷），他给我发来邮件，悄声说道“玫瑰花蕊”①。

当然，这只是个玩笑。胡姬·克拉克到底在哪里？大笔钱财从何而来，又为何会被如此挥霍？

…

查阅公共档案后，我找到了她的第三处住所。胡姬·克拉克可不是只有一所公寓，在纽约她有三套房产，第三套位于第五大道907号，这座经典的石灰岩建筑矗立在72街，俯瞰中央公园。这个充满传说和幻想的街区，靠近爱丽丝梦游仙境雕像和精灵鼠小弟举行帆船比赛的池塘。“先生，没错”，身穿制服的907号门卫操着俄罗斯口音说，“这就是克拉克女士的房子。”不过，他20年来也没有见过克拉克女士本人或者她的家人，虽然他曾经替玛莎·斯图尔特（Martha Stewart）②搬运杂物，玛莎在这幢大楼里也有个临时住所。907号门卫耸耸肩，像是想说这种奇怪的事情门卫们可见多了。

邻居和房产经纪人补充了一些细节。胡姬·克拉克的公寓占据了大楼的整个八层和半个十二层（即顶层），总计42间房，她在第五大道这个美国最繁

① “玫瑰花蕊”来自电影《公民凯恩》，剧中凯恩临死说出“rosebud”一词，于是记者就开始找寻这个词的意义，寻访了凯恩生前的诸位好友以及他的第二任妻子，由此揭开了凯恩辉煌又崎岖的一生。

② 玛莎·斯图尔特（1941—），美国玛莎家居综合传媒公司的领导人。

华城市中最上流社会的街区拥有 15 000 平方英尺的空间。从业主合作委员会账单上看出她一年缴纳的税款和维护费达342 000美元，每个月需28 500美元。虽然邻居们都没见过胡姬本人，但他们都告诉我，听说她公寓里收集的玩偶和玩具屋数目惊人。屋内的油画也同样繁多，甚至还有莫奈名作。一个邻居把我带到胡姬第八层公寓楼悄无声息的电梯门厅里，一卷卷多余的地毯搁置其中。我按下门铃，没人应答。这不像是个用来放置莫奈作品的地方。

这位克拉克女士所有的住宅面积几乎相当于整个白宫的大小。她究竟住在哪里？为什么空置房子却一直付着天价房费？寻不到她住所，那至少应该找出她究竟是何人。

…

结果，我打开了走进美国故事的入口。尘封的往事就此打开。此时胡姬·克拉克已经 103 岁，她继承了美国最富庶的财富之一——蒙大拿州和亚利桑那州挖出来的铜矿井，电流通过这里的铜传递到全世界。她父亲威廉·安德鲁斯·克拉克的故事像是美国梦的化身：从宾夕法尼亚的小木屋里走出的农场男孩，后来成为掘金者、银行家，直至蒙大拿州的参议员。威廉·安德鲁斯·克拉克还是一个铁路大亨，联结了横贯大陆线直至洛杉矶这一沉睡的加州港口。沿路被他拍卖掉的土地如今成为拉斯维加斯市中心地段。

20 世纪初美国还没有个人所得税，因此当时的报纸还不能断定谁是美国最富裕的人。1907 年，《纽约时报》算出的结论是，光数银行已有存款，石油大王约翰·D·洛克菲勒是首富。但如果加上还在地下的未挖掘的财富，《纽约时报》认为铜业大王克拉克应该比洛克菲勒更富有。

威廉·安德鲁斯·克拉克在美国历史上的政治生涯也极富争议。他被人告发当初是通过行贿而获得席位，因此被迫从美国参议院辞职。之后他并不气馁，再次参选。1904 年在参议会就职期间，孩子都已经成人的鳏夫克拉克与一个比他小 39 岁的女人秘密结为夫妇，消息一公布就震惊了政界。消息宣布的时候，克拉克和安娜·拉夏贝尔·克拉克已经有了一个两岁的女儿安德莉。我 2009 年寻找的胡姬·克拉克就是这段婚姻里的第二个孩子，她生于 1906 年的巴黎。

因此，她有一个法国名字——胡姬。发这个音需要时间适应，我的南方口音要发清楚也很困难。有人告诉我法语的“u”音在英语里不存在。发音时不是完全以“h”开头的“hu–姬”[①]，也不是“y”开头的“you–姬”，更接近于“oo–姬”。威廉·安德鲁斯·克拉克于1925年辞世，留下了价值1亿至2.5亿美元的财产，如今价值达34亿美元。胡姬当时18岁，继承了五分之一的财产，在卡通画里，她被刻画成一个可怜的被宠坏了的富家小姐。当时的历史书或杂志封面故事描述克拉克最常用的词就是“难以置信”。他去世后，企业被出售，克拉克这个名字也逐渐淡出。他也许是现今大多数美国人都未听说过的最有名气的人。现在这个继承了铜业王国五分之一财产的胡姬也同样隐于人世。

这段历史从父亲跨越到女儿，让人难以理解。威廉·克拉克出生于1839年，时值美国第八任总统马丁·范布伦（Martin Van Buren）当政。克拉克22岁时南北战争爆发。1906年胡姬出生，第二十六届总统西奥多·罗斯福在白宫主政。克拉克出生170年后，他最小的小孩仍然在世，已103岁高龄，这时候第四十四届总统巴拉克·奥巴马都已经上台了。

好吧，就我所知，她依然在世。

在为NBC新闻网站探究胡姬故事期间，我渐渐拼凑出这个事实：她确实还活着，并一直自我流放似地在曼哈顿医院病房里生活了20年，不过据说身体康健。出于自身原因，她把自己与世隔离开来。胡姬隐居已久，以至于替她打理了20多年事务的律师都没有亲自和她对话过（他只是其中之一），他们之间的交流只能通过电话或者隔着门墙。

对我来说，追寻到此结束了。我写下这个豪宅传奇，但无意去闯入一个害羞老太太的病房。

…

随后，读者开始给我发邮件提示一些不法信息线索，豪宅传奇演变为刑事调查。在胡姬的财产里，有一把斯特拉迪瓦里小提琴（世界上最罕见的小提

① 法语中辅音“h”不发音，是虚音和哑音。

琴之一)，售价 600 万美元，买家被要求十年内不能向任何人透露这把琴的来源。同时，胡姬从账户里划出了几百万美元作为礼物送给了她的一个护士。胡姬的会计是个有性侵犯记录在案的重罪犯，他因在网上引诱少女而被捕。且这个会计和胡姬的律师之前从另一个年老的客户身上继承了财产。

这些进展逐步更新后，和我们的读者一样，曼哈顿区的律师们有同样的疑问：为什么胡姬没到山穷水尽却要出售她的宝贵物品？这个古怪的百岁老人在医院住了 20 年，有能力经营自己的事务吗？她的律师和会计是否联合以继承她据说价值 3 亿美元的财产？

这个深居简出、与世隔绝的女继承人突然成为现代媒体争相追逐的大热门。胡姬·克拉克的形象登上了《今日秀》和纽约小报的头版。她虽生在无声电影时代，却在 104 岁时成为谷歌和雅虎网的热门搜索，维基百科有了她的专页，Facebook 拥有大量粉丝，还有《纽约时报》头版大篇幅的报道。

胡姬小时候就是一个名人，时隔一个世纪再次声名鹊起，而这百年间她更像是一个幽灵。她最后一张公开的照片摄于 1928 年，这位女继承人身着皮草、珠宝和时尚钟形帽。此后，她试图逃避世人的目光。怎么逃离？更重要的是，为什么要逃离？

我急切地想要继续调查。胡姬的一位银行经纪人向我透露："整个故事非常传奇，但是也非常吓人。它具备群体欺诈事件的所有因素。可怜的克拉克女士听上去好像是那些富有的又与世隔绝的年老女士中的一员，被周边看起来值得信任的顾问们不断利用。"

似乎实情就是如此。

···

在探索这个故事期间，我有幸认识了胡姬的一个亲人小保罗·克拉克·纽厄尔。他并不志于继承胡姬的豪宅，而是对追寻家族历史颇有兴趣。他比我多一些与胡姬接触的体验。一开始他就非常理智地先去电话簿里找胡姬的号码。

小保罗·纽厄尔

胡姬·克拉克是我父亲的大堂姐，不过她更喜欢我称呼她“胡姬姑姑”，用法语姑姑一词“tante”。我父亲保罗·克拉克·纽厄尔的叔叔就是威廉·安德鲁斯·克拉克——胡姬的父亲。这位鼎鼎大名的叔叔常来洛杉矶拜访我们家。父亲在生命的最后几年开始着手完成拖延已久的任务——给克拉克参议员写传记。不幸的是父亲身体每况愈下，只完成了冰山一角。

父亲去世后，我开始掌管家族的档案，探访博物馆和历史学会，同认识克拉克和他第二任妻子安娜的亲属开始往来，其中一些人甚至见过隐居的胡姬。在华盛顿特区科科伦艺术画廊展出克拉克参议员艺术藏品后，我得知胡姬还在世。她一直很慷慨地赞助科科伦，寄来手写的支票，同时坚持她的赠与应写上“匿名”。

在家族传说里，胡姬一直以来都是个神秘的存在。虽然她与我的父亲基本同龄，父亲却从未见过她，甚至去克拉克参议员位于纽约第五大道的大豪宅里做客的时候都不曾谋面。我小时候跟随家人旅行，沿太平洋海岸公路经过圣巴巴拉的时候，父亲会指着海边一角告诉我那是贝洛斯瓜尔多——克拉克家雄伟的度假豪宅。我曾听父亲提起过胡姬生性害羞，喜欢独居，其他我也不甚了解。

多年以后，20 世纪 90 年代的某天，我旅行途中从圣巴巴拉经过，用“克拉克”的名字查阅了电话簿，令我惊奇的是我不止找到了一个。我找出了两条胡姬·克拉克的记录，还列出了街道地址和电话号码，地址显示胡姬住在沿海卡布里罗大道。我想着对于这种将自己封锁于神秘中的人来说，这已是了不起的开端。我拨通了其中一个电话号码，她的房产经纪人约翰·道格拉斯（John Douglas）接了电话。他跟我分享了一些关于工作上的事情，说虽然从未见过克拉克夫人，但为她工作很愉快。我问他怎样才能联系上胡姬，他告诉我唐纳德·华莱士（Donald Wallace）这个名字，说这是胡姬在纽约的律师。1994 年 11 月，我通过华莱士转交给胡姬一封信，介绍自己是谁，并表达了希望她能合作来完成家族调查的意愿。

十天内我收到了一段语言留言，声音爽朗又吸引人。“你好，保罗，我是你姑姑胡姬。我很抱歉跟你错过了，保罗，因为我也确实想和你说说话。我会再打给你，之后我们可以谈谈。再见。”

她声调高亢，带着异域口音，估计是早年旅居法国的影响或者有轻微的语言障碍。虽然已经88岁高龄，但她的声音依然平稳。接下来她又留过几次言，但从来没有留下一个可以回拨的电话号码。为什么不给我电话号码？我想在她宽敞的第五大道公寓里，肯定雇有男仆或者秘书来接听或者屏蔽来电。针对这个情况我电话咨询了她的律师。

“她不会给你号码的。”律师简短回复说。

接下来的一个月，我又错过了她的电话，留言里她说道：

> 你好，保罗，我是胡姬姑姑。我打过另一个电话，但没有人接。所以我会很快再打给你，因为不久前我得了水痘——我这年纪什么都得患上。能想象得到吗？好吧，不管怎样，现在慢慢恢复了，已经不发烧了，感觉还行。谢谢你给我寄来照片。你女儿长得真漂亮！还有你的小孙子艾瑞克……

说到这里时，留言的时限到了。我很惊奇，这位年迈的亲人一直在家族里都是因为隐居和警惕心重而为人所知，虽然我们从没见过面，但她似乎不介意和我随意聊到个人的医疗问题，还询问我直系亲属的情况。然而，我仍然没有她的电话号码。

接下来的一年里，我不断写信给她。1995年10月，我告诉她我会去纽约，然后留了酒店的电话。在此之前，我收到另外一个克拉克表亲安德里·贝延斯的邀请，他家位于法国领事馆，在胡姬第五大道寓所的另一头。安德里是克拉克参议员的曾孙，职业外交家，现在是法国驻纽约总领事。胡姬让安德里联系我，之后我们成为不错的朋友。那天晚上我回到酒店房间，大约11点的时候，电话响起。

“你好，保罗，我是胡姬姑姑。”

最后，离我第一封信几乎过去一整年后，我们终于谈话了。接下来的九年里我们一直交流着。一年中大概联系六次。有时候很简短，只是闲聊几分钟，有时候我们能聊上半个小时或者更久。从我们的对话中截取了几个片段，以“与胡姬的对话”为名贯穿在书中。

胡姬跟我分享过她最爱的书籍和一些久远的记忆。我们聊时事，也谈家族历史。她很罕见地邀请我去参观圣巴巴拉的贝洛斯瓜尔多。于是我打给她的律师来约定时间，胡姬会应我的请求，在几分钟前打给律师知会他，但她却一直没有告诉我她的电话号码。

比尔·戴德曼和小保罗·纽厄尔

2011 年 5 月，在她 105 岁生日即将到来的前两周，胡姬·克拉克在曼哈顿的贝斯以色列医疗中心去世。法庭记录解决了一个疑问，却又生起另一团疑云。胡姬没有签署“一份遗嘱”来支配她的财富，却签了两份内容相反的遗嘱。这两份都签于 2005 年春天，当时她已经快 99 岁了。

根据第一份遗嘱，500 万美元留给她的护士，剩下的财产给她最亲近的在世亲属。如果她没有立过遗嘱，这些亲人依然有权继承她的遗产，但在文件里却找不到这些继承人的名字。

六周后，胡姬签署了第二份遗嘱，没有给亲属留下任何财产。她把豪宅划分给护士、教女、主治医生、医院、律师和会计，而其中最大的份额归她在加州度假豪宅贝洛斯瓜尔多新设立的艺术基金会。

法庭上的遗产争夺由此拉开——3 亿美元遗产的去向悬而未决，胡姬的真实意愿有待商榷。来自胡姬父亲第一次婚姻关系的 19 位亲属对她的遗嘱提出质疑，他们表示胡姬是诈骗的受害者，当时她精神虚弱，无法了解自己签署的文件是什么内容。

…

在《空虚的豪宅》这本书里，我们一同追寻了胡姬·克拉克和她家族的神秘故事。我们只为诚实地呈现这个故事，无论它的结局将会如何。我们相信这个故事值得人们去探究，不仅为了胡姬，更为了它展现出来的美国历史的浮光掠影。

这个关于铜业大王及其家族的故事，一方面追溯了产业和财富的兴衰。洛克菲勒、卡耐基、摩根这几个名字在美国家喻户晓，但为什么威廉·安德鲁斯·克拉克在历史上几近消失？他付出了怎样的代价、作出了多少牺牲才能得到这些财富和政治力量？在这些令人难以置信的财富里，在公众关注的视线中，他年轻的妻子安娜和女儿安德莉、胡姬过着怎样的生活？为什么胡姬要从公众的视线中逃离？胡姬晚年究竟有没有能力处置自己的财产，或者如同她的亲人声称的，她已经被护士和财产顾问们控制？谁将要或者应该继承她的财产？

然而另一方面，抛开这一切世俗的思索，克拉克家族的故事就像是一个经典的民间传说，只是这个故事以倒叙展开，一开始就出现成袋的金子，然后英俊的王子逃离，国王的女儿把自己锁在塔里。这个显赫的家庭让我们了解到保护隐私所需的代价，理解了巨大的财富所需的成本和机遇，也知晓了实现美国梦的后果。这个家族能带我们走进西部淘金热的山间营地，穿梭国会大厅，经过巴黎的艺术沙龙，到达环绕在镀金时代仅存的珠宝里的纽约第五大道的画室。

本书汲取了访谈、私人文件和公共档案的内容。我们没有虚构任何人物和对话，也没有给人强加任何想法。所用资料包括胡姬两万多页私人文件，以及 50 个证人在财产争夺法庭上的证词。虽然非小说类的作品似乎都无法描绘出人的心路历程，但克拉克家族已经留下足够的面包屑，带领我们回到他们的童话世界。

“幽灵”富豪

1991 年 3 月 26 日下午，正值早春时节，阳光明媚，内科医生亨利·辛格曼正赶赴纽约贵族所在的上东区给一位新病人紧急出诊。是一位上了年纪的妇人打来的求救电话，她没有自己的私人医生。

到了位处第五大道 907 号的奢华公寓楼，身着制服的门卫迎接了辛格曼，带着他沿着大理石台阶穿过带有雅致格子天花板的门厅。红木镶板的电梯倒像是某个富豪的图书馆，电梯把他们送到了八层，然后门卫做了一件之前一直不敢做的事，他打开了八层的公寓，把医生带了进来。

窗帘拉着，遮住了中央公园的阳光。过道是接近 40 英尺长的艺术画廊，只有在入口通道上点着一盏蜡烛照明。拼花地板上堆满了法国玩具屋和日本城堡模型，通行困难。侧间放满了人偶，一群身着和服的艺伎娃娃挤在一起。公寓里还有绿色丝缎和红色天鹅绒织的窗帘，路易十五时期镀金橡木做的家具，还有雷诺阿、塞尚、德加、马奈和莫奈留名的画作。

在这半明半暗的灯光下，辛格曼医生见到了这个“幽灵”般的人物。她身形娇小，接近 85 岁高龄，稀疏的白发，眼神惊恐，瞳孔闪着蓝钢色的光彩。她穿着一件带有污渍的浴袍，用毛巾包着脸。

从医疗记录上提供的细节来看，她的情况不容乐观。这名患者患有多种癌症，基底细胞癌已经有相当长一段时间没有得到控制。她下唇左侧缺了一块，进食时食物总是从嘴里涌出来。她的右脸颊深陷进去，右下睑的位置长着又大又深的溃疡，眶骨都暴露了出来。她体重 75 磅，“看起来像刚从集中营里出来的人，好像就要踏进鬼门关”。

辛格曼医生要求她立刻住院。她选择去了名医医院，这不是曼哈顿最好的医院，但是离一个朋友的公寓很近。因为没有保险，她的律师给医院汇来一张一万美元的支票，救护车于当晚抵达。

之后这名病人除了在照片里，再也没有见过这个公寓。虽然身体恢复健康，她还是选择在医院里度过了之后的二十年零两个月，确切说是 7 364 个夜晚。

自 1991 年那个春天的晚上离开家后，胡姬·克拉克坚持躺在担架上由救护人员高抬着穿过门厅，走下大理石台阶，就像克里奥佩特拉坐在轿子上。这种做法并非出于仪式而是为保护隐私，因为这样门卫和邻居就看不见她的脸。

静谧时光

对胡姬来说，贝洛斯瓜尔多还是她 60 年前见到的样子。这栋克拉克家族的度假别墅位于圣巴巴拉，波光粼粼的太平洋景色在这里一览无余。别墅被人很精心地维护着，自 20 世纪 50 年代初起，每月花在房屋上的维护费需 4 万美元。

走进这座灰色的法式别墅，厨房外的服务间后方的绿瓷砖上放着一张白纸，排版签字区有一个勤杂工的签名。这张纸已经在这里放了十年多。它标记着一件家具原来的位置。

2001 年 11 月 29 日
我把一个白色的木梯凳
从这个房间搬到了主翼电梯
当作救援用具
以防电梯停运

哈里斯

房子外有一间巨大的车库，它原本是马车仓库和配有舞厅的员工宿舍，曾经归沃尔特·阿姆斯特朗管理，也就是克拉克家的苏格兰司机。大部分时间克拉克家的人不会亲自来驾驶这些车辆，阿姆斯特朗常常在他那高低起伏的风笛曲声中度过在贝洛斯瓜尔多的静谧午后时光。

阿姆斯特朗早已逝去。他退休后胡姬仍付给他全部工资作为养老金，直到他在 20 世纪 70 年代去世。然后，胡姬把退休金给了他的遗孀阿尔玛，直到她在 20 世纪 90 年代去世。阿姆斯特朗曾精心照看的两辆车还在这里完好保存着。多次有人上门购买，都被胡姬拒绝了。

右边这辆是 1933 年产的克莱斯勒皇家八座敞篷车，车顶一直没打开过，带有黑色油漆和奶油色车轮。镀铬罩上刻着一个黑斑羚的吉祥物，它跳跃着，好似飞过巨大的前格栅。胡姬仍记得那年大萧条的夏天，阿姆斯特朗让她驾驶敞篷车沿着圣巴巴拉海岸公路行驶。

左边是一辆硕大的 1933 年黑色凯迪拉克 V–16 七座豪华轿车。在车库的水晶吊灯下，带金色女神装饰的引擎盖闪烁着光芒。车的备用轮胎附在踏脚板的前端。跟胡姬的客厅一样，车内帘子拉下以保护乘客的隐私。

两辆车都挂着黄黑色的加州牌照，时间显示为 1949 年。

第 1 章

Empty Mansions
The Mysterious Life of HUGUETTE CLARK
and the Spending of a Great
American Fortune

克拉克公馆（1）

豪华住所

1910 年 7 月，前参议员、千万富豪威廉·安德鲁斯·克拉克的女儿胡姬和安德莉到达纽约港口，回到他们的祖国。克拉克一家乘坐白星航运公司的“日耳曼”号的头等舱驶离法国瑟堡港。克拉克家的姑娘们戴着宽檐太阳帽，在码头上摆好姿势给报纸拍照。8 岁的黑发姑娘安德莉胆子很大，在闪光灯前颇为自信，而她的跟屁虫妹妹、只有 4 岁的胡姬，则犹疑地低着头。

关于胡姬在美国的第一天充满了猜测和误传。报道称这个小继承人一个英语单词也不会说。她们的父母分别出生于宾夕法尼亚和密歇根，姑娘们从出生起就持有美国公民身份和护照。事实上，她们接受了良好的私人教育和家庭教师的辅导，已学习了英语、西班牙语和法语三种语言。

胡姬·玛塞尔·克拉克在 1906 年 6 月 9 日出生于法国巴黎。克拉克夫妇的公寓位处巴黎雨果大道 56 号，经过宽敞的林荫大道后，到凯旋门只有几步之遥。和这条大道一样，胡姬也是以这位在法国深受爱戴的小说家、诗人及剧作家命名的，雨果在其晚年就住在这个街区。这个名字其实也包含了胡姬父亲对自家法国胡格诺派血统的致意。年轻时，胡姬有时会署名为“雨果”（Hugo），而有些朋友则称呼她为“哈格斯”（Hugs，对 Hugo 的戏称）。胡姬出生时安德莉将近 4 岁。当被告知有个小妹妹要出生，安德莉对妈妈说：“这事我得想想。”即使一百年过去了，胡姬对她姐姐的聪明还是会会心一笑。当时胡姬的父亲年岁足够作她祖父。胡姬出生时威廉・安德鲁斯・克拉克已 67 岁，仍旧精神矍铄，第一次婚姻的四个孩子都已长大成人，而胡姬的母亲安娜・拉夏贝尔・克拉克年仅 28 岁。

虽然这两个女孩在船上由他们的父母陪伴着跨洋航行，但父亲威廉・安德鲁斯・克拉克在码头的照片更显骄傲。安娜则退到一侧，停留在相机的视线外。安娜在她仅有的几张出现在公众视野的照片里都显得十分冷漠，从斜戴的礼帽下投出冷冷的目光。但从胡姬的私人相册里，我们看到了不一样的安娜，她身着时尚的系腰带欧式裙服，笑容温暖又生动。

1910 年，胡姬一家到纽约时还居无定所。他们家最大的豪宅十年前动工，那时还没有完工。克拉克把妻女送到西边落基山蒙大拿州比尤特城，他曾在此采铜大赚一笔。而他则留居在纽约公寓里，有时候会去仍在施工的豪宅里过夜，改改设计图以把宅子建得更宏伟。

…

“这个现代宫殿建成后，”纽约《世界报》报道说，“它将与阿拉丁的神话宫殿的富丽堂皇相媲美。”1895 年，克拉克选址于此，耗资 22 万美元买下第五大道和 77 街东北角，这一带处于纽约百万富翁区正中心的显著位置，上临范德比尔特和阿斯特，下临卡内基。到 1911 年完工时，评论家们称其为“最雄伟、最霸道、最金光闪闪的美式城堡”“世间最非凡的住所”“无疑是美国最奢侈也可能是最美丽的私人寓所”。

这栋有着 121 间房的豪宅也是胡姬童年时期的家，她在这里度过了从 5 岁至 18 岁的时光。这座从童话故事里走出来的城堡有着隐秘的入口，放着缥缈的音乐，充盈着世界各地收集而来的珍宝。当时安德莉和胡姬由车夫驾车送来，身边有私人保镖保护，她们驶过敞开的车门，这扇铜门足有 20 英尺那么高。

这栋六层楼的精美豪宅的下半部分在当时并不出众，如果不是作为克拉克的银行办公楼，可能不会显山露水。而在豪宅的上半部分，每一寸都镶嵌着巴黎艺术的耀眼装饰，狮子、小天使和女神图样到处可见。啊，不过建筑师并不止于此。他在豪宅上方加了一个 9 层的华丽圆顶塔，塔顶直指天际，似乎自恃轻盈又继续升向开阔的穹顶。房屋整体的效果像是一位名厨在白天创作的精美婚礼蛋糕，却在一夜之间似乎被法国来的一位苏斯博士① 偷偷潜入多加了几层。

安德莉和胡姬生性喜爱户外。冬天的时候，她们会穿着红外套和红色宽檐帽，坐着雪橇沿着中央公园的山脊飞奔下来。夏天，她们则穿着水手衫和到膝盖的灯笼裤轻快地跑着。在公园的任何角落，她们都能找到游玩路线里特殊的基地——克拉克公馆的塔楼。站在离人行道 100 英尺高的塔楼里，安德莉和胡姬能一览脚下的曼哈顿盛景。

有记者曾参观过这栋宅子，据他们报道，里面有着 26 个卧室，31 个卫生间和 5 个艺术长廊。地下室里修建了土耳其风格的浴室，安置了游泳池、皮草储存室以及铁路支线以运送熔炉所需煤炭。整个豪宅通常一天内需烧煤 7 吨，能源不仅用来供热，还为两部电梯的发动机、冷藏设备和空气过滤设备以及 4 200 盏电灯提供电力。

马车载着克拉克家的女儿们驶入 U 形车道，他们首先会经过露天的主庭院，然后通过拱门，穿过用田纳西大理石装饰的喷泉，进入前厅。喷泉上方萨堤的脑袋形成了一个巨大的翻盖式投影，另外两个大理石美人鱼在水雾中嬉戏。随后，马车会穿过圆形建筑，姑娘们可以在这里下车。

1898 年一家不知名的公司绘出这所房子的图纸时，汽车大生产的时代还没开始。到 1900 年地基已打好，但克拉克不断修改着计划，又购置了周边 5 栋房子以建造更奢华的房屋，并且是由设计过巴黎大皇宫的知名建筑师亨利·德兰尼负责设计建造。

克拉克在房子的建造细节和家具陈设上总是事必躬亲。为赶工期，和防

① 苏斯博士（Dr. Seuss），20 世纪最卓越的儿童文学家、教育学家，以创作精彩教育绘本闻名。

止在价钱上被骗，1905 年，他又买下了亨利—博纳德造铜车间，使用自己在亚利桑那州的矿产来制造散热器光栅和门锁。当时大理石的价格被缅因州北杰城的采石场炒高，于是克拉克就买下隔壁的采石场以降低成本。甚至他还买下了刻石厂、大理石厂、木材厂和装饰石膏厂。

接着兰塞姆·奥茨于 1901 年开始出售曲锐型奥茨车后，克拉克又修改了设计图，加上了一个车库。1911 年克拉克一家入住豪宅，有摄影者拍到了马车和汽车这两种类型的车在门口排成队，汽车司机小心翼翼把车停到马匹前。

经过马车圆形大厅时，安德莉和胡姬会去父亲克拉克位于一楼的私人办公室和父亲见面。克拉克的办公室设置在街角，以获取最充足的光线。室内用圣多明哥红木墙装饰，如今人们熟悉的一美元钞票上的乔治·华盛顿画像悬挂其中。这幅画是吉尔伯特·斯图尔特的作品，它挂在壁炉上方，威严俯视着整个房间。

胡姬少女时代的家是纽约最贵的房子，一家四口居住 121 个房间。克拉克宅邸位处第五大道 77 街，门口总是停着两种车，等候着乘客。

与胡姬的对话

对于罗马天主教徒安娜和她的女儿们来说，圣徒或者说整个宗教比克拉克重要得多。克拉克自小是长老会教徒，成为前途无量的银行经理人后，他又转为当时流行的圣公会教徒。他帮助建造了比尤特城中的大部分教堂，但自己也承认："我称不上是一个教徒。"

胡姬说幼时她曾问过父亲："爸爸，你为什么不做个天主教徒？"

他回答说："亲爱的，所有宗教都很好啊。"

小保罗·纽厄尔

如果安德莉和胡姬偷偷从父亲的待客室里穿过，再沿着镶镜的走廊穿过办公室的藏书室，她们就能窥见宅子的主区域——一个巨大的哥特式大厅，厅里能够吸烟和玩台球。这个90英尺长、20英尺宽的大厅装饰着来自法国苏瓦松教堂的13世纪彩绘玻璃窗。

台球室有一独特之处——这里有六幅油画描绘了法国圣女贞德带领起义、接受审判以及悲壮之死的英雄事迹。安德莉非常喜欢这个故事。这些画的作者是法国的路易斯·莫里斯·布特德威尔①，他创作了圣女贞德的儿童故事版本，克拉克家的姑娘们在法国还见过他。起初画家意图把这些作品放置在多穆雷米（圣女贞德出生地）旁边的教堂里，但克拉克执意要买，因此这些画作没能供忠实的朝拜者缅怀贞德，而是挂在了克拉克宅的台球室里。

整栋宅邸除家具的花费以外，总造价预算达到300万美元，相当于洛克菲勒和卡内基两家的总和。而家庭住房建设工程的花费往往比预算要高，这栋豪宅的装修价格攀升到500万，再到之后的700万，甚至达到报纸上所说的1 000万，以当今的货币看相当于2.5亿多美元。我们不妨来看看，1913年完工的新哥特城堡式商厦、位于下曼哈顿地区的57层的伍尔沃斯大楼花费1 350万美元，在接下来的20多年间，它都占据着世界第一摩天大楼的地

① 路易斯·莫里斯·布特德威尔（Louis-Maurice Bouetet，1851—1913），法国著名画家和插画师，擅长水彩，因儿童书籍插画闻名。

位。而建克拉克宅邸的费用不超过克拉克名下的亚利桑那州联合佛得铜矿两年的收益。对钱一向精明的克拉克总能说服法庭通过把房子仅估值350万美元来降低他的财产税，其法律依据是财产经营过于昂贵他人无从使用。

姑娘们能搭乘电梯或者沿着圆形大楼梯爬到主层。楼梯由象牙镶嵌马里兰州的大理石制成，蜿蜒穿过铺着金色叶子的橡木天花板。安德莉和胡姬走到楼梯顶端，看见坐落在白色大理石基座上的两座精美的铜像，它们都描绘着古希腊英雄身处战争的场景：左侧是肌肉发达的奥德修斯弯着身子彰显他的力量和身份，右侧是带着镣铐的普罗米修斯承受着无尽苦难，一只鹰正在啄食着他的肝脏。

从楼梯的顶端，姑娘们能看到下面的走廊，白色的大理石过道和斑驳的布里奇紫罗兰支柱映入眼帘。如果把目光转向大理石雕塑馆，这里有红陶制成的36英尺高的八角形穹顶，中间还挂着一个古色古香的西班牙银盏。姑娘们喜欢在这里玩捉迷藏。安德莉总是大胆一些，她如果爬到第三层楼，又穿过馆内凹处爬到穹顶，她能看到远处的胡姬。

与胡姬的对话

2003年11月3日，胡姬给我打来电话，她的声音依旧清晰有力。我感谢她把家庭照片打包寄来，问了那张她父亲和宾客们站在长餐桌旁的照片。她说这张照片摄于1913年，克拉克宅邸的正式餐厅里。

能告诉我这些客人是谁吗？她提到了几个，如J.P.摩根……

"啊，这个人叫什么名字来着？哦哦，是的，卡内基。安德鲁·卡内基。"

主餐厅长49英尺，宽25英尺，相当于纽约普通市民一套家庭公寓的面积。在大壁炉上雕刻着尼普顿、海神、戴安娜、猎神等形象，他们守卫着石质的壁炉架，天使陪伴身旁，6英尺高的石狮子们守护在脚边。天花板开口处铺有镀金嵌板，这些木板从一根完整的英国橡木里凿出，估计是从舍伍德森林里砍下来的。门上一块嵌板上有新的克拉克家饰章。克拉克家没有世袭的盾徽，因此克拉克自己勾勒出一些适合皇家宅邸的元素：狮子、锚和一个哥特式的字母 C。

在胡姬的记忆里，父亲总是禁止女孩子们在大客厅里乱跑。克拉克买下了这个房间（同样相当于一个普通房子的面积），重新装潢，它俯瞰着第五大道和中央公园的林地。这个被称为 Salon Doré（法语，金色沙龙）的客厅熠熠生辉，上面刻有雕塑和镀金的精美的木板，这些木板产于 1770 年，专为奢侈的法国贵族们制造。克拉克从巴黎完整无损地带回这些木板，又重新加了些木板使这个原本正方形的房间刚好融进更大的长方形空间里。他用玛丽・安托瓦内特① 闺房里的钟作为客厅装饰。法国大革命期间，前王后被软禁在巴黎的杜伊勒里宫时，这金钟见证了她从监禁到执行死刑的过程。一个世纪以后，这个房间只用于正式场合。克拉克家的女孩们只能在旁边较小的房间里，坐在小客厅的波斯地毯上玩耍。

女孩们在塔楼里找到更多的乐趣。胡姬记得在那儿和安德莉玩捉迷藏，塔楼离街道有 100 英尺高，她们在那玩耍常常把母亲吓得不轻。塔楼也有自己的秘密，里面有间套房以备不时之需。在抗生素尚未出现前，这间检疫套房非常重要。它配置有卧室和单独的厨房，如果出现流行疫情将会成为避难所。

从塔楼下来，女孩们走过五层和六层的仆人宿舍区。第五层楼上的保育室分为白班和夜班看护，每个房间都配备独立的厨房。《纽约时报》有位参观过这个新宅的先生说道："因为参议员和他夫人只有两个小孩，这些宽敞房间里的设施不会开销太大。"第四层作为东方式房间，参议员在里面放置了许多来自东方的珍宝，克拉克宅有 25 间会客室，其中几间设置在这里。高楼层的房间起初是专用套房，用来接待克拉克和第一任夫人所生的孩子们，然而他们已经长大成人，都已经有了自己的家，所以这些房间都改作其他用途了。

① 玛丽・安托瓦内特（Marie Antoinette），原奥地利公主，生于维也纳，是神圣罗马帝国皇帝弗兰茨一世之女。

从巴黎运回来的金色沙龙客厅（Salon Doré），对于安德莉和胡姬来说太正式了，不适合玩捉迷藏。

房子里还有许多角落等待着安德莉和胡姬去探索。豪宅的私人区域位于第三层，留给直系亲属使用。在这边最舒服的地方当属晨间起居室，房间的一端铺着熊皮地毯，另一端铺着虎皮地毯。镶镜的墙板中藏有暗门，人们按到了正确的位置就会触发弹簧开关，里面有一个灭火水管、一个雪茄储藏箱或者整套房。这些门或许只是建筑师的奇思妙想，或许也是出于安全考虑。

这个四口之家有 17 个仆人，包括 1 个马车夫、1 个女侍者、2 个男管家、3 个厨师和 10 个女仆。餐具方面，克拉克和安娜从芝加哥订了一套 900 件的瓷器，总花费达10万美元（相当于今天的300万美元）。餐具的款式比较简单，镶有金边和克拉克家族徽章。

多年后胡姬说自己最喜欢的房间就是藏书室，那里有一个壁炉取暖，是从诺曼底一个 16 世纪的城堡里运来的，炉子的薪架上刻着身携武器站岗的骑士们。壁炉架上雕刻有乡村狂欢的场景，牧羊女、风笛手和跳舞的人群欢聚一堂，这令人联想到克拉克自己的出身。天花板由法国 16 世纪的红木雕刻而成。房间有 3 扇 13 世纪的彩绘玻璃，它们是从比利时的修道院卸下来的。里面有数千册藏书，包括狄更斯、柯南・道尔、爱伦坡、梭罗、易卜生和马克・吐温的作品。

克拉克宅邸的晨间起居室里，近的一端铺着虎皮地毯，远的一端铺有熊皮地毯。楼下的公共区域是洞穴式的艺术走廊和沙龙，楼上套房的装饰虽然还是以欧式家具和上好的波斯地毯为特色，但更加温馨，适合家庭起居。

哦，这个藏书室还藏有从法国（对，是“他们的法国”）运来的玛丽·安托瓦内特的信件复印本和法国插图历史书，还有一系列寓言书：75 卷裹在红色的上等摩洛哥皮革下、标有烫金刻字的作品，它们都出自让·皮埃尔·克拉里斯·德·弗洛里昂和比他更著名的前辈让·德·拉封丹[①]之手。这些法国古典故事至今仍为全世界所知，如《蚂蚁和蚱蜢》和《丢失了财富的守财奴》，以及名气稍小的佳作《双妾之夫》和《蟋蟀之歌》。

过了将近一个世纪，胡姬还记得在藏书室里，安德莉多么耐心地给她朗读故事，她们徜徉在寓言和童话故事里，像是重游法国故地。在这栋豪宅众多的房间里，藏书室是胡姬思念最真切的地方。

① 让·德·拉封丹（Jean de la Fontaine，1621—1695），法国古典文学的代表作家之一，著名的寓言诗人。他的作品经后人整理为《拉·封丹寓言》。

•••

有一次胡姬给她的看护看了一张叫作“父亲的房子”的照片，它来自一本介绍纽约豪宅的书。胡姬明显带着骄傲的神情，追忆了她和姐姐在房子里度过的快乐时光。书里建筑师的批评之词并没有影响她的深情回忆。

长期以来，评论家对于克拉克公馆的观点莫衷一是：有些人不喜欢，有些人却认为它很糟糕。它被称作令人厌恶的东西、怪物或者“克拉克家的笑话”。《建筑档案》评论说它更适合表演家P.T.巴纳姆①。过路的行人总说石灰石上的水平凹槽让这个建筑看起来像穿着灯芯绒裤子。有人则认为塔楼比较冒犯人，因为它是如此粗俗又浮华。

对克拉克公馆的评判得重新定论。建筑史学家克里斯托弗·格雷于2011年在其《纽约时报》的“街景”专栏中把这栋宅子作为讨论主题。他写道：“人们的观点总是人云亦云，但是仔细审视，这是一栋相当规整的房子。如果卡雷尔和黑斯廷斯（纽约公共图书馆建筑师）给这位权贵客户来设计房子，人们肯定会原谅它的奢侈浪费，或许还会奉为名胜。”

然而，我们并不清楚这些负面的评论针对的是建筑本身还是它所代表的人。无论人们怎么看待，这栋豪宅仍象征着克拉克为获取财富和社会认可作出的努力、对于批评的蔑视以及对生活的自我放纵。

① P. T. 巴纳姆（P. T. Barnum，1810—1891），美国马戏团界著名演员。

胡姬·克拉克害羞，但不阴郁。了解她的朋友和少数亲戚形容她是一个开朗、亲切、固执、热爱艺术，并且对朋友和陌生人十分慷慨的人。

这幅照片是胡姬度蜜月时所照，并于1930年，胡姬离婚后，重新刊登在报纸上。这也是胡姬最后一次出现在公众视野中。

胡姬的挚友艾蒂安和他的女儿玛丽·克里斯汀站在法国的某街角。玛丽牵着胡姬送给她的玩具。

这张照片是1912年克拉克一家在康涅狄格州度假时所照。六岁的胡姬坐在父亲克拉克的腿上，而十岁的安德莉则依偎在妈妈安娜的怀里。

贝洛斯瓜尔多，克拉克家的度假别墅，位于加利福尼亚州的圣巴巴拉市。

1884—1888 年，威廉·安德鲁斯·克拉克和他的第一个妻子凯特在蒙大拿州的比尤特安家并建造了他们的第一栋房子。它是比尤特最贵的房子，花费 25 万美元，相当于今天的 600 万美元。

紧挨着中央公园，位于第五大道和 77 街东北角的克拉克公馆，被称为“世间最非凡的住所”，也是胡姬童年时期的家。它的建造费用相当于今天的 1.8 亿美元。然而，它只存在了 14 年。在 1925 年克拉克去世后，因无人能负担如此高额的维护费用，这座豪宅被迫拆除。这张照片拍摄于 1927 年，内部拆卸的废物正从朝向第五大道的金色沙龙的窗户里掉落出来。

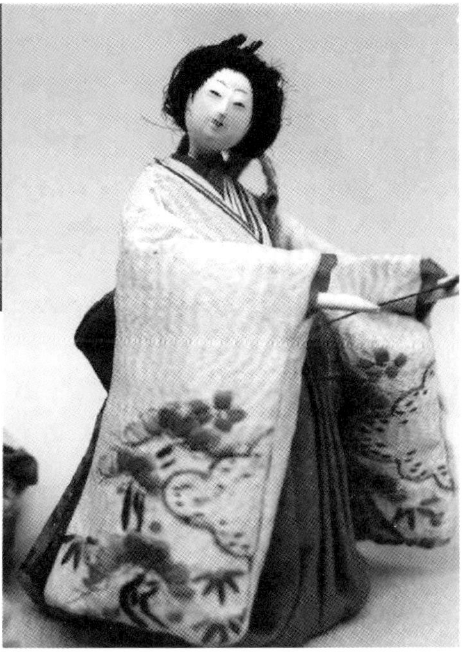

胡姬设计并委托制作的日本建筑和胡姬收藏的日本玩偶。

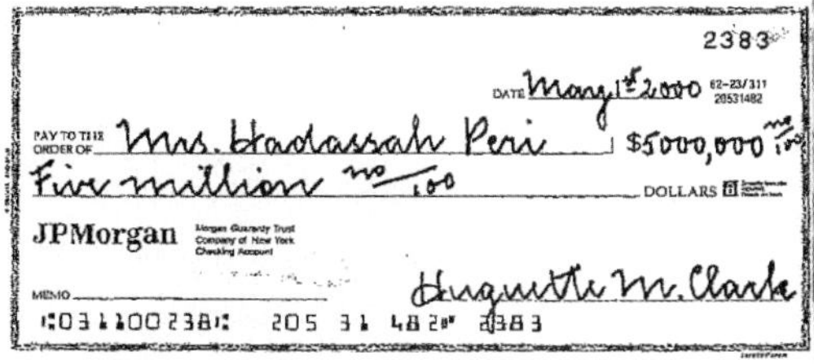

2383

DATE May 1st 2000 62-23/311 20531482

PAY TO THE ORDER OF Mrs. Hadassah Peri $5000,000 no/100

Five million no/100 DOLLARS

JPMorgan Morgan Guaranty Trust Company of New York Checking Account

MEMO

Huguette M. Clark

⑆031100238⑆ 205 31 482⑈ 2383

左边是其中一张胡姬写给她的私人护士哈达莎·佩里的500万美元的支票，右边是哈达莎·佩里。

上面这张是第五大道 907 号所能见到的中央公园的景色。下面是胡姬在贝斯以色列医疗中心最后所住的房间的窗外景象，在这里根本看不到天空，只能面对医院的墙壁和空调机。

第 2 章

林中木屋

美国品质

1914 年，一个清瘦的男人穿着黑色礼服大衣，戴着丝质大礼帽轻快地走在纽约第五大道的复活节游行队伍中间，围观的人们看到他的脸，立刻认出了他。他粗糙的胡子可能已经从红褐色变成灰色，但 75 岁高龄的他仍然衣着高雅。这个骄傲的小个子男人携带着三种彰显男性尊严的东西：挂在笔挺的白色马甲上的金表链，一条圆点花纹丝绸领带用珍珠夹子紧紧地束在高领上，还有随行的 36 岁妻子。安娜不愿曝光在公众视野下，她跟着丈夫走在游行队伍中，戴着花饰帽子，满脸不自在，兴许是因为穿着从巴黎买来的时尚却又不实用的小步裙，她只能迈着碎步前行。

这位缓缓走来的与众不同的人物代表了两种对立的美国人。

作为商人，克拉克是个传奇人物，被华尔街尊称为当代的迈达斯① 。作为边境地区开发进取的代表，他成功地把文明教化、自力更生和西部人的勇气融合在一起，活生生地证明了即使出生在林间小屋的人，也能获取通往美国企业

① 迈达斯（Midas，或译米达斯），希腊神话中的佛律癸亚国王，贪恋财富，能点物成金。

财富的途径。

胡姬的母亲安娜在公众视野下不太自然，她并没有欣赏第五大道的复活节游行。她的出现使围观的人们有机会得以窥测这位居住在深宅大院的富豪的生活。1914 年 4 月复活节那天，11 岁的安德莉也走在游行队伍里，母亲牵着她的手，她却在研究自己的手指甲。7 岁的胡姬待在家中。

作为政治家，克拉克因为行贿，被杂志封面嘲笑。作为暗中贪污、招摇虚荣、奢侈挥霍和华盛顿富豪的结合体的代表，他活生生地证明了，在美国只有那些拥有最多财富的人才能享有通往公共权力的途径。

克拉克工作起来不知疲倦，他保持着至今人们都觉得不可思议的工作节奏，尤其在那个出行靠蒸汽轮船和蒸汽机车、通信靠信件和电报的年代。例如，20 世纪的头十年，他穿梭于巴黎和蒙大拿，建造并装修了位于纽约的天价豪宅；自掏腰包修建了从洛杉矶港到盐湖城的铁路主干线；划分和交易了拉斯维加斯的土地；监管着西部几个州的铜矿生产；经营着西部的有轨电车和发电工厂；管理着东部铸铜工厂和铜线生产厂的生意；在加州种了甜菜；发行了数份报纸；还拥有一家全国闻名的银行；虽被迫辞去美国参议员一职，后再度当选且多加了 6 年任期；在一起由他在民主党全国大会上遇见的一个女人发起的生父诉讼官司中胜诉；环游欧洲去收集各种艺术珍品；和已成人的孩子们保持了良好的关系；还娶了一位年轻的妻子，并与之生了两个女儿。所有这些事情都是在他 60 岁之后完成的。

虽然克拉克因为聪颖、果敢以及财富常常被选为领导，上天却没有赋予他吸引人的个性。他生性内向，很爱独处，嘴巴严实，似乎从来不在意人们对他的看法。如果人们不喜欢他的所作所为，那就是他们的错了。但他又极其关心一些事情，比如家庭、艺术和社会声望。他总是寻求社会关注，演说能力一般但坚持不懈。克拉克还很愉快地参加公众演出，他曾站在舞台中央领唱《星条旗永不落》，不仅能唱出人们熟悉的第一段，还能接着唱完整首歌曲。

克拉克常常在其礼服外套的口袋里放着两种等级的雪茄，好的留给自己，差一点的分发给他人。

为了生活得更好

对于自己的发迹史，克拉克很坦诚：在一个林间小木屋出生，最终拥有第五大道最宏伟的房子，如同霍雷肖·阿尔杰[①] 讲述的美国故事中常见的白手起家的人一样。但是克拉克起初并不像自己所透露的那样贫困。

他幼时常被人称作威尔·克拉克，1839 年 1 月 8 日，他确实出生在一个四间房的木屋里，他的祖父在宾夕法尼亚州西南方一个叫邓巴乡的偏僻角落里拥有一片 172 英亩的农庄。邓巴乡位于匹兹堡的东南方，离小城康奈尔斯维尔市有 2 英里路程，后因炼铁熔炉而闻名。之后这片区域渐渐通向了外面的广阔世界。威尔要做的一件杂事是把农场产品运进城卖给乘船出城的游客们，他们通常会搭乘约克加尼河的平底船，驶向莫农格希拉河，接着经过俄亥俄，一直向西去往美国不断扩张的领域。

那是个艰难的时代。自 1837 年大恐慌以来，美国陷入了长达 7 年的经济大萧条。人们很难看出世界正处在第二次工业革命的风口浪尖上，而美国正要

① 霍雷肖·阿尔杰（Horatio Alger Jr.，1832—1899），美国儿童小说作家。作品有 130 部左右，大都是讲穷孩子如何通过勤奋和诚实获得财富和社会成功。

崛起成为超级大国。1838 年，克拉克出生前一年，萨缪尔·摩尔斯向世人展示了第一条长途电报。在他一岁时，有人买下了第一辆赛勒斯·麦考密克机械收割机来收割谷物。随着 1836 年阿肯色州和 1837 年密歇根州并入联邦，美国国旗上的星星数量翻了一番，从原来的 13 颗增加到 26 颗。邓巴乡的居民们正争相购买第一本由美国人写的书。威尔的父亲得到一本书，书中记叙了 50 年前梅里韦瑟·刘易斯和威廉·克拉克（与主人公无关）的西进故事。

“我童年很欢乐，”75 年后当克拉克回想起这段往事时说道，“虽然当时视野狭窄，但我仍能记得在冬日的晚上，听父亲讲刘易斯和克拉克那些令人激动的探险故事，鼓舞着我在心中树立了伟大抱负……这影响了我早已成形但并不清晰的探险精神。我还记得有一天，当我锄完玉米地回到家与母亲共进午餐时，说地里野草丛生，等长大后我要去大西部赚钱致富。”

晚年时克拉克请了英国司宗谱学派考祖，他心情尚好，承认结果确实有些令人失望，在他这一系中没有出现过什么有名的人物。克拉克的父母有着苏格兰—爱尔兰[①] 血统，他们到达美国时几乎没有财产，只带着他们从长老会教堂里得到的加尔文教信仰。他们以自己的工作道德而自豪，也以能蒸馏出质量上佳的威士忌而骄傲。美国独立战争后，克拉克一家从北爱尔兰的泰隆县来到宾夕法尼亚州。克拉克的父亲约翰于 1797 年出生于邓巴，在几个月之前乔治·华盛顿的总统位由约翰·亚当斯继任，确保了美国将不会重返君主制。克拉克的母亲玛丽·安德鲁斯·克拉克是胡格诺派后裔，属于法国新教徒，为了逃避宗教迫害，他们从法国移民到苏格兰，之后又到达爱尔兰，最后辗转到美国。克拉克的红头发正是遗传于母亲，他的兄弟姐妹们都有这个特征。

经营一个农场需要一个大家族。约翰和玛丽有 11 个孩子，其中 8 个存活了下来。1837 年，他们拥有了第一个孩子，是个女孩，随玛丽母亲的名字命名为萨拉·安。一年多以后，也就是 1839 年 1 月 8 日，威廉·安德鲁斯（或

① Scotch-Irish（苏格兰 - 爱尔兰裔、后移居美国的人），而非 Scots-Irish，在美国人们用这个标准名称来称呼这个移民群体。这并不是说他们的父母是苏格兰或者爱尔兰人，而是指他们来自苏格兰和英格兰的清教家庭，在 17 世纪这些清教家庭定居在爱尔兰北部，之后移民到美国。

者叫威尔）[1] 出生了。他的妹妹伊丽莎白（也叫丽布）在她的回忆录中描写了他们一家累并快乐着的农场生活：

无论冬夏我们都玩得很开心！地窖里总存放着苹果和秋天收来的坚果……我不太记得在火上做饭了，因为母亲是附近地区第一批拥有厨灶的人。大部分面包是在户外的烤箱里做出来的。世界上没有什么比面包配着黄油和自己家做的枫糖浆或者苹果黄油更美味的东西了……寒冬酷暑我们都有户外生活……我们会乘雪橇滑行。通常和所有邻居家的孩子们一起坐着大雪橇去上学。

威尔冬天上学的时间不超过 3 个月，因为农活比学业更加重要。克拉克家的孩子们上的是公立学校——邓巴乡的十字钥匙学校。年长的萨拉和克拉克比起弟弟妹妹们更有优势，他们 14 岁的时候进入月桂山学院学习，这所学校是私立择选校，设在城中的一个长老会教堂里。学院提供了有限的大学预备课程：一些代数知识、基本拉丁语、历史和文学初探以及公众演讲。

克拉克一家在这间木屋里没住太久。威尔的父亲约翰的收入大部分来自伐树，他们用这些收入买下了另一栋稍大一些的木制农舍。威尔 11 岁的时候就帮着父亲建造了一栋漂亮的联邦式风格的两层砖楼，如今 160 多年过去了，这栋房子仍然屹立不倒。

约翰·克拉克把他充沛的精力遗传给了子女们。他对自己种的果树非常自豪，更对自己当了 40 多年的长老会教徒感到骄傲。他提倡努力工作和公平交易。而玛丽·安德鲁斯·克拉克则赋予了她的孩子们勇敢、抱负和善良的品质。“她拥有许多常识”，克拉克的妹妹伊丽莎白这样评价母亲，“秀外慧中，极富教养，虔诚又隐忍，个性开明又具有幽默感。”

1856 年，约翰已经 62 岁了，到了这个年纪，人们通常对于新的冒险总会显得犹豫不决。而约翰却卖掉了宾夕法尼亚的农舍，坐火车、乘轮船，搭乘驿

① 另外 8 个克拉克家的孩子出生在宾夕法尼亚州，他们是约翰·里德（1 岁夭折）、约瑟夫·吉斯卡特、伊丽莎白、玛格丽特·约翰逊（出生后夭折）、玛丽·玛格丽特、詹姆斯·罗斯、乔治和安娜·贝尔。

站马车经过艾奥瓦的厚壤土，穿行了 700 多英里的路程，举家西迁。17 岁的威尔赶着一队马，全程走在全家人前面[①]。

“威尔当时已长成大人模样了，”伊丽莎白回忆说，“至少我认为他是。”他黑褐色的大卷发和红润的面色很相配。那时他正在长胡子，当然也是红色的。眼睛是灰色又带点蓝色，眼神总是很锐利。

在脑力和体力劳动之间威尔选择了前者。1857 年他在艾奥瓦的冬季学校里教书，第二年去了伯明翰的一家学院任教。从 1859—1860 年，他一直在密苏里的一个学校教书，这学校只有一间教室。据妹妹安娜回忆，有次克拉克跟她说，一个 20 来岁的男人盯着他这个小个子老师说：“年轻人，你是个失败者。”

但是威廉・安德鲁斯（他现在喜欢别人这么称呼他）的内心充满着从父母继承来的雄心壮志，他一直努力着“去改善自己的状况”。1860 年他被爱荷华卫斯理大学[②] 录取，学习古典学和法律专业。这所大学属于卫理公会机构，位于欢喜山，学费一年 25 美元。威廉・安德鲁斯既是大一新生，也是法学院一年级学生，需要学习拉丁语、希腊语、几何学和法律合同。这是两年课程的第一个年头。但在 1862 年的春天，威廉・安德鲁斯辍学了，放弃成为一名职业律师的愿望。全国掀起的淘金热深深吸引着他，他觉得自己不适合“坐在办公室等着客户来”。

威廉・安德鲁斯绝不是成千上万跑去西部埃尔多拉多淘金的第一人。1848 年人们在加利福尼亚州挖出金子后，引发了 1849 年的淘金热。最近的一次淘金热发生在科罗拉多州的弗兰特岭，1858 年最初出现在派克峰，随后第二年更接近中心城市和丹佛以西约四十英里的黑鹰山。他说自己是“受冒险精神驱使”才西进到达堪萨斯州的艾奇逊。威廉・安德鲁斯驾着六轭牛车队从那

① 他们在范布伦县定居，靠近密苏里州边境和本顿斯波特的得梅因河村。当时最小的孩子安娜・贝尔只有 6 个月大。在艾奥瓦州，3 岁的乔治死于百日咳，最小的孩子艾菲・艾伦出生（通常被称作艾拉），她是本书合著者保罗・纽厄尔的祖母。

② 爱荷华卫斯理大学（Iowa Wesleyan University），“Iowa”现译作艾奥瓦州，但该大学名称大多仍用旧译“爱荷华”。——编者注

儿穿过大平原，又经过马尼温泉（接近如今的科罗拉多温泉），旅程持续 5 个多月，长达 800 多英里。

除了金子，吸引着威廉·安德鲁斯和其他人西进的还有其他东西。1861 年 4 月，南卡罗来纳州萨姆特堡第一声炮响揭开了南北战争的序幕，那时威廉·安德鲁斯才 22 岁，正在前往西部的路上。1862 年 4 月，南方联盟政府开始招募士兵，北方联邦政府也于 1863 年 3 月开始效仿。威廉·安德鲁斯去世后，他的一个雇员写了一本关于他的传记，言辞激烈，声称威廉·安德鲁斯曾参与联盟政府作战而后做了逃兵，但现有的证据并不支持这种说法。他的家乡宾夕法尼亚和艾奥瓦都留在北方联邦政府里，并没有任何与他年龄相仿、来自同一个县且叫同名同姓的人出现在征军的服务名单、官兵总名册以及联邦或者联盟军的记录里。即使威廉·安德鲁斯对联盟军怀有同情，他也会保留在心底。多年后，威廉·安德鲁斯还能回忆起，战争接近尾声时，听到林肯总统被刺这一“令人悲伤的消息”的那一刻。

在西进的路上，威廉·安德鲁斯带了 3 本书：《契约论》，希区考克[①] 的《地质学纲要》以及“农民诗人”、苏格兰最心爱的儿子的《彭斯诗抄》。这三本书他都学以致用，成为了西部地区一名才思敏捷的谈判家，一位见识卓越掌管着地下矿产的法官，以及一个浪漫主义文学的诚挚爱好者。

要么拿下班芮克，要么破产

这张 19 世纪 60 年代的纪念照片记载了科罗拉多州新来的掘金者们的形象，他们在胯部别着六发式左轮手枪。而 24 岁的威廉·安德鲁斯·克拉克在这一群人中并不出众。虽然后来他在申请护照的时候，称自己的身高在 5 英尺 8 英寸到 5 英尺 10 英寸之间，但是家人和朋友都说他只有 5 英尺 5 英寸，可能穿鞋后能高上一英寸。他体重大约是 120~125 磅，从未超过 130 磅，身形似烟斗条，给人的印象是耐力好但力气稍小。

① 爱德华·希区考克（Edward Hitchcock，1793—1864），美国地质学家及教育家。

威廉·安德鲁斯的精力相当充沛。他说话时非常自信，喜欢用他瘦长的手指指着东西以示强调。他步伐矫健，看起来像是在跑而不是在走。而且双手总是动个不停，时刻保持警觉。

1862—1863 年的冬天，科罗拉多州采矿地成为威廉·安德鲁斯第一个晋阶之梯。他受雇于短尾猫山上靠近市中心的一家小公司。他回忆说："我和其他三个人用卷扬机把轴下降到至少 300 英尺深的矿井去。"那时他每天最多得到三美元的报酬。

那年冬天一个消息传遍了整个矿营，据说西北边又挖出了大金矿。人们在如今的蒙大拿地区，一条叫蟋蟀溪的河岸上又发现了金子。威廉·安德鲁斯回忆说："报纸上刊登了这篇报道，引起了人们的强烈兴趣。"

他和两个采矿的朋友驾着两轭牛车离开了科罗拉多州，带着一辆轻巧的舒特勒马车、镐、铲、金锅和新鲜的蔬菜，信心满满地认为别人能发财他们也一定会。他们前往艾奥瓦州的一个角落，这片荒凉的高地后来成为西南的蒙大拿。"我们当时的座右铭就是，要么拿下班芮克（蒙大拿州第一个首府），要么破产。"威廉·安德鲁斯回忆道。

他们的队伍于 1863 年 5 月 4 日出发，而此时在弗吉尼亚州，钱斯勒斯维尔战役血战正在打响。威廉·安德鲁斯和他的朋友们进入怀俄明州的领地，沿着州陆驿道到了布里杰堡，并且在俄勒冈小道因为和肖松尼族印第安人发生口角而停了下来。为了安全起见，他们等在路上，然后加入了一个有 25 节拉盖车厢的牛车队。这个车队有百余人，里面有一些带着妇女和儿童的家庭。

从丹佛到班芮克沿途要经过 700 英里的荒野，花费了 65 天时间。他们从布里杰堡出发，经过特顿山脉，沿斯内克河往上，最后穿过大陆分水岭。队伍中只有大约 15 人最终完成了从蒙大拿小道到班芮克之行，其他人都因为博伊西地区传来的掘金消息分心而去。威廉·安德鲁斯在路上一直提醒大家要防范危险，因为他"看见了几个刚刚被谋杀的移民的新坟"。

1863 年独立日前夕，是他们在艾奥瓦州待的第一夜，年轻人畅饮了一桶"老黑麦"威士忌，围在篝火旁跳舞，气氛相当热烈。威廉·安德鲁斯回忆说："我们晚饭后就开始敲打锅盆，吹起老号角，哼几节《星条旗永不落》，周围山上的狼也嚎叫着热烈地回应我们。”年轻人们还大喊大叫着向旁听的印第安人提出了邀请：“来吧，红发鬼们，加入我们吧！”然而这些年轻人错过了真正的战争。威廉・安德鲁斯的家乡宾夕法尼亚那一天正在进行钱斯勒斯维尔大战，造成4.6万人伤亡或下落不明。

1963年，科罗拉多中心城市的这3名矿工，其中一位在20世纪末将拥有银行、铁路、木材、报业、糖业、咖啡种植、石油、金矿、银矿以及世界上最赚钱的铜矿。威廉・安德鲁斯・克拉克（右）此时24岁左右。“想要赚钱的人永远不会缺乏机会，”克拉克说。

…

尽管有野心、精力充沛、有一定的书本学识，但威廉・安德鲁斯在勘探上并没有多少天赋。他说自己刚抵达班芮克时非常幼稚，那儿的人们蜂拥而出——一窝蜂涌入了桤木峡谷以东的一个新掘金点。一群人在躲避乌鸦印第安部族追杀时偶然间发现了那儿有黄金，他们发誓要保守秘密。但这个秘密并没有保持太久。

"我们发现正有一些人蜂拥而至，"威廉·安德鲁斯用自嘲的语气说道，"他们中的一些人步行，一些人骑马，而我们只能跟着人群走。"所有地方都已经被人立桩标注，威廉·安德鲁斯和队友们徘徊在荒凉的山脊，希望能发现石英脉，然后从中挖出藏在岩石里的金子，或者能找到小河内弯沙金可能沉积的地方。他们没发现任何希望。有个叫鲍的人（人们总从他那儿匀点威士忌）给他们带来了好的转机，把他们放在自己标桩的地界。在这个干燥的峡谷里，鲍留出了大约200英尺的土地供每个人劳作。鲍以前是一个南方联盟军的支持者，因此他把这片区域命名为杰夫·戴维斯峡谷。威廉·安德鲁斯去了班芮克，购买溜槽和木材做水闸盒，以便把金子从沙金里分离开来，很快他便只剩下最后50美分了。后来他写道：

到了班芮克，我发现五封家书在等着我，它们是由一个私人的邮局从盐湖城送过来的，邮局设在盐湖城和班芮克之间。当时寄一封信1美元，我只有5美元……除了这些钱我还有一张50美分面额的钞票。我高兴地用这5美元寄了信，因此，我不得不尝试贷款买些木材和其他所需工具，最后我顺利拿到贷款。

他的命运很快逆转。"在挖矿的路上，我找到了一对很精美的麋鹿角，我把它带到了班芮克，一个开酒吧的叫塞·斯金纳的人……出价10美元，我很欣喜地接受了。"威廉·安德鲁斯自此再没有申请贷款。

•••

从水面淘金，也叫作"浅层矿开采"（作者注：placer，发音为plassur），是非常艰苦的工作，在青铜时代前就已出现，尤其在深水地区用这种方法就更费劲了。水面淘金的原理是利用水洗涤淤泥，把金子分离出来。在这个干燥的杰夫·戴维斯峡谷里采金，威廉·安德鲁斯和同伴们只能脱下衣服，走进约4英尺深的淤泥和岩石堆里，用鹤嘴锄和铲子挖开岩床边松散的沉积层，金子一般聚集在这里。接着他们挖出这个沉积层，用车拖到半英里外，这辆车的轮子是他们从之前那辆舒特勒车卸下来的。附近科罗拉多河的水穿过他们的手工水闸箱，经过分层水渠形成漩涡使较重的金块和沙金从泥土和岩石或尾矿分离开来。掘金者们住在一间自己造的小木屋里，屋顶的洞用泥封住。他们一直从夏天工作到秋天，直到 10 月，这时候初雪都已经降临。

还完账后，他们把牛卖了，每个人怀揣着沾满金灰的几千美元在班芮克度过了冬天。“我在那儿找到一个很有趣的地方，”威廉·安德鲁斯说，“那边开着赌场，人们在赌场里与一些擅长玩牌的西班牙女人玩西班牙牌。”

这时候威廉·安德鲁斯已经有足够的钱买件暖和的外套了。他在穿着上本不讲究，但也渐渐打扮时髦。威廉·安德鲁斯有一件长外套，有次因为离篝火太近，尾端烧掉了一点，他还接着穿。很久之后他才雇了个男仆料理他的衣橱。

虽然人们都认为威廉·安德鲁斯是采矿业的迈达斯，但事实上他第一桶金是从卖鸡蛋中得来的。在之前和以后的淘金热中，胜算大的其实都不是矿工而是商人。掘金的人可能一天能赚 20 美元但是得花 25 美元买食物、斧头和靴子，更别算上赌博和寻欢作乐的费用了。

威廉·安德鲁斯并不是一开始就产生了经商的想法。1863 年冬天至 1864 年，他为一个旅店老板工作，当砍柴工人，2 美元一天，包三餐。“第三天我在山上被困在了大风雪里，我和马都迷了路，差点死在风雪里。我觉得这个工作不适合在冬天干，所以我想着……我们每个人能买下一个车队去盐湖城，可以看看摩门教徒们是不是如我们听说的一样，真有这么多有趣的故事，还可以给矿营买些适用的东西。”

行驶了 400 多英里进入犹他州，人们看到了花岗岩群，建造盐湖城圣殿的岩石就从这儿挖掘而来，他们还听了杨百翰① 的布道。后来威廉·安德鲁斯与杨百翰会见，还回忆说当时“被他话里的精神力量所震动”。他还评论说摩门的一种叫“潭谷”的威士忌味道“糟透了”，但是“摩门教的姑娘们都很漂亮”。

① 杨百翰（1801 年 6 月 1 日—1877 年 8 月 29 日），在耶稣基督后期圣徒教会创始人小约瑟夫·史密斯（Joseph Smith Jr.）去世后，担任教会首领一职。

到达盐湖城，他在马车上装好面粉、黄油、烟草和鸡蛋。威廉·安德鲁斯冒了很大的风险以20美分一打的批发价买了许多鸡蛋。他很清楚这些蛋可能会在北上班芮克的旅途中冻住。在路上他们铲了整整7天的雪，亲眼看见其他人的牛轭上的牛被活活冻死。到了班芮克他把鸡蛋以每打3美元的零售价卖给矿工，他们会用鸡蛋调制一种叫“汤姆和杰里”的白兰地和蛋汁混合的药酒。

…

从盐湖城回去的路上，威廉·安德鲁斯碰到了一个刚和强盗火拼过的人，这伙强盗中有一个叫作“荷兰佬约翰”的人。几天后在小道上，威廉·安德鲁斯看见了约翰的尸体，他已经被吊死了，或者如威廉·安德鲁斯说的一样，“被悬挂起来了”。

这是威廉·安德鲁斯和治安委员会的第一次接触。治安委员会通常只举行很简短的审判，然后就开始行刑，扫除落基山脉一带有名的盗贼团伙。这是历史上最著名的法外正义事件之一。蒙大拿州治安委员会的事件也表明了他在赚钱路上面临着危险，有时候他也需要道德上的妥协。没有证据表明威廉·安德鲁斯参加了这些绞刑事件，审判和行刑进行的时候，他已经离开这里，并在去盐湖城赚钱的路上。但是他认识几个人，他们都是美国边境上这场西部狂野大戏的主演。

在蒙大拿州，法律基本发挥不了作用。虽然州内有矿工法庭调解矿工之间的琐屑纠纷，但最近的法庭处在艾奥瓦州的刘易斯顿，相隔接近400英里。大部分西进淘金的矿工都不打算在这个地区久留。许多矿工的目的是赚钱，然后返回故乡。他们通常乘着马车，把沙金从弗吉尼亚城运到盐湖城。1863年这条路上常常发生抢劫。

威廉·安德鲁斯和这群强盗的疑似头领认识。他是一个名为亨利·普卢默的枪手，他也是刚选任的警务长。在班芮克的每个晚上，威廉·安德鲁斯都要去玩一个小时的台球，然后在酒馆里见他的朋友劳埃德·塞尔比。塞尔比更喜欢玩牌，比如说四七点，类似于惠斯特（桥牌的一种，四人玩的纸牌游戏），有时也叫作四点牌或七分牌。

“有天晚上，我去接喝醉了的塞尔比回家，”威廉·安德鲁斯回忆说，“他的鹿皮袋里装了一大块沙金。我那时穿着一件蓝色的军外套，把金子藏在靴子里。桌子上还放着一袋沙金。亨利·普卢默当时在场，他走了过来把袋子捡起来。然后塞尔比拿出他的左轮手枪，小心抚摸着它并且说，‘这个朋友从来不会离我而去’。普卢默就放下袋子。我用尽办法把塞尔比拖回家……那天晚上过后，我觉得我们在回家的路上没有被抢简直是个奇迹。”

普卢默和他同伴被绞死后，威廉·安德鲁斯开始认识了许多治安委员会的领袖，其中有一些还是地区的首脑。1864 年初，他成了共济会会员，加入了弗吉尼亚老兄弟会组织，共济会的领导也是第一批治安委员会的主席。长期在州办公室担任秘书的科尼利厄斯臣·赫奇斯说道：“我们不能说所有的治安委员会成员都加入了共济会，但我们都清楚所有的共济会成员都来自治安委员会。”1877 年，威廉·安德鲁斯成为大头领或者称主席，这是他第一次当上领导。

虽然这个区域因为出现了治安委员会的审判迅速树立了法律和秩序，但他们的行为在如今看来非常有争议。警长普卢默究竟有没有罪至今还在讨论。治安委员会第一批元老卸任后，他们的继任者执行了许多死刑，程度比谋杀更甚。

然而对于威廉·安德鲁斯及其朋友来说，早期治安委员会的审判精神很明晰。1917 年他在蒙大拿先锋的重聚会议上说：“他们拥有这些人所有不容置疑的犯罪证据来判定这些人有罪。”去弗吉尼亚城的前一年，在一次共济会重聚会议的演讲上，威廉·安德鲁斯调侃起那个动乱的年代，告诉听众他们的参与比之前的会员积极得多：“虽然当时我了解美国有许多团伙……但我知道的还不如在场的一些人知道的多。”在其他早期治安委员会成员也在场的情况下，他称赞了共济会，说他们保卫了尚未开化的蒙大拿的安全，这让诚实的人们，比如他自己，得以在州里谋得生路。

我开始了解自己的处境

在日记里威廉·安德鲁斯写道：“满心赚钱的人永远不会缺乏机会。”威廉·安德鲁斯进取心强，也有个会算数的好头脑，这些品质在他在买卖货物时颇见成效。威廉·安德鲁斯的商品琳琅满目，都是矿工所需。他“用一磅10美元的烟草换一双16美元的靴子”，因此得到了矿工们带有侮辱性的称呼“烟草比利”。他卖面粉的时候又被叫作“酵母粉比尔”。

凭借着自己的智慧，威廉·安德鲁斯在这片荒瘠的高地上的寒冬里，凭着自己诚实经商的信誉崛起。他以每月二分的利息贷款给他人，这个利率如今来看算是高利贷，但在当时的环境里并不出格。账目本显示他所记录的每一笔支出——早餐糖蜜和黄油花了多少钱，晚餐茶水花费多少。他开了一家商店，之后关门进山买下新的货物，买完之后又来开一家新店。旅途中桃子冻硬了他就开始卖“冻桃”。在爱达荷州博伊西，他以一磅1.5美元的价格买入了烟草,“基本是倾囊而出”，然后在蒙大拿赫勒纳以“一磅5~6美元”的价格卖出。当时有人惊叹威廉·安德鲁斯的经商才能，说“他赚不回20美元是不会掏出1美元的。”

…

1867年，威廉·安德鲁斯发现托运美国邮件能赚取更大的利润，他从哥伦比亚河的源头，也就是蒙大拿西边近米苏拉地区，穿过爱达荷州北部一直到沃拉沃拉，然后到华盛顿最大的社区，这一路程超过450英里。作为美国政府的一个转包商，他组织了一批马匹、骑手、船舶和驿站来提供一周三次的邮政服务。

行驶在山道上确实有危险，但28岁的威廉·安德鲁斯勇气十足，或者说刚愎自用。1868年，他骑着一匹廉价的卡尤塞马经由小道跟随克拉克·福克[1]穿过印第安人领地，然后沿比特鲁特山脉东北侧到达爱达荷州。晚上，他在日记中赞叹着沿途的美妙风景，抱怨在荒野地区找不到一本像样的书来读，他还

① 被称作威廉·克拉克（和主人公无关联），领导了1804—1806年刘易斯和克拉克远征。

冷静地记下了遇到的危险。

他在一个车站里写道：

我很愉快地坐在这个年轻的威尔士人身边喝茶，他是我雇来的照看这个驿站的人，我担心这儿再发生类似费特曼菲尔卡尼大屠杀[①]的事件。屠杀当天，1866年12月21日这个年轻人也在场，那天有94人在离邮政不到3英里的地方被杀。有92个人被剥了头皮且被扒光衣服，有一个人被扒光衣服但没有被剥头皮，所有人都是脸朝下转过来，背上插满了箭。人们找不到弓，发现箭的形状很独特，认为属于苏族、阿拉巴霍族和夏延族的兵器。其中有一个人因为秃顶没被剥下头皮，但被剥下了络腮胡和小胡子。另一个因为某种原因没被剥头皮的人也没有被剥光衣服的人，脸朝上，身上盖着水牛皮袍子，可能强盗们认识他或者从他手里得到过某些善意的帮助，因此回报了他们的敬意。

威廉·安德鲁斯穿行在荒野中，大屠杀的消息在他的心中记忆犹新，林间风声呼啸。“天气很冷，滴水成冰，”他在日记里写道，“当我独自行走在这片茂密的松树林里，常常会被身边巨大的响声吓到，它好像大爆破的声音。”其实这不是炮火声，而是“森林里的木头或树皮因为霜冻爆裂的声音”。他心中稍定，停在一个驿站，“在旺火旁愉快地吃了晚餐”。

…

印第安人大屠杀不是威廉·安德鲁斯面临的唯一危险。1868年1月30日，他遇到了一个险境，差点丢了性命：

一个清冷的早上，我十点钟到达麦卡锡码头的鹿洛奇河渡口。看到河面已经结冰，两岸都有路的痕迹，这让我觉得这次过河就跟平常一样。于是我下来牵着马过河，小心翼翼，用脚后跟试试看冰够不够厚。

① 1866年12月21日发生了费特曼（Fetterman）大屠杀。酋长高脊骨（High Backbone）率一群武士在菲尔卡尼堡附近诱捕了80多名美国士兵，并将他们全部杀死。美国政府最终在《第二次拉勒米堡条约》（1868）中承认失败。条约中，美国政府同意放弃博兹曼公路，并保证印第安苏族人独占密苏里河以西的南达科他这块地区。

没有任何迹象显示冰面会破裂，看起来我可以安全过河。然而马刚刚踏上河面，我们就掉进了五英尺深的河水里。

我很幸运地抓住了一块冰的边缘，不让自己被激流冲走，用尽全力爬出来，但是因为套鞋、外套和手套太重，我的努力完全徒劳，在绝望中我大声呼救。

冰面非常滑，我很难抓稳，后来我用牙齿把两只手上的手套咬了下来。这时候我可怜的马在身后很近的地方，我不顾一切地把一只脚踩到它肩上，不顾一切地抓住了岸边比较厚实的冰块。马又漂到了我身边，四周只能看见它的头和马鞍顶端。我把手伸进水里，解开马鞍，把它和鞍头上装着 700 或者 800 美元的袋子一齐丢了。

我很清楚自己救不了马了，被零下十度的水浸湿了全身，我开始意识到自己将会面临被冻死的危险。于是我往回跑了四分之一英里路，周围一栋房子里有两人听到了我的呼喊声，他们跑过来救了我。后来他们及时地救回了我的马——用绳子把它拉到了冰面上。

我的腿被冻得没有知觉，两只脚已经紧紧冻在鞋子上，我及时走到火堆旁。我记得我在这里一直待到晚上，直到把身体和衣服弄干，还在圈马的地方烧了一堆火让它也能变得干燥温暖。

威廉·安德鲁斯依然严谨如常，在分类账目本上记下了他这次濒死经历的花费——付给别人拖马的费用：4 美元。

…

经历了这次九死一生且代价昂贵的脱险后，他准备给自己放个假。从他的日记上看，威廉·安德鲁斯对艺术的喜爱和发掘新的赚钱渠道的才能日渐增长。

他写道："到了赫勒纳，我见了许多朋友和熟人，入住包饭的国际酒店，和周围人一起读狄更斯的《匹克威克外传》。"他又花了几周时间，在赫勒纳享受雪橇滑雪、看演出剧、读书、写作和台球的乐趣。

但狄更斯和台球都不是威廉·安德鲁斯梦想里最主要的目标。他在 1868

年 3 月 6 日的日记上写道："交上了开通赫勒纳到密苏拉的邮政服务的提案，服务期延长了两年，从 1968 年 7 月 1 日开始，每年总计 22 400 美元。"这相当于如今的 40 万美元。

威廉·安德鲁斯并不想余生都待在印第安地区送信。1868 年的秋天，他把邮政服务分包了出去，开始了东部旅程。在密苏里河的本顿堡，威廉·安德鲁斯登上了一艘麦基诺平底小船。他跟朋友们说这次他要带着妻子回来。

第 3 章

Empty Mansions
The Mysterious Life of HUGUETTE CLARK
and the Spending of a Great
American Fortune

铜业大王宅邸

凯特

威廉·安德鲁斯沿密苏里河顺流而下，想回到宾夕法尼亚州拜访一个孩童时期的朋友。他想起了一个有深棕色眼睛和棕色卷发的小女孩，“她小时候与我非常亲近”。1868年的秋天，威廉·安德鲁斯从本顿堡搭乘的平底船进坞停靠在艾奥瓦州的苏城。威廉·安德鲁斯在那里见了他父母。然后他搭火车去宾夕法尼亚州拜访他的这位儿时好友。29岁时，他妈妈也随行来求婚。

威廉·安德鲁斯. 克拉克的第一任妻子凯瑟琳·露易丝·凯特·斯托弗·克拉克，是他在宾夕法尼亚的儿时好友。

求婚的地点在康奈尔斯维尔的共济会大厅。威廉·安德鲁斯邀请凯瑟琳·露易丝·斯托弗共舞。棕色眼睛的凯特不是个小女孩了，她已经是一个 24 岁的年轻姑娘，漂亮又聪明。威廉·安德鲁斯这个西部采矿老手和随心所欲的生意人，“向她求婚成功了”。1869 年 3 月 17 日的早晨，他们在康奈尔斯维尔城结婚，地点在凯特父母的大砖房子里。凯特的父亲是一个成功的商人。一位基督教堂的牧师主持了婚礼仪式。早上的接待宴会后，人们都去城里看圣帕特里克节游行。这对年轻夫妇也搭上了西进的列车，在圣路易斯停留，威廉·安德鲁斯在这里边度蜜月边工作，买好了运到西部的货物。接着他们又乘火车和马车一直到达他们的新家，也就是蒙大拿赫勒纳的矿营。他们到达的时候，发现赫勒纳城大部分已经被火烧毁了。这对新婚夫妇只好在一个朋友家的备用卧室里开始生活。

除了妻子，威廉·安德鲁斯还增加了一项新投资。他一次次地展现出其强大的适应能力，为追求更大的财富，他不停转换生意领域并行走在不同城市之间。1868 年，他同密苏里的一个商人合作创立了一家批发商贸公司。唐奈 & 克拉克公司把杂货和东方来的货物用船、火车、牛车或者驴车运到赫勒纳，这种生意费很大力气但利润较小。艰苦度过了干旱和滞销的季节后，他们在赫勒纳西边一个正在发展的城市迪尔洛奇里的畜牧和采矿业生意得到了巩固，又加入了第三个合伙人，组成了唐奈 & 克拉克 & 拉勒比公司。1870 年他们又因势变化，把生意转到银行业这个最赚钱的行当。银行业已经贯穿于矿区、试金和买卖沙金等方面。

威廉·安德鲁斯在生意上十分精明，但和他父亲一样，以公平交易闻名。“刚认识他的时候，他还是一个穿着破烂、邋遢且脏兮兮的矿工，”1888 年的蒙大拿的《米苏拉公报》写道，“但衣衫褴褛下是一颗勤勉、有活力、果敢而聪明的灵魂。他坚定不移、矢志不渝，下定决心要努力获得财富并出人头地。”

现在他是个有家的男人了。凯特在当年 1 月生下了一个女儿玛丽·若阿基娜，家里人一般叫她梅或者梅西。接着 1871 年，查尔斯·沃克（小名查理）降生。1874 年他们刚出生八天的儿子还没来得及取名就夭折了。1875 年一对双胞胎女儿，杰西和凯瑟琳·露易丝出生，但杰西在两岁时不幸去世。小威廉·安德鲁斯（小名威尔）于 1877 年出生。弗朗西斯·保罗于 1880 年降生。这样他们夫妇和幸存的五个子女组成了一个七口之家。

如今克拉克家族人丁兴旺，至少在迪尔洛奇人看来是如此。1870 年，联邦政府的人口普查显示，零售商和银行家威廉·安德鲁斯资产净值 15 000 美元，相当于如今的 275 000 美元。在迪尔洛奇这个人口数只有 788 人的小镇上位居第四。这个年轻家庭住在小街道上的一座有五间房的白色房子里。威廉·安德鲁斯在房子边加了一间木屋用来作检验室。克拉克家驾着一辆小轻马车行驶在镇里脏乱的街道上。

威廉·安德鲁斯的社会地位也随着财富积累而提高，甚至在一次对印第安人的作战行动里担任了短期的指挥官。1877 年内兹佩尔塞战争期间，他组织了三队志愿军，并被任命为军士长。后来这次战争由美国正规军队接手，他们把约瑟夫酋长和他的 400 个战士驱离了故土，这违反了美国之前和印第安人签订的协议。士兵们在加拿大边境抓住了最大一批内兹佩尔塞难民。虽然威廉·安德鲁斯没有亲历战争，但据他的儿子查理回忆，他父亲骑马奔上齿苋山，“拉响了印第安人进犯的警报”，他骑在一匹叫作“狂野比尔”的高大马匹上。

1872 年，威廉·安德鲁斯和合作伙伴们投资 50 000 美元创办了迪尔洛奇第一国民银行，这时候他的银行家身份更加得到了尊崇。不久之后，他们又在向南 40 英里之外的蒙大拿比尤特城开了一家分行。比尤特城原本的金矿业已经日薄西山，因为银矿和铜矿开采又迎来新生。后来威廉·安德鲁斯的两个弟弟约瑟夫和罗斯也来到比尤特城加入他的公司。他们到达后，威廉·安德鲁斯买下了合伙人的产权，这样公司就只归克拉克家族所有。虽然他独来独往惯了，但依旧保持着对家人深切的感情。两个弟弟年纪正当的时候，他很慷慨地把他们引进公司。约瑟夫在矿业部工作，罗斯在银行部工作。

但毫无疑问，克拉克仍是公司老板。比如他们的银行不叫作“克拉克兄弟银行”，也不是“威廉·安德鲁斯和罗斯银行”，而是“威廉·安德鲁斯·克拉克和兄弟银行”。

照亮世界

1872 年，威廉·安德鲁斯在比尤特城设立银行业务的时候，城里的街道还没铺好，路面泥泞。昔日的淘金热已经远去。虽然地下仍流淌着银和铜供人开采，但人们也很难从中获利。而且这座城市离最近的铁路有 400 英里远。

在这种恶劣环境下，威廉・安德鲁斯抓住时机开展了新投资。1872 年，他买下了原始、科卢萨、甘贝塔和主山四个老矿业公司，价钱不明。他没有像常人一样发展这项投资。此时他面临两种选择：他独自承担风险立即开始开采比尤特山（虽然了解一定的地质和采矿知识，但他天生不擅长赌博）；或者他还可以等着采矿的人消耗掉他们的资金，自己则坐享其成。可是威廉・安德鲁斯并不想等。

于是他想了第三种方案。他意识到自己从那本《地质学纲要》学来的毛皮知识并不够，因此他重返大学。此时他已经 33 岁，已婚并育有两个孩子。1872 年冬天到 1873 年他把家搬到东边，定居纽约，在哥伦比亚学院（如今哥伦比亚大学）的矿业学院学习了实用金属检验和矿物学。很难想象有学生能仅用一年的学费收到如此巨大的回报。

威廉・安德鲁斯学会了如何用吹管实地测试石英里的金属含量。他学会了如何焙烧、冶炼和精炼矿石让稀有金属剥离出来。他从比尤特公司的四个矿带来的矿石样本，尤其是铜矿经检验极具发展前景。通常矿山只要有 5% 的含铜量就能开采，而他山上的样本测试结果接近 50%。

铜后来成为现代生活中最基本的导体。1858 年阿伽门农号和尼亚加拉号战舰埋下了第一条跨大西洋的电缆。1876 年贝尔申请了电话专利。1879 年爱迪生发明了第一个实用的商业白炽灯泡。1882 年来自瑞士的爱德华・鲁宾发明了全金属外壳子弹，拉长了人们远距离枪杀的射程。

所有这些在通信、日常生活和战争中的变革都依赖于威廉・安德鲁斯・克拉克的铜矿。

1873 年回到比尤特后，威廉・安德鲁斯开始发展科卢萨和甘贝塔公司，用货车从犹他州科琳娜离联合太平洋铁路最近的地方把铜矿石运来。运输费耗尽了大部分采矿盈利，因此克拉克新建了一家冶金厂，在当地用热能和化学品来提取铜，这样盈利大大增加。1881 年犹他北方铁路建成，把比尤特和联合太平洋铁路以及东西部的广大市场联结起来，威廉・安德鲁斯见到了第一辆火车。

和其他商人相比，威廉·安德鲁斯有一项优势：因为威廉·安德鲁斯是个精明的银行家，他能很清楚地发现哪些矿产更有利可图，哪些资本不足。如果贷款未付清，他就会取消抵押品的赎回权。虽然威廉·安德鲁斯并不是发现比尤特银矿的第一人，但他还是找到了法子参与银矿生意。1874 年一个叫比尔·华林的人发掘出了银矿，从克拉克第一国民银行贷了款，还做了一个捣碎机来加工石英。1880 年华林在银行资金周转不灵，克拉克和伙伴们通过取消赎回权获得了他所有的矿产和工厂。比尤特有 24 000 吨银出产，但铜却达到了 1 100 万吨，赢得了“地球上最富裕的山”的称号。

如果这时威廉·安德鲁斯还没成为百万富翁，那也快是了。1876 年，这个 37 岁的银行家兼企业家获得了一次欣赏世界发展前景的机会。他作为蒙大拿州的发言人参加了在费城举行的世界博览会。尽管世界正又一次经历着经济萧条，这个博览会里还是聚集了 900 万人一起纪念《独立宣言》签署百年，他们参观了最新的世界奇迹：贝尔电话、雷明顿打字机、亨氏番茄酱和海尔斯根汁啤酒。

与会者可以走上观景塔的楼梯参观整个百年纪念展览。这个观景塔是从法国买来的半完工雕像建筑，一位建筑师设计的初衷是要把它作为法兰西共和国送给美利坚合众国的礼物，同时他还在寻求捐赠来支付基架的费用。作品是个巨大的金属制成的女人结构，15 层高，人们能看见她巨大的右前臂举着熊熊燃烧的火炬。这个艺术家就是弗雷德里克·奥古斯蒂·巴陶第，雕像则是“自由照耀世界”，在这里美国人第一次看到自由女神像。

威廉·安德鲁斯花 50 美分买了一张票，爬上楼梯走近火炬台，望着这个工业世界的奇迹，抚摸着自由女神像光滑的法国铜皮肤。

宫廷和神殿

比尤特再也不是个泥泞、孤立的小镇了。铜正在改变着外面广阔的世界，也在改变着比尤特。那条运铜的铁路把文明带了进来。到 20 世纪末比尤特城大剧院已经建成，马克·吐温和萨拉·贝恩哈特（法国女演员）都曾造访。

城里设有许多剧院，其中的百老汇剧院称自己是芝加哥西部最大的剧院。威廉·安德鲁斯是比尤特城的发电机，他建设了这个城市的第一个供水系统、电气公司和电车道，还发行了《比尤特矿工报》。

威廉·安德鲁斯需要住城里最好的房子，特别是当他准备谋求政治职务的时候。1884年—1888年，他建造了一栋有34间房子的维多利亚式红砖住宅，带有法式陡坡复折式屋顶和圆顶窗，威廉·安德鲁斯亲自监工造房的每个细节。这栋房子建在铜价萧条的时候，证明了他对铜业的信心满满。人们问他为什么要把家建在比尤特，他很诚实地回答："因为它就属于比尤特，我在这儿赚的钱。"

克拉克建第一栋房子是为了树立社会地位，显而易见它是城里最贵的房子，花费25万美元，相当于今天的600万美元。入口通道墙上的石膏点缀着一圈圈金子，而八边形的会客室点缀的是青铜，餐厅用的是银，台球室则是铜。房屋的木制品来自上等的橡木、古巴红木、美国梧桐、鸟眼枫和花梨木。威廉·安德鲁斯的剪影被刻在了壁炉上，图书馆天花板的壁画彰显着文学、建筑、绘画和音乐等方面的艺术造诣。克拉克家不只有一个楼梯，而是"多国楼梯展"，每一块木板代表着世界上一个国家，楼梯往上通向镶嵌了珠宝的玻璃窗，这扇窗足够适用于一个教堂。三楼是舞厅，足有62英尺长。

这栋房子还体现了那个时代所有工业家的显著特征。在二楼第二间卧室后隐藏着一个家庭卧室，是一间避难室。密室里有一个电话亭可以联系警方、火警或者医院急救。这绝不是挥霍浪费：富人们面临着各种威胁，比如1889年，威廉·安德鲁斯收到一封信，信上说需要40万美元，不然他性命堪忧。他没有付这笔钱，但是时刻准备着以防危险发生。

这就是现在闻名的铜业大王宅邸。它位于上城区，远离威廉·安德鲁斯铜冶厂所排出的浓云密雾（他的铜冶厂熔炉号称"具有世界上最高的烟囱"）。比尤特山是一片工业月球表面，基本是不毛之地。铜在露天的火堆中熔化，继而从矿石中提取出来。威廉·安德鲁斯·克拉克熔炉厂的烟囱发散出含有砷的硫黄烟——虽然维多利亚时代的女人们常用砷这种毒素来提亮肤色。有时候烟雾实在太浓了，人行道上走着的两个行人会撞上对方，就像在伦敦大雾里一样。

“我必须说女士们是非常喜欢这个烟城——有时候人们这么叫它。”1889年州制宪会议时他开玩笑地说（他那时担任会议主席），“因为那里砷充足，女人们可以变得美貌……我认为这个城市有时候是会烟雾笼罩，但是我觉得这样更好，比起州里的其他城市，比尤特虽然烟雾多，但白喉和其他疾病少。比尤特城所有的医生都认为有时候随处飘荡的烟雾其实是杀毒剂，它杀死了许多形成疾病的微生物。”

•••

凯特·克拉克是比尤特城这栋最好房子的女主人，极富魅力。但她不经常在家。没有证据显示凯特和威廉·安德鲁斯之间感情淡薄，但是她和孩子们在1884年到1993年之间的大部分时间都待在欧洲和纽约，在那边能接受更好的教育和文化。威廉·安德鲁斯忙于经营生意和政治生活，会和家人一起度假，但度假期间，他把大部分时间用来收集各种艺术品。进入40岁以后，威廉·安德鲁斯开始学习法语和一些简单的德语。他蓄着茂密的红胡子，常常身着高雅、剪裁得体的黑西装，效仿巴黎时髦人物打扮成优雅的模样。一次他们延长了在德国文化中心德累斯顿的旅行，夫妇俩在这里绘制了画像。画中他们带着骄傲的神情，穿着像资产阶级的上层人物。威廉·安德鲁斯戴着丝质礼帽和及膝的艾伯特王子式的外套，凯特则戴着一顶大帽子，并身着漂亮的维多利亚撑定型的裙子。

1893年，凯特在芝加哥参加世界哥伦比亚展时感染了伤寒症。芝加哥城市供水质量堪忧曾引起官员的广泛关注，官方保证，参会者的用水都是经过过滤或者消毒的。（官方也保证过芝加哥夏天一直凉爽不变）。凯特于当年10月19日在纽约去世，享年50岁。

威廉·安德鲁斯花费15万美元，为凯特照着希腊神殿的形式建造了一座陵墓，表达了他对亡妻的爱意。墓址选在了一座山坡的显著位置上，这座山不在比尤特，而是位于纽约城布朗克斯（曼哈顿以北）的伍德劳恩公墓。陵墓外部是白色的花岗岩，内部饰有复杂的镶嵌画。铜门由一个旅居巴黎的美国人保罗·维兰德·巴特利特建造。保罗曾设计过美国国会大厦的翼楼。威廉·安德鲁斯和设计师反复沟通了细节。大铜门上凯特的头像忧伤地望着远方。

54 岁的威廉·安德鲁斯成为了鳏夫，5 个孩子中最大的 23 岁，最小的 13 岁，都已经到了去寄宿中学或者更高学府学习的年纪。不久他又开始在纽约寻找新址建造一个新家。问题是谁将会成为这栋宅府的女主人？

安娜

鳏夫威廉·安德鲁斯·克拉克还喜欢帮助年轻艺术家施展其才能，特别是女性艺术家，渐渐获得了一些知名度。时人评价说，他是“狂热追求漂亮女性，如果人们想这么说的话也行。”

他赞助的第一个女人来自比尤特旅社，后来成为了美国无声电影时代的早期明星，但是她不能成为克拉克夫人。凯瑟琳·威廉姆斯在早期戏剧生涯中得到威廉·安德鲁斯的赞助。她是比尤特一家旅馆主人的女儿，是个金发美人，1879 年刚出生时叫凯思林·梅布尔·威廉姆斯，从艺后改名凯瑟琳。儿时丧父，母亲靠租房子给矿工为生。19 世纪 90 年代，还是少女的她在比尤特剧场演出时遇见了克拉克这位城里最有钱的人。

克拉克答应把凯瑟琳送到纽约学习歌剧，不过前提是她需要完成蒙大拿卫斯理大学（离赫勒纳 70 英里）的学业。1901 年她毕业时 22 岁，威廉·安德鲁斯 62 岁。

凯瑟琳很快从歌剧转行到表演，威廉·安德鲁斯支持着她在纽约进行培训。到 1903 年威廉·安德鲁斯在参议院谋得席位时，凯瑟琳已经结婚，并找到了其他的男性赞助商，并最终主演了 170 多部电影。1912 年她在一本影迷杂志中感谢了克拉克议员，说他“对于我的幸福很关心”。接着她又解释说参议员“帮助了很多男孩和女孩们实现了自己的抱负”。其实男孩子的名字无处可寻。

…

同一时期，威廉·安德鲁斯还赞助了另一个来自比尤特旅社的姑娘安娜·拉夏贝尔，她梦想成为一名音乐家和演唱家。1893 年或 1894 年凯特去世不久后，威廉·安德鲁斯就把目光落在了当时只有 15 或者 16 岁的安娜身上。她长到 20 来岁的时候就成为了他第二任妻子，并养育了两个女儿——安德莉和胡姬。

威廉·安德鲁斯和安娜相遇的故事有多种版本。官方版本以他们家的故事为纲，说威廉·安德鲁斯在 7 月 4 日一个社区表演中遇见了安娜，她正扮演纯洁的自由女神。安娜喜欢唱歌和音乐，但在公众场合里显得内向保守。年轻的安娜约有 5 英尺 4 英寸高，一头瀑布一样的棕色长发，尖尖的圆下巴，笑起来有牙缝，很迷人。威廉·安德鲁斯很快发现了她的才华。

反对克拉克的报纸上刊登的是非官方版本，认为安娜是主动方。根据这个版本，安娜在比尤特拜访了一个银行家，请求他支持她的演艺生涯。但是这个人拒绝了她，并建议她联系另外一个可能会慷慨解囊的银行家威廉·安德鲁斯·克拉克。

克拉克家还有另外的故事版本，它把安娜描述成一个令人尊敬的医生的女儿，在其父亲死后，威廉·安德鲁斯成为了她的监护人，她成为被监护人，似乎说她是个孤儿需要威廉·安德鲁斯法律上和金钱上的保护。然而事实却大相径庭：安娜的父亲不是医生，他当时还活在人世。

安娜·尤金伲亚·拉夏贝尔 1878 年 3 月 10 日出生在密歇根州一个叫红夹克的铜矿镇上（如今的卡路美）。她父母是来自于加拿大魁北克法语区的蒙特利尔市的移民，他们一家在六年前跟随法属加拿大人移民潮来到了美国。接着他们又迁往比尤特，在比尤特山的贫民区、烟熏雾绕的熔炉厂下居住了下来。安娜在家中排行老大，有两个妹妹和一个弟弟。

拉夏贝尔一家以租房给矿工为生。安娜的母亲菲勒梅会说英语，但不会读写。她干着守门的活。安娜的父亲皮埃尔曾经是个裁缝，后来开始卖一些如眼药这样的医药霜剂。不久他又开始卖眼镜。虽然他在比尤特天主教墓地的墓碑上写着“皮埃尔 J. 拉夏贝尔医生”，但讣告上说他直到去世时还在学习药理。

威廉·安德鲁斯赞助安娜的时候，她的父亲仍然在世。1896 年父亲去世后，18 岁的安娜已经远赴巴黎学习剧场竖琴并进修法语。为了使这次安排看起来体面，对外说威廉·安德鲁斯是安娜的监护人。比尤特官方的记录并没有显示他们存在监护关系。

安娜住在威廉·安德鲁斯在维克多雨果大道的公寓里，威廉·安德鲁斯的妹妹[①]带着两个女儿在巴黎陪着她。这两个外甥女说安娜生性活泼，热爱音乐，有时候也很淘气，会逗她们开心。她还喜欢调侃自己不寻常的眼睛：一只蓝色一只棕色。而在比尤特，人们发现安娜的寡母已经搬到了一间漂亮房子里，房子在克拉克家宅西边，二者只隔了一个街区。

1900 年威廉·安德鲁斯在美国参议院供职时，安娜前往华盛顿见他。报纸报道说她是“华盛顿城最有趣的女士”，这可能是对这位身上流传着众多流言蜚语女士的委婉说法。《丹佛邮报》评论她“长着典型的法国脸蛋，眼神丰富，常常让人联想起艺术气质”。报纸还引用了威廉·安德鲁斯朋友的说法，说这对情侣将很快完婚，威廉·安德鲁斯还给安娜定制了一份以“蒙大拿”为艺名的歌剧职业生涯。另外，报纸还编造说安娜的父亲是在威廉·安德鲁斯的矿井上死去的，使得这位商业巨头对这一家人有深深的同情之心。

…

20 世纪初，安娜住在巴黎的时候，威廉·安德鲁斯还经历了一段情感上的纠葛。

起初，一位来自南达科他休伦地区的为人温和的演讲家和政治活动家海蒂·罗斯·劳贝，在 1901 年宣称威廉·安德鲁斯给她从欧洲写来一份与之结婚的书面保证。尽管克拉克家人斥之为假消息，但全国的报纸都大肆报道了她的宣告。

然后又出现了一件生父抚养权的官司，是一位叫玛丽·麦克尼利斯的年轻女记者向法院提出呈请的。1896 年在芝加哥举行的民主全国大会上，时任代表的威廉·安德鲁斯遇见了她。1901 年威廉·安德鲁斯在参议院供职，玛丽在纽约对他提起了诉讼。她声称 1900 年 10 月份，他们在老华尔道夫酒店享

① 这位陪伴的妹妹就是伊丽莎白·克拉克·阿巴斯卡尔，她的女儿阿妮塔和玛丽也在巴黎。

受牡蛎和香槟晚餐时，威廉·安德鲁斯承诺娶她。在她被引诱与之放纵并怀孕后，威廉·安德鲁斯背叛了承诺，因此她要索赔 15 万美元。

威廉·安德鲁斯在法庭文件中承认认识玛丽，并与这个“相当可爱又聪明的年轻女人”交往过三四次。但是他激烈地否认：“我从没有许诺过要娶麦克尼利斯小姐，也没有与之发生关系或者以婚姻之名引诱她。”法庭记录显示，仲裁人站在了威廉·安德鲁斯的一方，判决玛丽支付参议员 1 125 美元的庭审费用。

为了防止报纸登载，法庭记录封存了两年。在此期间，威廉·安德鲁斯正在追求安娜。1903 年玛丽想要让律师尽力争取陪审团判决，但律师劝她接受仲裁人的判决，放弃这宗官司。玛丽惊讶地发现她的律师拥有一家在不列颠哥伦比亚的采矿公司的部分产权，而这家公司正是由威廉·安德鲁斯·克拉克新近买入的。她又提出了上诉，此时关于麦克尼利斯案的报道铺天盖地。

这件案子的消息传到了巴黎，此时 25 岁的安娜还在学习竖琴。威廉·安德鲁斯一年至少两次乘坐轮船去巴黎看她。来自比尤特小旅社的安娜已经被时髦的巴黎风格所感染，裙摆及踝，一条奢华的腰带竖起高腰。她剪短了棕色的长发，刘海儿近垂入深陷的眼眶。她开始炫耀一些昂贵的礼物：一个镶有 36 颗蓝宝石和 126 颗小钻的手镯、一对镶着 320 颗钻石的龟甲梳子和一条玳瑁色的双链带着 7 克拉钻石扣环的卡地亚珍珠项链。

联合佛得

1885 年在新奥尔良举行了全球工业和棉花业百年展会，威廉·安德鲁斯代表蒙大拿州参会，自此他从富有走向了超级富有之路。他在那里参观了亚利桑那展区，考察了从一家矿井来的矿石采样，发现这个样本富含铜、金和银。留意过后他很快又忘了它。之后在查看一家他经手过而当时已经破产的冶炼厂账簿时，威廉·安德鲁斯又看见了这个矿山的名字：联合佛得（the United Verde）。

1888年初，威廉·安德鲁斯去了亚利桑那州参观了联合佛得，它远在杰罗姆城的旁边，处于亚瓦派县的高地，在黑山山脉东坡5 400英尺高处，俯瞰着脚下的佛得河。1876年曾有人开采过这座矿山，但矿工们在1884年挖到一个效益差的矿山后已经无利可图。因为缺乏水域和火车轨道来运送铜矿，联合佛得的发展前景十分受限。当时最近的铁路都得穿过三个州去堪萨斯州。但是当1882年圣达菲铁路修到了亚利桑那州后，全球的铜价又陷入了每磅9美分的低迷期，这座矿山因此被闲置了起来。

1888年威廉·安德鲁斯造访矿山时，铜业市场已经成熟，法国的垄断辛迪加限制出产后铜价已经提升到每磅15美分。他带领着管理层在矿山里爬来爬去，每12英寸取一次样本。威廉·安德鲁斯对矿山非常满意，他做出一个决定，买下该矿分布在全球各地的所有股份。最终克拉克家庭在联合佛得30万股份中占了29.9万股。

联合佛得在威廉·安德鲁斯的经营下成为世界上最值钱的矿山。它再次证明了克拉克善于抓住机遇的能力。他安装了一个巨大的工业生产基地来提取、粉碎以及焙烧矿石，继而炼出关键的铜矿。内衬混凝土的采矿竖井达到了三分之二英里深。威廉·安德鲁斯还修建了一条窄轨铁道连接了杰罗姆城和圣达菲铁路，这样运输成本大大降低。

威廉·安德鲁斯给工人们建设了一个城镇模型，完善了图书馆和学校等设施。这个设计好的社区叫做克拉克谷，建于1912年，离矿山1英里远。在当时严格的隔离制度下，矿工和家人住在村舍集中区，而上克拉克谷地区则留给工程师和老板居住。下谷区居住了白种工人。墨西哥移民住在天井镇靠近冶炼厂的一栋简陋楼里。美国本土工人则在荒漠上自建了自己的圆顶小屋。公司建有棒球场和4个游泳池，提供伤残保险，工资实行奖励制，多装载矿石或者锻造出更多的镐将会获得额外报酬。和其他竞争者不一样的是，联合佛得和工会大多数时候都保持了和谐的关系。

对于企业的经营状况，威廉·安德鲁斯严格保密，但他放出消息说联合佛得每月可生产800万磅精铜。报纸评论推测，它每年的利润达到了500万~1000万美元，约等于今天的1.4亿~2.8亿美元。多年后，威廉·安德鲁斯在一次演讲中轻描淡写地回忆他当时在新奥尔良看到联合佛得矿产样本的印象："这是展会收集品中最吸引我的矿产。"

两汤匙威士忌

19世纪90年代的南加利福尼亚州涌入了第一批移民。在这些移民群里，有人来这儿是为了逃离寒冬，有人是为了恢复健康，其中也有富有远见的企业家和地产投机商。克拉克家庭的人包罗了这三种移民类型。威廉·安德鲁斯公司修建了一条铁路，使洛杉矶成为了太平洋沿岸的商业中心、美国与东方世界贸易的大门。

1880年，洛杉矶还只是洛杉矶河岸边一个只有1.1万人口的不知名小镇。有几年冬天洪水泛滥，夏天则几近干涸。直到1878年，南太平洋铁路从加利福尼亚最大的城市旧金山一直延伸到了隔壁小城洛杉矶，把两个城市连接起来。在这之前，人们出城得翻山越岭，唯一的通道是一条绵延300英里的马拉车道。

1880年，威廉·安德鲁斯的母亲玛丽·安德鲁斯·克拉克66岁，和她两个已长大成人的女儿离开艾奥瓦，加入了移民潮先锋队，成为最早搭乘这辆列车的人之一（此时威廉·安德鲁斯的父亲已在五年前辞世）。移民潮使得洛杉矶人口暴增，人口数量从1890年的5万激增到世纪之交的10万人。

克拉克家族生意已经从总部比尤特伸向了远方。亚利桑那州的联合佛得盈利最多。威廉·安德鲁斯还拥有墨西哥一座最大的咖啡种植园所有或部分产权、科罗拉多熔炉厂、怀俄明煤山、爱达荷州全美国最大的铅矿、爱达荷科达伦地区其他矿山、成千上万的牛群以及斯内克河上的肖肖尼瀑布（"西部的尼亚加拉"，1883年威廉·安德鲁斯在此修建了轮渡和观光酒店）。

克拉克家不再以蒙大拿为根据地。1890年威廉·安德鲁斯的五个姐妹都已在洛杉矶定居，弟弟罗斯也紧随其后。1899年，威廉·安德鲁斯被选为参议员后，他又搬到了纽约，留在蒙大拿州的只剩下威廉·安德鲁斯的儿子查理和威尔。这种情况也没持续太久，两个儿子在1907年都搬到了加州。虽然克拉克家拥有蒙大拿州绝大多数矿山和企业，但他们已经成了外居地主。

每到一处，威廉·安德鲁斯都寻找着新的投资机遇。在洛杉矶他和罗斯又开始生意上的合作。1903年约瑟夫去世，罗斯成为威廉·安德鲁斯有生之年忠诚可靠又能为所用的合作伙伴。威廉·安德鲁斯培养了两个弟弟，让他们通过发展各自的企业成为非常富有的人。19世纪90年代，克拉克兄弟买下了洛杉矶和南边的长滩之间1万英亩土地，命名为蒙大拿牧场。1897年他们种植了1千英亩甜菜，又在洛阿拉米托斯牧场建了一个最先进的制糖厂。在洛杉矶，威廉·安德鲁斯发现了比种甜菜更有前途的行当。他和罗斯商量开始涉足蒸汽船行业。

这张摄于1908年的照片中包含了威廉·安德鲁斯·克拉克的大部分兄弟姐妹以及其他亲戚，此时他离开美国参议院已经有一年了。1905年他建设开通了洛杉矶—盐湖城铁路。此时威廉·安德鲁斯69岁，站在左手边第二个位置。他再婚后的家庭（包括两岁的胡姬）没有出现在照片里。

1900年，威廉·安德鲁斯公开了这个野心勃勃的计划。他收购了洛杉矶地区的几条小铁路，以它们为核心打造了一条新的铁路干道，连接起圣佩德罗港（这个港口作为洛杉矶的小港口）和盐湖城，辐射一千多英里的荒漠。威廉·安德鲁斯说他投入了2 500万美元来建设这条铁路，使它成为西部铁路网中最后一条主干道。当时盐湖城—洛杉矶铁路上最短的路需经由旧金山。克拉克修的铁路使路途缩短了400英里。这条新铁路的名字很长——圣佩德罗、洛杉矶—盐湖城铁路，通常简称为盐湖线。口头上也称作“克拉克铁路”。

这可能是美国历史上唯一一条由个人掏腰包修建的重要干线。克拉克曾试图通过银行发行债券融资，但是仅应冷淡。修建通往洛杉矶的铁路必不可少，但那时洛杉矶只有旧金山三分之一大，还不是西部沿海的商业中心。而且联合太平洋公司也打算修建通往洛杉矶的铁路，这无疑与克拉克形成了竞争。威廉·安德鲁斯的回答是：“好吧，各位，我自己出钱修这条铁路，而且只需收益流就行，都不用动用本金。”

克拉克铁路激起了克拉克企业与E.H. 哈里曼的联合太平洋公司之间的激烈战争。唯一可行的路线需通过内华达州西南部一条被称为三叶草的溪峡谷，那里的空间只够铺一条轨道。克拉克和哈里曼将争执搬上了法庭，而他们的施工队也在庭外的泥沼里互斗。一次小冲突中，哈里曼公司的200人推开克拉克队伍，“用铲子把他们的马打了回去”。另一次冲突里，克拉克的人用锄头驱散了哈里曼的人。两家公司都试图吸引对方公司的人，把工资从一天1.75美元一直提到了2.5美元。

不久，两家公司通过合资解决了这次铁路争端。哈里曼身居幕后，克拉克担任主席。然而双方公司的人过了一段时间才得知这个消息。甚至于当这两个巨头已经休战，握手言和又互相敬酒的时候，他们的人还在山上因为一寸土地而争斗不休。

克拉克铁路于1905年5月开始运营，首次运行的时候锣鼓喧天、鲜花满地，以至于乘客到达盐湖城时比预计晚了四个小时。

回到洛杉矶，威廉·安德鲁斯举办了一个华丽的宴会，邀请了盐湖城的权贵，还有两位摩门教传教士。《洛杉矶时报》的标题是：“圣人和长老向我们致敬——与我们来自盐湖城的朋友握手”。客人们的红色徽章上刻着这样的句子：“我们建成了一条崭新的铁路。古老的洛杉矶很棒，但我们正要返程。”晚宴上有个客人祝酒时称颂威廉·安德鲁斯，“两个城市已结合，参议员克拉克提供了婚戒。”

…

在内华达州的沙漠里，克拉克铁路需要一个维修点来进行变轨并储存水和燃料。威廉·安德鲁斯的人在合适的地方发现了一个农场，这里曾作为摩门教的传教营。

铁路开通后，威廉·安德鲁斯有很多地根本用不了，他从中发现了新的商机。1905 年，他划出了 110 英亩土地，建造了一个小镇，划分为 1 200 块。5 月 15 日荒漠中暑热难忍，温度高达华氏 100 多度，人们从洛杉矶坐上了一列克拉克专线来到这里参加拍卖会。竞拍者们以 100 美元一块的价格买下菲蒙主街上的居住区或者以 1 750 美元一块的价格买主街拐角的商业区。第二天拍卖结束，威廉·安德鲁斯的拍卖行卖出了一半土地，获利 25 万美元。

这个传教营成为洛斯维加斯农场（拼写上特意和新墨西哥州的拉斯维加斯区分开来），之后又成为斯图亚特农场。克拉克把这座小城称作“克拉克的小拉斯维加斯”，但是人们都省略了克拉克的名字，把它叫作拉斯维加斯，它最后成了世界上最瞩目的赌城。威廉·安德鲁斯于 1905 年 2 月到访拉斯维加斯，他乘坐着一辆新款的豪华普尔曼客专列，列车内有两厢套间，一间可容纳 12 人的餐厅，以及一间用英国橡木和黄铜镶饰的观景房。他对市民们说拉斯维加斯将会成为一个体面的城市，有自己的学校、教堂、供水和铁路系统。1909 年，新克拉克郡标立在了拉斯维加斯，这也是如今仅存的几件留着克拉克名字的纪念物。

…

自母亲和兄弟姐妹们搬到洛杉矶后，威廉·安德鲁斯每年至少探望他们一次，主要待在母亲的家里。这栋维多利亚式房子位于南橄榄街，离现在的比特摩尔酒店和潘兴广场所在地只有几个街区的距离。母亲 1904 年去世之后，他还坚持每年造访于此，还致力于支持以母亲命名的慈善工程。他修建了一片住宅区供年轻职业女性居住，起名为“玛丽·安德鲁斯·克拉克之家”。

1905年，拥有一条铁路的威廉·安德鲁斯兴建了拉斯维加斯城，这一年他站在私人车厢，向市民们挥手致意。克拉克公司拍卖的土地成为了拉斯维加斯市中心地带，位于如今的克拉克郡。

姐姐艾拉曾提议给母亲修建一座纪念碑，以纪念即将到来的1914年母亲百年诞辰。威廉·安德鲁斯说他想做点更实用的事情，而不是一座公园或者雕像。他们一致同意给年轻的职业女性提供一个安全、有益身心的实用住所。威廉·安德鲁斯已年届七十，他亲自去洛杉矶市中心以西的皇冠山上选址，雇了一个设计师，又亲自参与了设计、挑选材料，就像建造自己的豪宅一样。这座拥有150间房的法式大城堡被捐给了基督教女青年会（YWCA），从1913年开始为女性速记员、办公室助理、售货员、裁缝、护士和艺术家提供住宿。入住规则也很严苛：男人不许上楼，晚餐时不穿宽松长裤、不戴卷发棒。

威廉·安德鲁斯到访艾拉的家，吃过晚饭后，他们会边吃着已逝母亲最爱的“漂浮小岛”甜品（酥皮漂浮在芝士上），边讲述着故事。

多年后，艾拉的儿子保罗·克拉克·纽厄尔对这些家庭晚宴的回忆，重现了一个拥有铁路的男性所具有的力量。

20世纪初我在洛杉矶长大，在童年的记忆里，最清晰的就是舅舅来我家的情景。那些年里我认识了威廉·安德鲁斯，我们家的人都这样称呼这位参议员。他大概一年来一次洛杉矶，通常会在秋天，他乘坐私人专列经由自己的铁路来到我家。他会从纽约第五大道那座宫殿式的房子里出发，把私人车厢连在其他铁路线上，途径比尤特，再穿过盐湖城的连接点。

我之所以这么清楚地记得他的来访很大程度上是因为他生性古怪。有两次他要动身离开的时候，径直走向大厅壁橱门，而不是大得多的前门。我觉得很好笑，认为他是心不在焉，估计是因为太过专注于思考问题了。

有几次他和我们一起吃饭，跟着我的父亲做饭前祷告的时候，威廉·安德鲁斯会从马甲的口袋里掏出一小瓶威士忌，倒出满满两汤匙，然后很享受地喝掉。我父母和阿姨们都是绝对禁酒的，除了伊丽莎白阿姨，她很早之前就去蒙大拿与她的兄弟们会合了。

有一次，威廉·安德鲁斯正和家人们饶有兴趣地回忆着温暖的家庭片段，他的男仆突然出现在起居室门口，一脸紧张地告诉他，他当晚乘坐的去往东部的那列火车因挂着他的私人车厢已经滞留了一个小时。威廉·安德鲁斯脸上闪过一丝不快，告诉男仆可以让火车再等等。果然那列车又等了一个小时或是更久。

那趟列车是圣佩德罗、洛杉矶—盐湖城铁路上行驶的晚间车，开往盐湖城，列车尾部拖着威廉·安德鲁斯的私人车厢。他是这条铁路的建造者、董事长和大老板。显然对于舅舅来说，拥有一条铁路是最终权力和荣耀的体现。

与亲爱的父亲站在一起

1904年7月，作为全球最富有的人之一，威廉·安德鲁斯·克拉克参议员发出了一封电报，里面的公告令人震惊、难以置信，他的报纸最先获知了这条新闻。《比尤特邮报》推迟报道了该条新闻，担心这是威廉·安德鲁斯的政治对手编造的骗局。

威廉·安德鲁斯在电报上说他和受监护人安娜·拉夏贝尔已经在法国马赛的地中海港秘密结婚。举行婚礼的时间不在这周，也不在今年任何一天，而是早在3年前，1901年的5月25日。威廉·安德鲁斯当时已经62岁，而安娜只有23岁。那一年威廉·安德鲁斯肯定很忙，因为他还得赞助凯瑟琳·威廉姆斯，处理和女记者玛丽·麦克尼利斯的生父诉讼案件，以及处理那个温和的演讲家海蒂·罗斯·劳贝的纠缠不休。

婚礼不是参议员克拉克保守的唯一秘密：夫妇俩已经有了一个快两岁的女儿安德莉。蒙大拿报纸的老对手《阿纳康达标准报》的头版头条写道："他们结婚了！还有一个孩子！"这一消息震惊了世人。

露易丝·阿米莉娅·安德莉·克拉克于1902年8月13日出生在西班牙南部海岸，在克拉克所说的婚礼后一年多。这一消息来得如此突然，以至于她的名字都被报纸拼成了"奥德莉"。

威廉·安德鲁斯的《矿工报》在第二天煞费苦心，强调说，威廉·安德鲁斯和受监护人安娜之间是纯洁高尚的，她在巴黎学习竖琴的时候身边还有参议员的妹妹和外甥女陪伴。然而，随着时间的流逝，"他渐渐对这个漂亮女孩心生好感，而后又发展为爱情"。安娜毫无疑问已经到了法定婚龄，23岁的年纪正好合适。她62岁的丈夫依然精力充沛，在那年的巴黎街道抢劫案中，他自我防卫，一拳打到一名劫犯的嘴上。

威廉·安德鲁斯在公告里尝试解释他们为什么要推迟公开婚讯，这一切都是因为安娜天性害羞：

> 克拉克夫人不在乎社会身份，也不在乎我的公众生活所要承担的义务。她急切地想要留在欧洲继续完成学业，她觉得这样做能给予她更多自由。就我个人而言，我更喜欢随时和她待在一起，但是我有很多兴趣，它们驱使着我会花许多时间在游历美国各处上。我自己都没有时间去履行各种社会责任和完成各种要求……而且我再次申明，我想让孩子们在美国接受教育，成为坚定的、爱国的美国人。

…

听到威廉·安德鲁斯再婚并有了孩子，他第一次婚姻里的成年子女感到很惊讶。他们突然多了一个同父异母的妹妹，更别说还有一个比他们还年轻的继母。这些孩子们像报纸的标题上写的，正处于“猛烈打击”中。这已经威胁到他们的继承权。他们的父亲本就是个随心所欲的鳏夫，而现在跟这个比尤特城来的不起眼的姑娘结婚，显然影响到了克拉克后代的社会地位。

从巴黎发出公告后，威廉·安德鲁斯前往纽约见了女儿凯瑟琳。她和姐姐梅交谈过后又写信给弟弟威尔：

亲爱的威尔，我只有一句话。显然你已经知道父亲再婚了。梅和我都觉得很伤心，也十分失望，但我们必须和亲爱的父亲站在一边。他显然已经意识到自己犯了错，我们只能试图让他尽量好受一些。你如果看到他从圣路易斯离开我们的前一晚的样子，就会发现自己是多么地心痛——他看起来太痛苦了，我无法忍受他的那个样子。不要让任何人知道我写过信给你，父亲会亲自告诉你。亲爱的，请尽量对他友善一些，我们亲爱的父亲太难了……可怜的梅已经完全心碎了。

不能确定威廉·安德鲁斯是否意识到再婚是个错误，可是也没有迹象表明他对安娜不好。他和安娜待在一起的时间比凯特长得多，第一次婚姻的时候他正忙于追求财富和政治权力。他给安娜买了很多珠宝和礼物，也没有发现他继续寻花问柳的证据。进入花甲之岁的威廉·安德鲁斯终于成熟了。

公告发出一周后，威廉·安德鲁斯在圣路易斯参加1904年民主党全国大会。他给儿子威尔写了一封信，保证他和安娜的“结合”丝毫不会减损他对这些成年孩子的爱，安娜也没有觊觎他的财富，他死后安娜只会得到很少的一笔钱。

威廉·安德鲁斯在公开声明里承认“我的家庭明确反对这次结合”。但是他表示已经获得了孩子们的初步理解，“他们对这段婚姻的支持对我的幸福至关重要”。

有人猜测说，继安德莉之后安娜又怀上了第二个孩子，是个名叫保罗的男孩，但出生几个小时后就夭折了，这促使安娜对威廉·安德鲁斯施压，要求他宣布他们实际已经结婚。生儿子这件事情未记录在案，不知真假。

有人怀疑威廉·安德鲁斯和安娜不是法定婚姻，而且肯定不是 1901 年 5 月在马赛结的婚。克拉克的政治对手很快翻出了克拉克在比尤特的报纸。那个月报纸采访过他，询问过关于欧洲游历的事情，据克拉克自己的叙述他没有去过马赛周边任何地方。这段婚姻也引起了法律上的纠纷。蒙大拿州的法律规定男人在结婚后如果签署了契据则需获得妻子的签名，而近几年威廉·安德鲁斯已经签署了数份契据，但每一份都显示他单身。他不是在契据上作假就是在婚姻上作假。

除了这些政治攻击，克拉克家族的家用《圣经》(用来记载家庭成员的出生、婚姻等）也有悬念。1869 年他和凯特·露易丝·斯托弗的婚姻是他自己手写在此的，但找不到任何和安娜的婚姻记录，虽然之后她的死亡被记录在此。或许是因为第一次婚姻的家庭拒绝接受第二任的年轻妻子。这本《圣经》现在存放在洛杉矶威廉·安德鲁斯的母亲家中。

在威廉·安德鲁斯死后，法庭要求安娜出示婚姻证据，但她只拿出一份俩人 1909 年在美国驻巴黎大使馆签署的婚后声明。在这份声明里，威廉·安德鲁斯和安娜宣读了誓言："口头上的婚姻是不存在的"。

不管有没有结婚证书，安娜现在都在用着 18 克拉的卡地亚金钢笔写着信，用 14 克拉的蒂芙尼金开信刀打开回信，一边看着卡地亚金钻手表上的时间，一边拿起镶有 18 克拉金钻的口红往嘴唇上抹了一点深红颜色，头发上别有卡地亚钻石和水晶发卡，用 14 克拉金子的安全别针装饰衣服，用 14 克拉的美甲套装修剪好指甲，往 18 克拉金子的、内嵌 5 颗绿宝石的网状钱包里装好硬币，祷告时也用着 14 克拉金玉玫瑰念珠。全套蒂芙尼的洗漱用品上都刻有 AEC 三个字母，为安娜·尤金伲亚·克拉克的缩写。

第 4 章

Empty Mansions
The Mysterious Life of HUGUETTE CLARK and the Spending of a Great American Fortune

美国议会

周六下午三点到六点的时光

1905 年，参议员威廉·安德鲁斯·克拉克带着新近曝光的年轻妻子从巴黎回到纽约，开始积极参与公众活动，希望借此打入纽约时尚圈。威廉·安德鲁斯·克拉克在一家报纸的报道中毫不掩饰地直言他期待能在“名流 400 家”名单上榜上有名，该名单是一个非正式名单，囊括了由卡罗林·爱斯特（纽约名媛）拟定的纽约市 400 个商贾及地主阶层的名门望族。时至今日，或许很多人对这些古老家族都一无所知，但是即便如此，克拉克家族想要打破爱斯特女士坚不可摧的防线，进入这个名利场还是非常困难的。

查尔斯·M·施瓦布这个来自宾夕法尼亚州的西部移民，当时赫赫有名的钢梁制造业及摩天大楼大佬，也同样渴望进入这个圈子。他和威廉·安德鲁斯·克拉克扬言如果他们的家族不能被列入“名流 400 家”，他们将建立另一套社会地位体系。毕竟，连范德比尔特这种暴发户家族都能勉强成为这个圈子的一员，那么同样是巨富家族，凭什么克拉克和施瓦布家族这些新兴的百万富翁就被拒绝了呢？

一个活泼外向的妻子或许能帮助威廉·安德鲁斯·克拉克提高其社会地

位，但安娜对社会名流丝毫不感兴趣，加之别人对他们秘密婚姻的闲言碎语，她更愿意整日待在家里。威廉·安德鲁斯·克拉克的财富已经足以让他进入当时日益众多的社交俱乐部，如 J.P. 摩根所在的纽约游艇俱乐部、被其会员塞缪尔·克莱门斯称为“俱乐部之王”的莲花俱乐部、西奥多·罗斯福加入的国家艺术俱乐部，以及爱斯特家族和范德比尔特家族加入的城外睡谷乡村俱乐部。除了去听歌剧和音乐会外，威廉·安德鲁斯·克拉克的妻子安娜很少陪他参加这些俱乐部活动。虽然他们已经拥有了万贯家财和社会权势，安娜对获得社会荣誉并不在意。

因此威廉·安德鲁斯·克拉克只好将他的家变成名流聚会的社交场所。1912 年初和家人搬入克拉克宅邸后，威廉·安德鲁斯·克拉克印制了许多邀请卡片，每次碰到上流社会阶层的友好人士都会分发给他们：

诚邀 _____ 光临鄙舍（第五大道 962 号公馆），参加于周 ____ 下午 3:00 到 6:00 举办的画展。

只要手持印有克拉克亲笔签名的邀请卡，纽约市民们都可以来参观克拉克宅邸并欣赏他珍藏的五家艺术长廊的作品，时间一般在周六下午。假如克拉克家族的血统无法打动名流 400 家，他那些全美国最珍贵的艺术藏品却可以展示其良好的艺术品位。克拉克的长女凯瑟琳曾表示艺术是父亲生活中的一大爱好。

从 1878 年起，威廉·安德鲁斯·克拉克就成为欧洲画商的老主顾之一。虽然家在比尤特，威廉·安德鲁斯·克拉克却被人讥讽为“巴黎百万富翁”，但一位法国大使却对他大加赞赏，称他是“最佳法国艺术品的美国收藏家”，这对克拉克有所影响。

克拉克宅邸的画廊布置在五间宽敞无窗的房间里，有着硕大的天窗，伊斯特拉石灰石墙壁和暗红色毛呢墙布。同巴黎画廊和纽约美术馆一样，克拉克宅邸的每面画墙上分设两三排展区，上面挂满了名家作品。

克拉克的欧洲艺术藏品包罗万象：伦勃朗的[①]《持乐谱者》、鲁本斯[②]的《米达斯的审判》、德加的芭蕾舞者、梵高的荷兰风景图、卢梭阳光明媚的法国田野图、托马斯·庚斯博罗谄媚乡绅的肖像以及提香、李奥纳多和拉斐尔的画作。

克拉克宅邸的主画廊长 99 英尺，宽 20 英尺，同时兼作舞厅。小画廊离这儿稍远，另两个小画廊同时充当音乐室，里面放置着安娜的镀金踏板竖琴和家里的七架钢琴。相对于乐器，威廉·安德鲁斯·克拉克喜欢的东西不止油画，他的画廊里摆满了边上装饰有威尼斯和法国蕾丝花边的精致画架，地面上铺着从波斯、印度和土耳其舶来的精致丝绸地毯，即便王室贵族居所也不过如此。

威廉·安德鲁斯·克拉克购置这些珍宝藏于家中之后，就很少再买画作了。他觉得如果他还要添置更多画作的话，他就不得不撤下现有的一部分作品，但他觉得现在这些画就挺好。

…

威廉·安德鲁斯·克拉克亲自带领客人们走下克拉克宅邸的后楼梯，来到公馆里最隐秘的一处画廊参观，这间画廊的藏品真实地反映了克拉克的内心渴求和社会野心。这是一间沿着车库库房而设的长廊，墙壁两侧都铺有壁毯，并且陈设有 24 个玻璃橱架。胡姬对这间画廊的印象很深。几个架子上放着希腊和埃及古董雕塑，其他架子上放的则是碟子。

但这些可不是普通碟子。这些陶制碗碟、立体花瓶、砚台和小雕像无一不彰显着藏品主人的优雅、地位和文化修养。意大利和西班牙的锡釉彩陶、法国和德国的彩釉、荷兰的代尔夫特蓝陶，这些有名的陶瓷都是从十五、十六世纪欧洲贵族之家流传下来的珍品。

---

① 伦勃朗（Rembrandt Harmenszoon van Rijn，1606—1669），欧洲 17 世纪最伟大的画家之一，也是荷兰历史上最伟大的画家。

② 彼得·保罗·鲁本斯（Peter Paul Rubens，1577—1640），佛兰德斯画家，巴洛克画派早期的代表人物。他是欧洲第一个巴洛克式的画家。

尽管现在的拍卖会上全是清一色的油画作品，但在意大利文艺复兴时期人们同样非常看重壁毯、家具、精致蕾丝及陶罐。人们会先用氧化锡给这些陶罐刷上一层白釉，而后再刷上一层明亮的土色：铜会生出绿色色泽，钴是蓝色，锰是紫色，锑是黄色，铁是橘红色，赭石则是红色。艺术家们通常用鼠须给这些陶器上色。

克拉克的藏品主题多样：异想天开的，宗教的，怪诞不经的，满怀悲伤的基督，悲剧情侣皮拉缪斯和忒斯彼，圣乔治屠龙，飞向太阳被焚而亡的伊卡洛斯，在圣女贞德面前显灵的圣凯瑟琳，半人半兽的森林之神赛特斯，林中仙女以及醉醺醺的酒神巴库斯。

要鉴赏这些画作，必须有良好的文学、神学和音乐修养。对于克拉克这种学习过古典艺术（虽然中途学业终止）的人来说，向客人展示其藏品的行为无疑清晰地传递着一条信息：他本人有着良好的文学、神学和音乐修养。这些艺术品曾辗转于意大利博基亚家族和美第奇家族之手，现在它们则为美国克拉克家族所有。

•••

胡姬和安德莉曾经常待在圆形雕像厅的主楼层玩耍。在这个雕像厅里摆放着一尊小小的大理石夏娃雕像，这个雕像是洛丁为其杰作《地狱之门》而制作的，威廉·安德鲁斯·克拉克直接从洛丁手上买下这件作品。洛丁的这件夏娃雕像脑袋低垂，双眼圆睁，身上几近赤裸，强烈地彰显了羞耻这个主题。

不过，这间圆形雕塑厅的主要展品并不是这件夏娃雕像，而是一尊真人大小的裸女雕像——《希望：维纳斯》。这尊雕像是 18 世纪意大利雕刻家安东尼奥·卡诺瓦应英国收藏家托马斯·霍普委托完成的，卡诺瓦因其人物雕像的肌肤肖似真人而闻名。卡诺瓦也为罗马神话中爱与美之神维纳斯塑造了一座雕像，她站在更衣室里，表情惊愕，衣衫半裸，左手放在右胸上。

《希望：维纳斯》之所以能被陈列在克拉克画廊里展览是因为卖家很清楚

如何给它加价。和威廉·安德鲁斯·克拉克同时代的矿工大部分没有接受过教育，对外国文学和国外游历更没有兴趣。然而，那些后来变得有钱的富豪总感觉必须用昂贵的艺术品装点他们的别墅。他们随意地从接订单的画商手中订购大量的艺术装饰品。这些画商利用他们的无知，使很多富豪到头来收集了一堆杂七杂八的平庸之作、仿品和赝品。某个评论家就曾提到法国艺术家让·巴普蒂斯特·卡米尔·柯罗一生只创作了 800 幅风景画，可是美国百万富翁手中却收藏了 1 100 多幅。

但威廉·安德鲁斯·克拉克在收集艺术珍品方面有着明显的优势。虽说不专业，但他起码对人文艺术有着一定的了解。此外，他还能发现艺术珍品中自己很欣赏的某些内在价值。在选择藏品时他也比较保守，只收藏那些成名已久的老艺术家和风靡法国的巴比桑画派的作品。因为克拉克愿意花大价钱，且通常只从知根知底的人手中购买艺术品，所以很少买到假冒伪劣作品。他收藏了 23 幅柯罗① 的风景画（大部分是合法途径购得的），22 幅法国画家让·查尔斯·察津② 的日常风景画，以及质量比卢浮宫还要上乘的法国艺术家蒙蒂切利的画作。威廉·安德鲁斯·克拉克的确也收藏了一些风格大胆、品味低俗的印象派作品，但他早时并没有把赌注压在这些画作上面。1897 年他购买了一幅卡米耶·毕沙罗③ 的作品，世纪之交时他又买了两幅德加的芭蕾舞者画作，但实际上那时他本可以以极低的价格购得莫奈和梵高所有作品。

1898 年，威廉·安德鲁斯·克拉克以天价购得西班牙艺术家马瑞阿诺·佛坦尼的油画《一个模特的选择》后，以艺术品买家身份在纽约名流圈高调亮相。这幅品味略俗的画作上是一个裸体女人在一群男性艺术家面前摆造型。画上女子的美丽让威廉·安德鲁斯·克拉克愿意花大价钱买下这幅画。他

① 卡米耶·柯罗（Camille Corot，1796 —1875），法国画家。其创作手法对后来的印象主义有一定影响。

② 让·查尔斯·察津（Jean Charles Cazin，1840 —1901），法国风景画家和陶瓷家。

③ 卡米耶·毕沙罗（Camille Pissarro，1830 —1903）毕沙罗是印象派的发起人之一，也是印象派最年长的画家，印象派展览最积极的参加者。

花了 42 000 美元买下了这幅画，创造了油画的最高纪录，也因此让纽约市民们都开始关注他：这个西部佬究竟是何方神圣？

为了给他的艺术品收藏提供建议，人们说服威廉·安德鲁斯·克拉克雇用了约瑟夫·杜维恩当他的收藏顾问，这是一个精明的人，一个专门为美国百万富翁供应艺术品的商人。为了从中牟取更多佣金，杜维恩获悉克拉克宅邸的平面图细节，后耗资两万美元制作了一个以克拉克宅邸为原型的玩偶屋模型。这个石膏模型精致小巧，连地毯、挂毯和灯具都一应俱全，全出于杜维恩之手。

杜维恩其人，品味无可挑剔，门路活络，但人品不佳。他的艺术品中有一件就是价值 25 000 美元的《希望：维纳斯》。巴黎一个画商劝杜维恩说这个价位的作品无法吸引威廉·安德鲁斯·克拉克的注意，因为此前克拉克就放话要收藏市场上最上乘的艺术品。因此，杜维恩就把这幅画的价格抬高到 11 万美元，而克拉克还真就买下了这幅画。

•••

每当客人们周六下午来到克拉克宅邸参观时，最吸引他们的并不是任何艺术品，而是人们漫步画廊时回荡在耳边的美妙音乐。音乐声是从画廊门口上方一架管风琴中传出来的。任何人都想象不到竟然有人能将如此上等的风琴摆放在家里。这架管风琴和大城市教堂里的一般大小，4 496 根音管固定在橡木方格里。隐藏在墙面下的风管将音乐声传送至画廊的每个角落，为客人们奉上一场音乐盛宴。

这架管风琴原价 5 万美元，但威廉·安德鲁斯·克拉克想要的是全世界最好的室内管风琴，使得琴价飙升至 12 万美元，约今天的 300 万美元。评论家们称赞这架管风琴的乐声“绝无仅有、完美之至”。有一次甚至摩门教 200 人的合唱团还在克拉克宅邸的大厅举办了一次合唱。克拉克夫妇其后 14 年间一直高薪雇用一位教堂风琴手专门演奏。

克拉克宅邸一间画廊的墙壁上全是管风琴音管，这架价值 12 万美元的管风琴让动听的旋律飘荡在画廊的每个角落。

一场该死的阴谋

尽管妻子安娜性情羞涩、不善交际，且他们并没有领取结婚证就非法同居（惹来不少流言蜚语），但威廉·安德鲁斯·克拉克仍可以克服这些不利因素成功跻身纽约上流社会。然而，因为他的从政生涯中的污点，让威廉·安德鲁斯的期望最终还是落空了。

在 20 世纪初的一张政治漫画中，威廉·安德鲁斯·克拉克以金钱为弹药对纽约社会进行狂轰滥炸，每秒 1 000 美元在炮火中转眼成灰；在另一张政治漫画中，威廉·安德鲁斯·克拉克摇身一变成了在仓库干活的“小临时工”，用成千上万的美元而非玉米喂养一只名为“民主”的邋遢骡子；第三张政治漫画中，威廉·安德鲁斯·克拉克被刻画成一只有着美元符号双眼的流浪猫，这只猫一而再再而三地回到美国参议院的大门口。

马克·吐温这位“镀金时代”一词的创造者及那个时代美国的主流声音，

最终总结了或者说巩固了威廉·安德鲁斯·克拉克“万事金钱开路”的公众形象。1907 年，马克·吐温在一篇文章中严厉抨击了蒙大拿州的威廉·安德鲁斯·克拉克：“据说威廉·安德鲁斯·克拉克收买州立法机关和法官就像普通人购买食物和衣服一样稀松平常。由于威廉·安德鲁斯·克拉克树立的坏榜样，贪污腐败在蒙大拿州似乎也不像以前那样臭名昭著了。”

这只是马克·吐温攻击威廉·安德鲁斯·克拉克的开始。“威廉·安德鲁斯·克拉克的历史众人皆知，他腐朽堕落，在美国国旗下到处都是这样的人；他是美国的耻辱，没有人愿意帮他平步青云跻身参议院，他这样的人应该披枷戴锁送进监狱。”

这段话的作者隐瞒了一点，马克·吐温和威廉·安德鲁斯·克拉克其实私下有往来。

•••

19 世纪最后 20 年里，威廉·安德鲁斯·克拉克孜孜以求的是一个头衔，为此他长期致力于竞选蒙大拿州参议员的席位，却一直求而不得。威廉·安德鲁斯·克拉克曾主持过两次会议，为新成立的自治州撰写宪法，这些宪法支持妇女和移民参加政治选举并且反对对煤矿征税，然而这些远远不够。威廉·安德鲁斯·克拉克想要的是参议员的头衔，但这一追求却让他的政治履历永远都有一个污点。

作为候选人，威廉·安德鲁斯·克拉克有数条弱点：他不是最友善的竞选者；他笃信清教教义，然而蒙大拿州大部分劳动人口都是爱尔兰天主教徒，这些天主教徒往往听从雇主指令进行投票；蒙大拿州天主教员工的最大雇主是马库斯·戴利，他是威廉·安德鲁斯·克拉克矿业生意的主要竞争对手，此人似乎坚决不愿看到克拉克当权。

这两人都是民主党人，都是大矿主，但除此之外，两人没有一丝共同点。马库斯·戴利出生在爱尔兰，身材健壮、性情外向，住在蒙大拿州一处牧场，并于 19 世纪 90 年代饲养出了一批美国速度最快的赛马，从未参加过竞选。威廉·安德鲁斯·克拉克则出生在宾夕法尼亚州，身形消瘦，性格内向，曾去欧洲游历并搜罗了洛丁和雷诺阿的作品。

但事实上他们之间还有一条共同点：他们是亲戚。马库斯·戴利妻子的妹妹米利亚姆·埃文斯嫁给了威廉·安德鲁斯·克拉克的弟弟罗斯·克拉克。胡姬·克拉克曾说过她很喜欢她的婶婶米利亚姆·克拉克。这两个男人去世后，他们的遗孀住在纽约市同一栋公寓里。

1888 年，威廉·安德鲁斯·克拉克被提名为蒙大拿区的国会代表，但最终还是落选了，因为马库斯·戴利不顾自己的民主党人身份指使其员工把选票投给了共和党候选人。威廉·安德鲁斯·克拉克在其竞选活动上出尽洋相：批评一名爱尔兰报社记者是叛徒，周五时大摆酒席用牛排而非鱼肉款待马库斯·戴利的天主教徒员工。他在这场竞选中被轻而易举地打败了。

“这是一场精心策划并得以顺利实施的大阴谋，”威廉·安德鲁斯·克拉克在信中对其盟友这样说道，“尽管这场阴谋侵犯了某些最神圣的信心……君子报仇十年不晚……目前我将暂时退出政坛。”

两年后，也就是 1890 年，威廉·安德鲁斯·克拉克成为第一位来自蒙大拿州的美国参议员，至少表面上的确如此。美国制宪元勋们早已规定参议员由各州立法机关而非民众投票选出。不幸的是，威廉·安德鲁斯·克拉克并不是由蒙大拿州唯一立法机关选举出来的。民主党派和共和党派都宣称自己票数领先，并各自在不同大厅里举行了高层政治会议，选举出了两个人来填补同一个空缺席位。华盛顿国会最终决定让共和党候选人填补空缺席位，威廉·安德鲁斯·克拉克依然两手空空。

•••

威廉·安德鲁斯·克拉克打赢的第一场政治战并不是在竞选政府职位之时。1864 年 5 月 26 日蒙大拿成为美国领土，1889 年 11 月 8 日蒙大拿成为美国第 41 个州，问题在于该将州政府设在何处。1894 年克拉克阵营击败戴利阵营，因此赫勒纳战胜阿纳康达成为蒙大拿州的州政府。那天晚上克拉克党派人士大肆庆祝，抬着克拉克的马车在赫勒纳满街巡游。威廉·安德鲁斯·克拉克则给全镇的人买酒来回报他们的盛情。

和 21 世纪初的美国一样，19 世纪 90 年代的蒙大拿法制松散，允许资本家大肆挥霍私人的抑或公司的钱来为其支持的政治候选人竞选。州内禁止贿赂，但事实上任何“竞选费用”都是被允许的。

据威廉·安德鲁斯·克拉克透露，他投入到确立州政府活动中的资金约 25 万美元，而他的老对头马库斯·戴利则投入了 100 万美元。尽管马库斯·戴利从未担任过任何政府职位，但因为其公司阿纳康达铜矿公司影响力强，他在蒙大拿州行使着巨大的政治权力。克拉克声称发现每名选民都收受了 5 美元的贿赂，阿纳康达某些选区的最终选票数甚至是登记选民人数的两倍。

蒙大拿立法机关试图对威廉·安德鲁斯·克拉克和马库斯·戴利两人加以约束。州政府争夺战后，立法机关制定并通过了反受贿法，规定任何候选人竞选时的花销不得超过 1 000 美元，同时在蒙大拿所有辖区任何个人都不得给任何政治团体高于 1 000 美元的竞选赞助。然而，这项法律基本上被无视，贯彻实施情况非常差。

威廉·安德鲁斯·克拉克在公开场合经常谈到诚信这一话题。他将其事业的成功都归功于此。“生活中成功的最基本要素就是目的明确、勤勉刻苦、性情温和、严谨守诺……彬彬有礼、尊重并维护他人权益，还有最重要的一点，就是诚信没有任何限制，也不会改变。”

另一句威廉·安德鲁斯·克拉克经常说的话显得更直接：“我的钱只能买通那些待价而沽的人。”尽管没有证据表明威廉·安德鲁斯·克拉克说过类似的话，但在很多书中人们都将这句话记在了威廉·安德鲁斯·克拉克的名下。

无论马库斯·戴利和蒙大拿州民主党委员会支持与否，威廉·安德鲁斯·克拉克都执意要再次竞选参议院席位。1898 年夏，查理·克拉克——威廉·安德鲁斯·克拉克的儿子，时年 27 岁，毕业于耶鲁大学——帮他父亲组织了竞选委员会。威廉·安德鲁斯·克拉克后来承认他当时给了查理及其他人将近 14 万美元（约合今天的 400 万美元）来筹备竞选活动，而且没有报告这笔巨额资金具体使用情况。

威廉·安德鲁斯·克拉克表示这笔钱只用于支付“合法”开销，比如支付 300 位朋友和政治经理人的住宿费用，雇人陪同立法议员们从而使戴利阵营没办法取得他们的支持，回馈报社对他们的认可等。的确，政治候选人在竞选前买下一家报社，让报社文章为自己说话，竞选结束后再将报社转手卖给原主人，这种现象在当时并不少见。

威廉·安德鲁斯·克拉克称其参与 1898 年竞选只有一个目的，就是“推翻大佬马库斯·戴利对蒙大拿州的统治。”威廉·安德鲁斯·克拉克似乎想表达这样一个观点：假如说竞选中真的有贿赂选民购买选票的错误行径，那也只是为了做好事而采取的必要手段罢了。他说他本人并不想追求高官厚禄，是被人劝说参加竞选以结束现在的“专制统治”。

“不管怎么说，没有谁可以得到这些人的认可，除非他在他们面前卑躬屈膝，”威廉·安德鲁斯·克拉克后来说道，“除非通过合法途径投入大量金钱开路，否则没有人可以打破他们在蒙大拿州的统治。”

据说，马库斯·戴利方面扬言要“将威廉·安德鲁斯·克拉克和他的家人赶出蒙大拿州”。但他本人却对此予以否认：“我与威廉·安德鲁斯·克拉克及其家人没有任何个人恩怨，所谓将克拉克一家逐出蒙大拿州一事不过是恶意造谣罢了。”

舞台已搭好，立法会议的三环马戏即将粉墨登场，这一场滑稽剧将会为威廉·安德鲁斯·克拉克铺好一条直通华盛顿的大路。

…

但立法会议还未来得及召开，蒙大拿州就发生了暴力事件。1898 年 11 月，在蒙大拿州立法议员选举过程中，两名武装男子闯入比尤特市第 8 区即被称为都柏林峡谷的爱尔兰要塞，企图抢夺选票箱或者现金。一名选举法官被枪杀。马库斯·戴利势力谴责威廉·安德鲁斯·克拉克为“世纪头号贿赂犯”。克拉克方面称这场抢劫事件是有人暗中策划故意败坏威廉·安德鲁斯·克拉克的名声。

1899 年 1 月 9 日，美国参议员选举前一天，州议员弗雷德·怀特塞德抛出了一枚重磅炸弹。在州议院里他拿出 30 卷 1 000 美元面值的钞票，并称这些钱都是克拉克势力贿赂给州议院官员的。怀特塞德曾举报过一起贪污案件，他说他这次是故意设下圈套，让克拉克以为能够贿赂拉拢他。“我这样做是为了打破长期以来贿赂犯们对蒙大拿州的金钱束缚。”

怀特塞德描述了克拉克团体贿赂的具体过程。克拉克的一个代理律师向立法议员出示 10 张 1000 美元面值的钞票，然后将钞票封入信封，再让议员将其姓名字母缩写写在信封封面上。代理律师会保管这个信封，不管克拉克获胜与否，只要立法议员选举过程中把票投给了克拉克，代理律师都会把钱和信封给他，这种行径既是贿赂也是勒索。

怀特塞德认为威廉・安德鲁斯・克拉克本人可能并不清楚贿赂的具体细节，但毋庸置疑，他肯定知道他的手下在做什么。“克拉克势力的金钱供应源源不断似乎永无尽头，”怀特塞德说道，“我想他们预期将花费 100 万美元，我估计他们目前已经花费了 20 万美元……由于大面值的钞票难以到手，他们好几次都没钱使了。”

怀特塞德继续引用克拉克的竞选经理约翰・B・威尔克姆的话：“所有给威廉・安德鲁斯・克拉克投票的人都会得到一笔报酬。白给克拉克投票的人就是个笨蛋。”

克拉克旗下的报纸《比尤特矿工报》则反击说这是马库斯・戴利势力的诡计：

该死的阴谋——戴利势力挑起他们所谓的轰动事件——开头只是一场拙劣闹剧

呈上现金指控克拉克贿赂以期驱散选举现场立法议员的企图以失败告终——种种证据表明这是一场蓄意编造的大阴谋

这是克拉克旗下报纸的一部分标题。

1899 年 1 月 10 日，立法议员们开始投票选举议员的同时，政府组织了一个大陪审团开始调查这次事件。第一轮票选威廉・安德鲁斯・克拉克排名第四，仅有 7 张选票，共和党派候选人得票 36 张遥遥领先。没有候选人得到多数票，所以选举继续进行。接下来 3 周中几乎每天都有一场票选活动。威廉·安德鲁斯·克拉克先后晋升为第三名、第二名。到 1 月 23 日时威廉·安德鲁斯·克拉克得票数处于领先地位。1 月 26 日陪审团没有起诉任何人为此次事件负责。

与一百年后有线新闻网络所披露的另一种真相不同，克拉克旗下的《比尤特矿工报》称赞大陪审团的决定：

> 他的清白得以澄清……阴谋被粉碎。

戴利旗下的《阿纳康达标准报》则惋惜道：

> 他们这么容易就败北了。

大陪审团放弃起诉之后的第二天，一些共和党人开始越过政党界线向民主党克拉克阵营靠拢。当中有些人并不是受金钱诱惑来投奔的，而是因为克拉克宣称自己是一个贸易保护主义者，支持对羊毛、铅、兽皮等产品征税，以保护蒙大拿州这些产业。

1 月 28 日第 18 轮票选，威廉·安德鲁斯·克拉克以 54∶39 的得票获胜。年轻的蒙大拿州选出了它的第五位议员，也是这个州第一个民主党议员。威廉·安德鲁斯·克拉克终于成功变身克拉克议员。

克拉克旗下的《比尤特矿工报》为此欢欣鼓舞：

> 人民的心声终于被听见了。

戴利旗下的《阿纳康达标准报》这样总结：

> 他们都拿了头号贿赂犯的金子。

还有人分发传单，上面写着：

> 激动人心的时刻马上就要到来！今晚将隆重庆祝威廉·安德鲁斯·克拉克当选美国议员。声势浩大的游行队伍，璀璨绚丽的烟花，今夜礼堂恭候各位的大驾光临！

威廉·安德鲁斯·克拉克为全镇居民的饮料酒水买单，他的儿子查理·克拉克第二天签了半天的酒吧账单。

寂静的晚宴

1899年2月7日周二晚，为了庆祝成功当选美国参议员，威廉·安德鲁斯·克拉克在赫勒纳酒店设宴招待了数百位朋友和支持者。一份法语菜单复印件流传下来了。现在将其译文版公之于众。酒水饮料名单一律首字母大写。

Caviar à la Russe（鱼子酱配酿蛋花、奶油和伏特加）
Huîtres à l'écaille（牡蛎冷盘）
Céleri（芹菜）
HAUT SAUTERNE（法国波尔多甜白葡萄酒）
Green Turtle（甲鱼汤）
XERES AMONTILLADO（雪利白葡萄酒）
Cheese Straws（芝士条）
Radis（萝卜）
Pompano Planche（长鳍鲳参鱼）
Pommes Parisiennes（巴黎土豆）
Ris de Veau en Caisse（纸装小牛肉胰脏）
PONTET —CANET（波尔多法国红酒）
Côtelettes d'Agneau（羊排）
Petit Pois Français（法国豌豆）
PUNCH A LA ROMAINE（柠檬、橘皮、蛋清酥皮、酒、朗姆酒）
Cailles Farcies aux Truffes（松露馅鹌鹑）
Salade Laitue（生菜沙拉）
DRY MONOPOLE–EXTRA（香槟）
Asperges à la Vinaigrette（醋香芦笋）
Biscuit Glacé（奶油、冰淇淋、水果甜点）
Fromage—Dessert（奶酪，甜点）
Café—LIQUEURS（咖啡甜酒）

“我销毁所有的支票”

1899 年，威廉·安德鲁斯·克拉克在美国参议院刚一上任，蒙大拿州的一个民众请愿团就以贿赂为由请求将选举结果作废并将克拉克从参议院驱逐出去。此事搁置将近一年后，1900 年 1 月，参议院特权与选举委员会进行了为期三个月的审判。

人们发现目击证人所呈证词都是谎言。其他证人是收钱作证。有些证人收了其中的一方的钱，但在另一方给他们更多钱的时候就更改了自己的证词。那么是谁如此不遗余力地花大笔钱雇用侦探来搜索证据、聘请律师提起诉讼，以及买通报纸来大肆报道这个案件呢？是马库斯·戴利，尽管他一再声称自己对政治丝毫不感兴趣。

有一条证据对威廉·安德鲁斯·克拉克最为不利：凡是曾投票给克拉克的蒙大拿州立法议员们的经济状况有了极大的改变。

W. W. 贝斯利这个共和党人在第 18 轮选举时开始支持威廉·安德鲁斯·克拉克，大选结束后他已经到手 5 000 美元，其中至少有 1 张 1 000 美元面值的钞票。关于这张巨额面值钞票，他解释说，这是他去赫勒纳之前随身带着的，并且整个票选期间一直随身揣着，然而事实上他还欠着 400 美元的公寓租金。

H.H. 加尔票选前兜里只有 75 美元，连去赫勒纳的 25 美元车费都是借来的，但选举结束后他却有足够的钱以他妻子的姑母的名义买下一个价值 3 500 美元的牧场。对此，他给出的解释是，他并不清楚当时在那些大信封封皮上写下自己姓名缩写有什么特别的含义。

约翰·H·盖格没有稳定的工作，选举结束后却怀揣着 2 600 美元回家，对此，他的解释说其中的 1 100 美元是在他房间里发现的，另外 1 500 美元是他玩法罗牌时赢来的。

H.W. 麦克劳林把他的林场和锯木厂卖给了威廉·安德鲁斯·克拉克，克拉克还给他找了一份正常工作。

D.G. 华纳的牧场和建筑场地以 7 500 美元的价格卖给了查理·克拉克的一

个雇员。

E.C. 戴伊这位州议院中克拉克阵营的领导者，选举后以“友情的见证”的名义从威廉·安德鲁斯·克拉克那里拿到了 5 000 美元。

共和党小组的主席 S.S. 霍布森在福格斯县银行负债 22 000 美元，威廉·安德鲁斯·克拉克买下了这家银行并且免除了他所有的债务。

尽管无法知道准确的贿赂情况，但威廉·安德鲁斯·克拉克花在这批立法议员身上的钱估计总共达到 431 000 美元。

…

当轮到威廉·安德鲁斯·克拉克为自己辩护时，他称自己根本就不曾参与竞选活动，也没有去办公室找过人，所有的竞选事宜他都交给了他的儿子和其他人处理。他每天口述的信件多达上百封，需要两三个专业速记员为其代笔，他根本就不记得曾在任何信件中给他人传达过任何指令，也一点都不知道给谁付过钱。当有人建议他用金钱牟取利益时，他会斩钉截铁地拒绝道：“我不希望用金钱来拉取选票。”他说查理·克拉克可以全权代表他签写支票：“我从不过问他们的花销情况……当然我也不会允许或希望他们把钱花在不合法的地方。”

至于那些注销支票都是由威廉·安德鲁斯·克拉克和兄弟银行开出的，因此无迹可寻。威廉·安德鲁斯·克拉克的解释说：“每隔半年，我会销毁所有支票。”

对威廉·安德鲁斯·克拉克的辩护律师们而言，他们能争取的最好结果就是可以撇清威廉·安德鲁斯·克拉克直接参与任何贿赂行为的嫌疑。“不能因为选举时混乱可疑的情况就要求候选人放弃已经到手的职位。”对威廉·安德鲁斯·克拉克的控诉也只是基于“道听途说的证词、谣言及街头巷尾和酒吧的八卦之词”。没有任何人被判定有罪，甚至连正式起诉都不曾有。真正有数千美元亏空的反而是戴利银行。总而言之，辩护律师们坚称针对威廉·安德鲁斯·克拉克政治腐败的控诉不过是光天化日之下的一场拙劣粗陋的阴谋。

然而，私底下威廉·安德鲁斯·克拉克却曾向一位朋友坦言，“不可忽略的是，这些钱的确没能用得恰到好处。”

当然，那些反对威廉·安德鲁斯·克拉克的州议员们的意见倒是很一致。虽然威廉·安德鲁斯·克拉克本人不曾付过钱，但他们发现“克拉克议员的朋友们都曾非法或者不正当使用过大笔资金。”州议院委员会于1900年4月23日宣布“由于威廉·安德鲁斯·克拉克的代理人涉嫌贿赂、试图贿赂及腐败行为，因此其当选州议员的决定无效并作废。”这并不是最后的判决。但是整个参议院将不得不批准该委员会的建议，这似乎是不可避免的。

八卦报纸《纽约论坛》这样描述威廉·安德鲁斯·克拉克听闻这一决定时的反应：“他有点脸红，但声音很冷静，镇定自若。”

惊喜连连

即使身为一名训练有素的律师，蒙大拿州州长罗伯特·B·史密斯也不曾对此事有过任何怀疑。有人给他找了份兼职，让他审校一家煤矿开采所有权凭证申请文件，轻轻松松就赚了2 000美元。他要做的只是坐火车从赫勒纳去旧金山一趟，仅仅是离开蒙大拿州几天而已。而这自此拉开了这场惊心动魄的政治阴谋的序幕。

在华盛顿参议院全体批准蒙大拿州委员会的建议，将威廉·安德鲁斯·克拉克从参议院驱逐出去的决定之前，威廉·安德鲁斯·克拉克于1900年5月15日在华盛顿参议院发表了一次催人泪下的演讲，谴责“有史以来在文明国度里经受的最邪恶的迫害”。他说立法选举期间还清贷款的那些人一定是清白的。他将自己比作法国炮兵军官阿尔弗雷德·德莱弗斯，此人曾被指控犯下叛国罪，并在虚假证据的指证下定罪，直到最后平反昭雪前一直被囚禁着。

最后他挥舞着手结束了自己的演讲：“除了现在对我穷追猛打的这些人外，我的一生当中从未被任何人指责过行为不端，而且我希望能给我的孩子们留下一笔比黄金还要宝贵的遗产，那就是清白的名声。”

数周以来，威廉·安德鲁斯·克拉克一直声称不会退出参议院，但演讲过后，威廉·安德鲁斯·克拉克却出人意料地递交了辞呈。

整个计划的实施过程如下。

1. 威廉·安德鲁斯·克拉克向“蒙大拿州州长阁下”递交辞呈，不具姓名，只写明职称。

2. 蒙大拿州州长罗伯特·B·史密斯私底下与威廉·安德鲁斯·克拉克并不交好。

3. 蒙大拿州副州长 A.E. 斯普里格斯是克拉克红宝石矿区的经理，与威廉·安德鲁斯·克拉克关系更友好。

4. 报纸散布消息说副州长 A.E. 斯普里格斯正在南达科他州参加为期一周的平民党会议。

5. 克拉克手下指使蒙大拿州报纸严正声明威廉·安德鲁斯·克拉克决不会从参议院辞职。

6. 对这一切毫不起疑的史密斯州长在克拉克助手的劝说之下，决定坐火车去旧金山视察煤矿开采权情况。

7. 史密斯州长离开蒙大拿州后，威廉·安德鲁斯·克拉克立刻发表离职演说，他的儿子查理·克拉克则按照约定的暗号给副州长 A.E. 斯普里格斯发去一封电报“晴空正好，牛羊逍遥”暗示他赶紧返回。

8. 斯普里格斯匆忙赶回赫勒纳。查理·克拉克补上他父亲辞职信上的日期并交给副州长。斯普里格斯在聘任威廉·安德鲁斯·克拉克继任者的任命文件上签名。

9. 继任者是谁呢？还是威廉·安德鲁斯·克拉克！迫于腐败控诉的压力而辞职的威廉·安德鲁斯·克拉克现在再次走马上任，填补自己离任的空缺。

10. 副州长斯普里格斯给威廉·安德鲁斯·克拉克发去电报说：“我相信你会接受这次任命的”。克拉克的确接受了。

《纽约先驱报》的标题是这样写的："克拉克辞职，然后再次被聘用。戴利打了个盹。还真是惊喜连连啊！"

计谋被戳穿后，威廉·安德鲁斯·克拉克的拥护者们称这一系列恶作剧与威廉·安德鲁斯·克拉克本人无关，一定是他那胆大妄为的儿子查理·克拉克做的。而查理·克拉克酗酒、赌博，沉迷女色，负债累累的行为也使得他们的话更容易被人相信。（1908 年，也就是 7 年后，威廉·安德鲁斯·克拉克在给一个友人的去信中很乐观地说道："查理和我在一起，身体状况很好，没有喝烈酒……我很开心他能保持这个状态，我希望他能一直如此。"）。查理·克拉克在竞选活动中说过一句名言："我老爸如果进不了参议院，就只能去救济院了。"

人们之所以相信这次事件是查理的责任，主要还是因为 1902 年查理牵扯进另一桩丑闻中，他被指控以 25 万美元重金贿赂法官打赢一场官司。在他尚未取得担保之前，他径自将与他父亲庄园相隔不远的法国别墅抛之脑后，离开比尤特去旧金山了。自此后很多年，查理·克拉克都不敢再踏足蒙大拿州。

然而，威廉·安德鲁斯·克拉克的通信记录揭示了他亲自参与此次调虎离山计划的事实，他本人密切参与了全部计划。1900 年 4 月 28 日，在辞职前，威廉·安德鲁斯·克拉克致信其狂热的拥护者亲克拉克派《赫勒纳独立报》（该报对他较为友好）的编辑约翰·S·M·内尔，反对他在信中描述的大胆计划，但反对的理由不是出于道德上的考量，而是从实际情况出发："我已经详细看过你信中提到的计划。调虎离山并让另外的人暂代的计划是行不通的。"

计划顺利实施，威廉·安德鲁斯·克拉克官复原职后，他再次给内尔去信。这次信中克拉克的语调一如既往地自信，并赞许内尔的计划是正确的："州长的任命不但扭转了之前的颓势，而且还让敌人陷入恐慌。目前看来只要有副州长斯普里格斯的任命书在手，参议院没有任何合法的理由不让我立即宣誓就职。

只有聪明是不足以成事的。史密斯州长在旧金山听到消息后，三天之内就匆匆赶回了赫勒纳，并通知参议院无视这出"卑劣的骗局"。接下来的 14 个月里，参议员席位依然空缺，蒙大拿州的民众在参议院少了一个代表的声音。

“美国参议院判定威廉·安德鲁斯·克拉克犯了作伪证、贿赂和欺骗等罪行，”史密斯州长有点夸大事实地对蒙大拿州各家报纸这样说道，“允许威廉·安德鲁斯·克拉克回到参议院这个集体，对议员们而言简直就是侮辱。对蒙大拿州人民而言，威廉·安德鲁斯·克拉克的存在就意味着丢脸、耻辱和蒙羞。参议院应该下定决心，告诉威廉·安德鲁斯·克拉克他们不希望他成为参议院议员，好像只有这样直白的告知，克拉克才能领会他们的意思。”

…

这出闹剧让蒙大拿州成了大笑柄，并长期困扰着威廉·安德鲁斯·克拉克本人甚至是美国。

对美国而言，蒙大拿州这出插曲使得民众呼声越来越高，人们呼吁结束美国开国元勋们制定的让州立法议员选举美国参议院议员这一做法。克拉克事件成为美国制定《美国宪法》第 17 条修正案的漫长征途中发生的重大事件，1913 年美国最终批准此修正案，把选举参议员的权力交给了美国人民。

对威廉·安德鲁斯·克拉克而言，此次的选举方案给他留下了一个污点。而他的支持者们无论是当时还是现在都一直争辩道，前沿政治的腐败简直是臭名昭著。克拉克党派人士则响应他的号召，称必须以毒攻毒，投入资金竞选来阻止马库斯·戴利继续用金钱控制蒙大拿州。

然而在美国历史上，威廉·安德鲁斯·克拉克却被马克·吐温一锤定音为整个国家的耻辱。威廉·安德鲁斯·克拉克本可以像霍雷肖·阿尔杰笔下的人物一样，凭借努力、教育和运气获得成功，但是威廉·安德鲁斯·克拉克的遗产都被大肆挥霍在追名逐利和奢华生活上。“生活原本对威廉·安德鲁斯·克拉克很是慷慨，”蒙大拿历史学家迈克尔·马龙这样写道，“但克拉克的过激行为，最终让他受到了历史的惩罚。”

马克·吐温可能一直都在为威廉·安德鲁斯·克拉克的生意对手和政治腐败反对者们效力，但是这并不重要。1907 年，马克·吐温发表了一篇文章，文中的描述就好像他某天晚上在纽约市工会联盟俱乐部里碰巧遇上了威廉·安德鲁斯·克拉克，然后在整个晚餐期间，他都不得不忍受克拉克议员冗长的自我夸耀之词。马克·吐温谴责“威廉·安德鲁斯·克拉克为人混账、骄矜自满、粗野可鄙，就像个盲目自夸的无知农民”。尽管挥霍无度，威廉·安德鲁斯·克拉克并不是一个无知农民。马克·吐温没提到的一点是，克拉克在蒙大拿铜矿生意上的主要对手——标准石油公司里的三巨头之一亨利·赫特尔斯顿·罗杰斯拯救了一名叫做塞缪尔·克莱门斯的落魄商人让他免于破产。克莱门斯因此视罗杰斯为“最亲近、最珍贵的朋友。”丑闻挖掘记者伊达·塔贝尔称呼残忍的罗杰斯为“在华尔街擎着大旗招摇过市的海盗。”罗杰斯是洛克菲勒标准石油公司的总裁，公司的主要经济决策人，同时也是这家公司垄断全球石油市场事业的领导者。

当时发生了一场股市骗局。罗杰斯、洛克菲勒以及洛克菲勒标准石油公司的合作伙伴们于1899年趁机打入了蒙大拿州铜矿市场，建立了联合铜矿公司，之后合并了马库斯·戴利的阿纳康达铜矿公司。同时，他们也希望能以低廉的价格收购克拉克的蒙大拿铜矿公司，1910年，他们实现了这一目标。罗杰斯最好的朋友塞缪尔·克莱门斯在他的劝说之下成了第一批涉足股票市场的人之一。

“一周以来，维也纳各家报纸对此次铜矿大合并事件兴奋不已。”1899年5月10日克莱门斯在给罗杰斯的信件中这样写道，并且催促其赞助人将钱投入他和报刊记者合开的银行中。“我很肯定开始配股后，你一定会将那笔52 000美元的资金用在这只会下蛋的母鸡身上，我很开心你能这样决定，”克莱门斯敦促道，“赶紧把钱投进来吧，你肯定不愿看着厚厚一叠钱每天白白堆在那儿吧，这对你而言只是个诱惑而已。另外，我能成为公司董事吗？”

联合铜矿公司的公众股东们手中大部分的钱都拿来购买公司股票了，但暗处的股市操控榨干了他们所有的钱。洛克菲勒标准石油公司及其银行——纽约市国家城市银行则大获其利。此次计划的策划人金融家托马斯·W·劳森叹息道：“联合铜矿公司造的孽比历史上任何一次信托或金融事件都可怕。”公司内部持股人们，包括塞缪尔·克莱门斯在内，都获得了丰厚的利润。克莱门斯很开心地在信中夸赞罗杰斯“你很懂如何让一只铜母鸡下出金鸡蛋”。

克莱门斯的挚友马克·吐温写的那篇言辞尖锐刻薄的文章直到他们相继

去世后才被发表。马克·吐温写下这篇文章或许只是自娱自乐罢了。他或许真的是被威廉·安德鲁斯·克拉克的财大气粗给惊到了，当然也有可能是嫉妒克拉克腰缠万贯。还有一种情况是，马克·吐温写这篇文章纯粹是想给自己的赞助人亨利·罗杰斯留下深刻的印象。一直以来都是塞缪尔·克莱门斯在赞助马克·吐温。此次联合交易成了华盛顿方面新一波反垄断支持者们经常引用的典型案例。这次交易让强盗男爵们声名鹊起，但却让威廉·安德鲁斯·克拉克痛恨不已。

威廉·安德鲁斯·克拉克虽说是美国镀金时代里一名成功的企业家，但这并不意味着他是强盗男爵。克拉克在生意场上是个很厉害的角色，但他一般都是遵守当下的社会规则。他不希望有人成为自己公司的股东进而了解公司的信息。和洛克菲勒、卡内基、哈里曼、罗杰斯以及马克·吐温不同，威廉·安德鲁斯·克拉克旗下企业没有哪一家是通过信托、垄断或股票操控盈利的。

威廉·安德鲁斯·克拉克赞成薪资要公正，甚至在铜跌价时也反对调低员工薪资，因此克拉克的公司从未出现过罢工的情况。他倡导为员工提供医疗保健服务，所以当马库斯·戴利反对要给井下矿工配备安全升降机的法律时，克拉克却表示赞成，虽然他可能只是出于政治声誉的考虑才同意的。威廉·安德鲁斯·克拉克还支持赋予女性选举权。“我赞成满足女性所有的心愿，”他这样说道，“我深信她们足够聪慧。”尽管有人谴责他在公共林地上伐木，并想尽办法把要缴纳的税收压到最少，但不管怎么说克拉克还是以他自己独有的方式支付着这些账单。

然而，在公众看来，马克·吐温攻击威廉·安德鲁斯的动机并不重要。聪明反被聪明误，克拉克选举时的把戏使得针对他的起诉是否是不公正权力滥用都变得不再重要。在美国人记忆中，威廉·安德鲁斯将一直是个因耍弄政治诡计而声名受损的铜业大王。

对于这种现象，威廉·安德鲁斯可以从他的图书馆里收藏的维克多·雨果的书中找到最好的解释：“大众关于某些人的传说，无论是真是假，在他们的生活中，尤其是在他们的生活和命运中所占的地位，往往和他们亲身所做的事是同等重要的。”

“照顾好自己”

大多数人在经历了参议院那样的丑闻后可能都会因羞耻感而选择夹紧尾巴低调生活，但威廉·安德鲁斯却与众不同。八个月之后，威廉·安德鲁斯被蒙大拿州立法院选举为美国参议院议员，这次的选举结果应该是诚实可信的。

1900 年 11 月，58 岁的马库斯·戴利在纽约去世了，这个老对手的离世对威廉·安德鲁斯 1901 年 1 月的成功当选有很大的帮助。此外，他赞成将矿工工作时间由 10 小时缩短为 8 小时的做法也为他赢来了很多支持。他的竞选勋章上简洁明了地写着“威廉·安德鲁斯·克拉克，美国议员，8 小时”几个字。

1901 年 3 月—1907 年 3 月，克拉克议员在美国参议院供职期间没有特别的作为，因为他很倒霉地在一个错误的时间选择了一个错误的阵营：他是民主党人士，但当时把持着国会绝大多数席位的却是共和党；在一个本应勇猛精进的时代，国家领导人却多是保守的共和党人。1901 年 9 月，威廉·麦金利总统遇刺身亡后，共和党立即又将另一个精力充沛的年轻人西奥多·罗斯福送上了白宫美国总统的宝座。1904 年，威廉·安德鲁斯反对罗斯福总统提出的巴拿马运河计划，建议选择尼加拉瓜作为运河开凿处从而使得运输路线更加方便快捷（良好的运输条件对威廉·安德鲁斯·克拉克在美国西部的生意大有好处）。他支持罗斯福总统于 1906 年签署通过的《纯净食品和药品法》，但对罗斯福以猎杀动物为乐的行为表示反对。但是威廉·安德鲁斯的六年议员生涯中做过让人印象最深的一件事就是反对罗斯福总统所代表的共和党关于修建国家公园和森林的决定。

圆了追逐许久的“克拉克议员”的梦想后，克拉克在任期满时选择了离开华盛顿。在 1907 年的离职演说中，克拉克阐释了自己关于在地球资源利用中，人类应对子孙后代所负责任的看法，他这样说道：“为了在地球的西半球建立起美国这个帝国，我们不得不利用所有可获取的资源。在现在这个功利主义盛行的时代是无法避免的。我们的子孙后代会照顾好他们自己的。”

离开参议院后，威廉·安德鲁斯回到了纽约，并且宣布放弃加入名流 400 家的计划。1912 年他对报社记者说“我在纽约的房子现在对外开放，几乎每天都在招待亲朋好友。但是我想结交的朋友是那些很有艺术修养的人，从他们身上我能得到艺术的乐趣，就像其他人在社会中发现其他形式的乐趣一样。我现在对其他形式的社交活动没有任何兴趣，那些于我不过是浪费时间罢了。”

1910—1929年，威廉·安德鲁斯和安娜·克拉克频频亮相社交场合。在胡姬和安德莉长大的那栋房子里，他们举行宴会为法国士兵艺术家的家属们、残障人士、学校艺术团、独特书籍和手工品沙龙等筹集善款。这些宴会都在克拉克宅邸举行。介于威廉·安德鲁斯曾被威胁，克拉克家因此建立了一个以自己的住宅为依托、且以艺术与慈善为目标的社交体系。

由于威廉·安德鲁斯经常邀请朋友来自己家里一起欣赏艺术和音乐，所以他对记者这样说：“我是不可能感到寂寞的。”

第 5 章

Empty Mansions
The Mysterious Life of HUGUETTE CLARK
and the Spending of a Great
American Fortune

克拉克公馆（2）

微笑和亲昵的吻

克拉克的女儿们喜欢享受着英国丘纳德大厦豪华的包厢和白星奢华游轮，穿梭在大西洋两岸。1911 年美国所有的报纸都刊登了这样一张照片：约 9 岁的安德莉与同岁的外甥女凯瑟琳·莫里斯手挽手，凯瑟琳则握着年仅五岁的胡姬的手，站在皇家邮政亚德里亚号游轮的甲板上，她们这是前去参加英国国王乔治五世（维多利亚女王的孙子、伊丽莎白二世的祖父）的加冕典礼。

第二年夏天，他们的越洋度假之行被耽搁了。1912 年 4 月在去法国游玩前，威廉·安德鲁斯给她们展示了一本白星游轮头等包厢平面图的宣传册。克拉克一家计划坐游轮从纽约到爱尔兰再前往法国瑟堡。这次横穿大西洋之旅将是一场极致享受，因为他们打算搭乘世界上最大的豪华邮轮——英国皇家游轮泰坦尼克号第二次出海航行。

然而，威廉·安德鲁斯最终只是在纽约接待了泰坦尼克号上的幸存者，克拉克一家的游玩计划暂时搁置，他们为泰坦尼克号沉船事故中的遇难者沉痛哀悼。胡姬的堂兄、威廉·安德鲁斯的弟弟罗斯的儿子沃尔特·米勒·克拉克也在这次事故中丧生。当泰坦尼克号撞到冰川时，沃尔特正在吸烟室里玩牌。他的妻子弗吉尼亚·克拉克最终得救了，当时她和孕妇玛德琳·阿斯特一起待在 4 号救生艇上在海水中上下颠簸着，眼睁睁看着包括他们的丈夫在内的 1 502 名乘客随着泰坦尼克号一起沉入冰冷的北大西洋。

泰坦尼克号事件引发了克拉克家族的又一件丑闻：沃尔特的遗孀在沉船事故过去 5 个月后改嫁了。她和沃尔特还有一个尚在襁褓中的儿子，沉船发生时这个孩子正在洛杉矶的家里。此后数月美国报纸满篇都在报道孩子的母亲弗吉尼亚和孩子的祖父母之间的监护权之争，这个孩子也因此被称为“百万宝贝”。双方最终同意共同享有监护权。

在克拉克家族一年一度的法国之行期间，威廉·安德鲁斯和安娜带安德莉和胡姬去了他们位于巴黎维克多·雨果大街的公寓，而后乘火车去了他们在诺曼底多维尔的海边的一幢豪华别墅（叫作“特鲁维尔”）。威廉·安德鲁斯的第一个家庭还是在 19 世纪 80 年代时来这里度过假，现在也是他的第二个家庭常去的休假圣地。

与胡姬的对话

胡姬实事求是地解释说，“我们没有坐泰坦尼克号。我们原本定好了要去的。但事实上这艘游轮永远到不了纽约，因为它还没抵达就已经沉没了。所以我们就乘坐另一艘游轮了。我觉得好像是乔治·华盛顿号。”

胡姬说堂哥沃尔特在泰坦尼克号上遇难一事让她非常难过。虽然她也提到过沃尔特酗酒成性，他的遗孀在他死后很快就改嫁了，但她更关注的还是她和家人去法国度假。安德莉尤其想去参加圣女贞德 500 年诞辰的盛典。“她想去参加圣女贞德的生日庆典。”

他们在海滩尽头黑石大道 11B 租了一套名叫“黑人岩石街”的别墅，正对着黑色巨石，库尔贝和布丁曾经在画布上勾勒过这幅美景（这两个人关于此地的画作激发了年轻的莫奈新的灵感）。威廉·安德鲁斯去英国和维也纳参加商务会议时，安娜和两个女儿就留在特鲁维尔海边别墅里。安娜每天练习 2~3 小时的竖琴，胡姬和安德莉则在家庭教师兼游泳教师桑德拉夫人的陪同下在黑石丛里追逐，寻找小螃蟹和小龙虾。特鲁维尔的潮汐很小，虽然 8 月份海水还是有点冷，但这儿潮汐比较温和，游泳非常安全。克拉克一家在港口还停泊着一艘游艇备用。

那年夏天，克拉克一家人聚在一处悠然度假，享受着法国的和平繁荣。然而，法德两国关系已经开始日益紧张，当德国炮舰黑豹号闯入法国属地摩洛哥阿加迪尔港口时，两国之间剑拔弩张的形势直接登上各大报纸的头条。德国的挑衅行为导致英国承诺将法国纳入其保护伞下，以防德国发动攻击。威廉·安德鲁斯在其从巴黎寄给其蒙大拿公司经理的信中提到："德国社会党人的势力变得如此强大，以至于德国皇帝认为只有发动战争才能保住他岌岌可危的皇位。"

克拉克一家的法国之行其实也是为了逃避美国国内日益不安的形势。1914 年 3 月 22 日，那年胡姬八岁，1 000 名无政府主义者和工会积极分子在演讲家爱玛·戈德曼的带领下在第五大道上从麦迪逊广场到第 107 大街进行游行示威，呼吁穷人打倒富人来满足自己的需求。游行队伍打着"摧毁一切"的横幅经过克拉克宅邸时，狠狠地诅咒克拉克一家，克拉克家的仆人被吓得聚在窗边。示威者们最后高唱法国大革命期间的自由赞歌《工人马赛曲》（"富人们，剥削者……"）为此次游行拉下了帷幕。

胡姬经常说 1911—1914 年在法国度过的那段岁月是她最美好的童年时光。克拉克全家在法国租住在一座名为佩蒂特·布尔格（现在被称为"埃夫里塞纳河畔"）的城堡，该城堡位于巴黎市中心往南 16 英里一个同名的村子。那些日子真是无忧无虑。在胡姬相册里常常翻阅的一张旧照片中，威廉·安德鲁斯穿着普通的白裤子，戴着一顶草帽站在一片麦子地里；安娜穿着一身白色夏装坐在公园长凳上微笑着；安德莉在城堡前迈着大步露齿而笑；小胡姬那时七岁左右，骄傲地骑在一匹鼻子上有钻石形状标记的骏马上。

小姑娘们骑着自行车在城堡的秘密隧道里探险，沿着隧道可以直接到达塞纳河河岸。因为担心会被绑架或者其他可能存在的危险，孩子们出去玩时一直都有家庭教师桑德拉夫人陪同。她们的母亲每天都逼着他们在室内上音乐课——胡姬和安德莉两人都得学钢琴，安德莉还得学竖琴，胡姬则要学小提琴。表现好的话，她们的父亲会给她们一些金币作为奖赏。80 年后胡姬给她的护士们讲述了接下来的故事。

1914 年 8 月底，德国军队席卷比利时并从法国东部对巴黎发动攻击，大使馆命令，所有在法的美国人都被要求立即撤离法国。威廉·安德鲁斯准备撤离，但是路费怎么解决？银行都关闭了，他身上的现金也不够让他雇汽车和司机。这个身价逾五千万美元的矿业大亨和银行家，当时却有点囊中羞涩，甚至当德国军队已经打到离布尔格城堡只有 50 英里时，他也还是无计可施。

最后，安德莉和胡姬想出了个好办法：她们拿出了自己攒下的金币，克拉克就用这些金币雇了一辆汽车前往法国海岸。9 月 4 日他们从那儿成功离开了法国前往英国。两天后，英法两国军队与德国军队进行了第一次马恩河战役，阻止了德国军队占领巴黎并开始了为期四年的堑壕战。克拉克一家安然无恙地来到英国后，各大国纷纷投入战争中，而威廉·安德鲁斯、安娜、安德莉和胡姬则悠哉地享受着英国皇家利明顿温泉的奢华温泉浴。3 年后即 1917 年美国参加第一次世界大战时，威廉·安德鲁斯·克拉克丝毫不担心会被抓壮丁去服役，因为他服役年纪时还是美国南北战争期间。

•••

1914—1918 年第一次世界大战期间，克拉克的女儿们夏天都会离开纽约前往美国西部避暑，去黄石公园参观间歇泉，或者在蒙大拿州自家的湖畔别墅度假。旧照片上，她们和同父异母的兄长威尔及其随从一起游泳玩闹。不管克拉克与安娜的结合曾引发多少冲突，但此时此刻两个家庭的成员们聚在一起度假。克拉克家的度假屋莫维兹旅馆，在印第安语中的意思是“奔跑的麋鹿”，坐落于赫勒纳西北方向的塞尔蒙湖畔，是一个静谧的处所，适合游泳、徒步，人们可以俯瞰黄松、西部落叶松和花旗松。1910—1919 年最流行的游戏是乒乓球，这个游戏从英国引入后迅速风靡了蒙大拿。

1916 年 9 月，胡姬和安德莉在威尔的访客留名薄上签名时，14 岁的安德莉签了一个粗体名字，在填写地址一栏时，安德莉很怀念地填上了法国巴黎。她后来解释说虽然她的父母都是土生土长的美国人，但她骨子里还是个法国小姑娘。10 岁的胡姬用一种很独特的近乎机械的字体签下了自己的名字，每个字的高度几乎相同，并在地址一栏写了“同上”二字，意思是说她的地址和姐姐安德莉一样都是法国巴黎。两个小姑娘说话时还有点法国口音。

在许多次旅行中拍下的照片里，两姐妹总是形影不离，她们戴着泳帽，穿着及膝的泳装站在码头上；穿着相似的徒步运动装，在林子里挎着相似的柯达布朗尼相机；穿着鲜艳的裙子和系带高跟鞋一起摆着姿势。在其中两张照片里，安德莉直直地盯着拍照的人，而胡姬要么检查自己的相机，要么害羞地看着地面。

这些旅行中最精彩的就是回到比尤特的那次。他们坐在克拉克的有轨电车上前往美国东部地区的哥伦比亚花园，这座花园是威廉·安德鲁斯于 1899 年送给比尤特居民的礼物。这个压抑的小镇上，唯一充满活力的地方就是这座花园，园子里有舞场、湖泊和野餐区。威廉·安德鲁斯带着掩饰不住的骄傲向女儿们介绍着这座花园。他系着一条黑色的领带，戴着一顶圆顶礼帽，和女儿们一起拍照留念，照片中两个小姑娘穿着刺绣礼服，戴着白色手套和搭配好的宽檐帽。

80 多年后，胡姬回忆当时戴着硬硬的帽子坐着四人座的马车，去他父亲的一处矿区参观。1917 年前后采矿业最为兴盛的时候，比尤特和阿纳康达矿区有 14 000 人在井下作业，爱尔兰人、意大利人、中国人和塞尔维亚人都有。据说这些移民们在找工作时都被告知“不要在美国其他地方停留，直接去比尤特吧。”

开采硬岩是当时美国最危险的职业。克拉克在贝尔蒙特的矿井深处，矿工们都不得不穿着长内衣和工装裤来保护自己不被井底 135 度的高温烫伤。负责用木棍点燃火药的人都被警告要“小心点火”。但仍常会发生点火工的手指已断落，他们却浑然不知仍在把玩婚戒类似这样的事。采金矿工们有时会被掉落的木头砸死。矿井着火时，司机和清洁工有时因困在井下窒息而死。扳道工不得不站在能够腐蚀任何金属的强酸性水中工作。由于钻井过程中会产生黑色粉尘，因此这些电钻号称“寡妇制造机”。一名叫汤姆·霍尔特的老矿工这样说，“我们的生活离地狱只有一步之遥。”

1917 年 8 月，克拉克带女儿们在比尤特暂住。同一年夏天，一名叫法兰克·李特尔的世界工人组织的负责人公然反对美国参加第一次世界大战。工会工作人员和煤矿矿主的关系很复杂。1892 年，威廉·安德鲁斯的原始矿区上的工人们送了他一个镶着银顶的拐杖来表达对他的爱戴之情。但是为了防止工会的人来找麻烦，这些矿场的四周都拉着 10 英尺高的高压电网。

与胡姬的对话

1998 年 6 月 28 日，胡姬和我谈起了我最近的比尤特之行，还有她记忆中的那个小镇。她说自己已经好多年没去过比尤特了，她解释说那个地方是她的伤心之地，因为那里充满了她对父亲的记忆。她给我看了一张她四岁左右在比尤特克拉克宅邸的门廊处拍摄的一张照片。她坐在扶栏上，戴着一顶超大的白色帽子，周围散落着一堆她的玩具。

她说她知道比尤特不是个适合生活的地方。

1917 年 8 月 1 日的早上，法兰克·李特尔被发现吊死在比尤特镇上铁路边的一处脚手架上。在他的胸口处放着一个便签，写着“第一次也是最后一次警告”以及“3–7–77”的字样，这是蒙大拿州治安委员会使用的隐晦密码。铜矿需求量和价格飙到有史以来最高位，战争将给比尤特镇、这儿的工人还有矿主们带来一笔巨额财富。

第二年，克拉克的女儿们在泪水中结束了她们在蒙大拿的假期。分离时的情形比较糟糕，安娜和 16 岁的安德莉大吵一架，安德莉给她的母亲写了下面这封信。

莫维兹旅馆，1918 年 8 月 27 日

亲爱的妈妈：

我知道您不会回复我这封信的，我也清楚您不会读这封信，但如果您真

的读了这封信，就一定会明白您一直是我最好的朋友，以后也一直会是。我们一起在湖畔别墅度过了一段美妙的时光，我们是多么遗憾那些日子已经一去不复返了呀。我们，尤其是我，真心感谢您给了我们这样美好的一个夏天。一路上阳光明媚，和风徐徐，我们在六点四十五分抵达这里。我们在这里一起用餐，然后各自离去。这天下午爸爸本来要带我去哥伦比亚花园看美丽的秋海棠。

我很抱歉昨天让您伤心了，我只是很伤心您没给我一个温柔的笑、一次亲昵的吻就要把我送走，这对我而言胜过一切，我很后悔让您伤心了。请您原谅我。不管您是否会回复我或者是否会打开这封信，我都会坚持每周给您写一封信，来证明我爱您胜过世间所有人。尽管我很自私，但除非我死，否则我绝对不会让您有事。再见，我亲爱的妈妈，请原谅我。

爱您的女儿

安德莉

生活会是什么样的

安德莉 14 岁、胡姬 10 岁前，两姐妹在克拉克宅邸一直是住在一个房间的。十多年后，胡姬对她的夜班护士讲述了她们姐妹俩小时候的休息时间。“她的姐姐很擅长写作和阅读。”护士杰拉尔丁·勒汉·科菲说道，“晚上她会给人讲故事，却从不会把故事讲完。”

因此，每天晚上胡姬都会问：“你明天晚上还会继续讲吗？”而安德莉每次都会继续把故事讲完。

16 岁时，安德莉已经长成了一个喜怒无常、性情暴躁的少女。她后背经常疼，因此经常在家跟一名体操老师阿尔玛·盖伊一起做运动。盖伊觉得安德莉需要的不仅仅是身体理疗，她应该经常走出令人窒息的克拉克大宅散散心。

安德莉“害羞、温驯，她的灵魂都不属于自己，”盖伊回忆说，“她的父母都忙于自己的一些事，根本就不知道自己的女儿在女仆和家庭女教师的管理下发生了什么。他们从来不允许安德莉为自己做任何事情。”

盖伊强烈要求让安德莉多出去参加些户外活动，为她提供一个自我宣泄的窗口。她建议安德莉加入 1912 年成立的美国女童子军（在第一次世界大战期间迅速壮大）。一开始安娜不太确定这个活动合不合适。她说：“参加女童子军对一个参议员的女儿而言，是不是民主党色彩太浓了。”但最终她还是让步了。

1918—1919 年冬天第一次世界大战双方签署停战协议后，安德莉加入了太阳花童子军，这支童子军里的成员多是曼哈顿地区富人家的孩子。安德莉加入童子军后，深蓝色水手上衣和裙子、浅蓝色缎棉围巾、蓝色毡帽、黑鞋黑袜的女童子军装扮渐渐取代了安德莉以前很前卫的法国时尚穿戴风格。每周二下午女童子军日，安德莉就用软脚针和二等补丁试图做出一面 48 颗星的美国国旗。“这面国旗我全做好了，就差那些星星了，”她给朋友写信时说道，“这简直太让人绝望了！”她学会了红十字会简单的护理技能，比如包扎绷带和处理伤口，在林子里野地上生一堆篝火。她还和其他女童子军们一起成为灯塔——纽约市盲人协会组织的娱乐活动的志愿者，盖伊小姐是这个组织的活动总监。

“参加女童子军真的大大改变了安德莉，”盖伊小姐后来回忆道，“她坚持要在灯塔盲人协会组织那里组建一支盲人女童子军，她真的很喜欢当童子军。”

安德莉还和她的童子军朋友们一起摆脱家庭教师的紧盯，参加过别的冒险活动。16 岁时，她在给朋友的一封信中讲述了和一群朋友开着女童子军队里绰号“黄色恐怖”的破旧汽车穿梭在郊区小镇的经历：“我们穿着灯笼裤还有厚厚的毛衣和外套，裹得像根香肠一样坐在那辆黄色的破车里一路颠簸来颠簸去。全镇的狗都跟在我们车后！你能想象得出我们这群人坐在一辆破车里，在拥挤的大街上跌跌撞撞前进的情景吗？”

…

1919 年 7 月和 8 月，安德莉 17 岁生日前的那年夏天，安娜带着她和胡姬一路往北来到了离安娜父母家不远的魁北克，参加了当地的一个钓鱼俱乐部，然后又去了位于加拿大边境缅因州森林里的一个度假胜地。这片区域位于缅因州马鞍山下的朗吉利湖边，酒店和原始小屋林立，几年后阿巴拉契亚小道上的徒步者们都知道了这个地方。

去那儿的路上安德莉病倒了，最初只是发烧，但病情很快恶化，发烧还伴随着剧烈头疼。安德莉和胡姬这时已经离家两天了，离第五大道 962 号塔楼的隔离间很远。克拉克的私人医生威廉·戈登·莱尔匆匆从纽约赶来协助当地医生的治疗。四天里安德莉只能病怏怏地待在朗吉利湖南边的一栋庄园里，胡姬和安娜在旁边守着她。莱尔医生发现安德莉患的可能是“结核性脑膜炎”，这种病的患者大脑和脊髓里的细胞膜都会有很重的炎症。遗憾的是，治疗脑膜炎的有效药盘尼西林 25 年后才出现。1919 年 8 月 7 日露易丝·阿米莉娅·安德莉·克拉克，威廉·安德鲁斯和安娜的大女儿，胡姬的姐姐，在她 17 岁生日前一周去世了。当时正在比尤特出差的威廉·安德鲁斯接到电报后，火速搭乘帝国州际列车赶往那里。

威廉·安德鲁斯写给朋友的信中说“安德莉的葬礼很是隆重”。“我们聘请了整个教堂的唱诗班，”他说，“我们的宝贝女儿安德莉最后安息在伍德劳恩公墓。”

第五大道圣托马斯教堂的主教教区长为死者朗读了威廉·安德鲁斯最爱的一首诗《死亡随想》（*Thanatopsis*），这是安德莉诗集中的一首诗，是一个年轻人对死亡的思考。这首诗的作者威廉·卡伦·布莱恩说死亡并不可怕，因为天堂将有更多友人相伴。

> 在你永远安息的那个地方
> 你不会是一个人，你想象不到
> 你最后的安息之所是多么豪华。
> 你会静静地躺下
> 和纯真世界的主宰，人间的帝王
> 还有世上的强者、智者、仁者
> 和所有的美好，所有发丝灰白的先知们
> 在宏伟的陵寝里一起安息。

威廉·安德鲁斯给他的弟弟罗斯写信说:“安娜非常伤心，但是她也很坚强。”给生意伙伴的信中克拉克写道:“安娜是个很坚强的人，而且小胡娅也很勇敢。”

…

葬礼后，威廉·安德鲁斯和安娜发现了安德莉的日记本，他们才发现原来他们的大女儿的童年一点都不快乐，比他们猜测的还要不快乐。从法国回到美国后，她不知道怎样让自己适应这种转变。威廉·安德鲁斯后来告诉朋友，他当时读到这本日记的时候心情是多么地沉痛绝望。

当提到周二的女子童子军会议时，安德莉日记中的语调开始变得欢快起来。她在日记中谈到和童子军里的朋友们一起徒步的友谊，还有能够自己决定做什么的感觉是多么棒。日记本中还夹着一篇折叠起来的手稿，是以女童子军里成员为原型的“四朵小花”小故事。

“女童子军就像是黑夜里引领着我的手，”安德莉写道，“它彻底地改变了我，我不再是以前那个喜怒无常、轻率任性的小女孩，它告诉了我生活可能的样子。”

此后，她的家人开始通过赞助女童子军来寻求安慰。克拉克一家经常在周末和他的女儿凯瑟琳在她的大庄园里（是一个有 21 间屋子的豪宅）聚会，所以他们知道在纽约市北边的斯卡斯代尔附近有一块空地。为了纪念他们的女儿，安娜和威廉·安德鲁斯跑遍了整个乡村想要找出一块合适的地方。1919 年，他们将布莱尔克利夫庄园所在村子的一块 135 英亩有溪有湖的原始林地捐赠给了女童子军作为露营营地。后来这里成了第一个国家女童子军宿营营地，被称为“安德莉·克拉克营地”。

13 岁的胡娅表情严肃地站在父亲的身边，看着他把营地的地契递给纽约市女童子军办公室的负责人。旁边 16 个穿制服的女童子军们在草地上或坐或跪，胡娅一个人孤零零地站在那里。胡娅不是女童子军，所以她还是城市姑娘的打扮，长长的金发披散在背后，一直垂到外套毛茸茸的袖口边上。整个交接仪式过程中，胡娅一直克制着自己的情感，将手搁在她 80 岁老父的肩膀上安慰他。

在胡姬以后的人生里，她的家人一直在猜测安德莉的死是否给胡姬造成了精神创伤。她失去了她从小到大陪伴在她身边唯一的手足和玩伴。后来的日子里，胡姬居住在第五大道时，总会在床头摆上一张镶在椭圆形的卡地亚相框里的姐姐的照片。她还一直保留着安德莉去世前给她们母亲写的那封信以及安德莉的一束发丝。

在女童子军口中的安德莉营地是一个很进步很民主的营地，很多活动都由她们自行决定。每组童子军都有各自固定的地方，营地没有餐厅，没有宿舍；在安娜的一再坚持下，营地有了自己的小型医院和护士。这家营地现在还在，训练了成千上万的童子军，给好几代年轻女孩创造了夏季和朋友在野外亲密接触的经历。

安德莉死后的许多年里，女童子军的成员们都会给安娜写信，感谢她设立这处营地，让他们了解到生活可能的模样。

培养想象力

克拉克夫妇非常重视对胡姬的艺术培养，为她安排了音乐课、绘画课，还有克拉克宅邸本身就是一个公共艺术画廊。1920—1929 年期间，在斯宾塞小姐的女子寄宿走读学校的求学经历大大激发了胡姬的想象力。

斯宾塞小姐开办的女子寄宿走读学校在曼哈顿地区非常受上流社会家庭的欢迎。只有美国贵族家的女儿才有此殊荣去这所学校学习。胡姬成为这个学校的一名走读生那年，胡姬的三个同龄表侄女，她异母兄长查理的女儿，也来到了这所学校就读。卡琳·麦考尔是她其中一个表侄女艾格尼斯·克拉克·艾伯特的女儿。她说，她妈妈在入校前就被自己的母亲告诫要多关照胡姬。因为胡姬的守护者安德莉去世了，所以感觉好像胡姬需要人保护一样。

斯宾塞小姐的学生都在第 55 西街上一幢整修过的赤褐色建筑里上课，卡内基、弗利克和克拉克的车在旁边一字排开。

学校活泼明朗且充满艺术气息的氛围主要是受其创始人克莱拉·斯宾塞的影响。她是一名苏格兰演员，喜欢大声朗读莎士比亚作品，还被人劝说跳爱尔兰吉格舞。斯宾塞小姐强调学问的标准，因为对大多数学生而言，这将是他们所能接受的最高教育。1925 年胡姬班上的 56 个学生中只有 14 个学生要继续上大学，包括胡姬在内的其他学生都选择了结婚。但是 1925 年胡姬那届学生毕业后，结婚和上大学的比例反过来了，大部分的学生都选择了去大学继续深造。除了演讲课和拉丁课外，胡姬他们还要学习缝纫、实用数学来掌握如何管理家里的开支预算。缝纫课上，学生们会将手工做的小孩衣服粘贴在一本剪贴簿上，这是斯宾塞学校多年保持不变的传统。

斯宾塞学校教学氛围温和，课程也很新颖，甚至还有剑术等选修课。胡姬对艺术类课程尤其感兴趣。她还记得当时有一位很擅长编现代舞的舞蹈老师伊莎多拉·邓肯，她性格坦率，喜欢直言不讳地评论政治和两性话题。胡姬依然清晰记得邓肯老师飘逸的丝巾，虽然后来邓肯老师因围巾被卷入汽车轮子而丧生。

斯宾塞学校的口号是拉丁文“Non scholae sed vitae discimus”，意思是“我们不是为了学习而学习，而是为了生活而学习。”她敦促学生们不要局限于课本知识，也不要局限于理性思维：

> 我希望你们能够培养自己的想象能力，激发自己的同情心。我恳请你们认真思考伟人在他的时代之所以伟大的原因。想象力经常被人轻描淡写地忽视掉，被谴责为莫名其妙的搞怪，与实用理性背道而驰。然而，人之所以为人，在于其与动物不同，拥有理性、良心和想象力。人与人之间最伟大的情感纽带——同情心很大程度上也依赖于想象力，也就是说依靠想象的能力来了解和感知旁人的情感与处境，使我们对他人产生认同或者认可。

斯宾塞学校注重培养学生的礼貌、道德心和判断力。学生们穿着简单的过膝长裙。学校鼓励家长不要让学生戴太多奢侈品来学校：除了简单的戒指和胸针外不能佩戴任何珠宝，以及带来香水、香粉和口红。学校强制要求学生必须去教堂祷告。学生们见长辈时得行屈膝礼问好。有一个学生接到男朋友热情洋溢的电报时，才意识到自己面临着两个选择：退学或宣布订婚。

每年春天学生们都会轮流举办茶会招待同学，胡姬也举行了几场聚会。1922 年 5 月胡姬快 16 岁时，《纽约时报》报道说：“第五大道 962 号克拉克夫妇的女儿胡姬· 克拉克小姐昨天在雪利酒店招待了她的同学。”

胡姬的毕业典礼在古老的华尔道夫饭店举行，5 年后这家酒店的位置被帝国大厦取代。毕业典礼上，伴随着莫扎特歌剧《魔笛》中《祭祀进行曲》，在年纪最小的学生的带领下，全校师生慢慢走进典礼会场。在当时的留影中所有的女孩都穿着洁白的裙子，手上捧着花束，梳着最时兴的短发。胡姬是斯宾塞学校 1925 年毕业生里唯一还在世的人，但她的生平记录我们了解得很少，还是间接地从她的同学那里了解到的。

18 岁的胡姬（前排中间）和斯宾塞女子寄宿走读学校 1925 年毕业学生的合照。即便是在纽约市最高级的学校里，胡姬家也远比其他同学家富有。

一个银行家的千金露易丝 · 瓦特回忆自己和胡姬在斯宾塞学校开心的时光。她们甚至曾在禁酒节那天一起偷偷去地下酒吧，斯宾塞学生本应乖乖坐在桌边接待纽约市长吉米 · 沃克时，她们却偷溜出去逛街。露易丝说胡姬是她最好的朋友。

多萝西・华伦来自美国北方，比胡姬大一岁，是胡姬的同班同学，她讲述了一个不一样的胡姬。她印象中的胡姬知书达理、高贵优雅，但和其他学生们在一起时有点不太合群。大部分学生都会去同学家串门，但是从来没有人去过胡姬家里玩。华伦觉得胡姬性情古怪，关系不太熟的同学和胡姬在一起时会感到很困惑：是因为胡姬家世雄厚、家人见多识广而太过骄傲的缘故呢？还是因为他父亲的家财万贯或者竞选时的一再败北让胡姬很尴尬？其他的学生也搞不清楚其中的原因。

没有华丽的仪式

胡姬晚年最喜欢跟人分享的一张照片是她穿着美国印第安人传统服装，戴着羽毛头饰坐在她父亲身边。照片上的她看上去七岁左右，当时的威廉・安德鲁斯大概 74 岁。那时他们正在康涅狄格州有名的艺术聚集区格林威治短暂逗留。拍照前胡姬在院子里玩耍时不小心摔了一跤，哭个不停。照片上的她虽然双眼红肿，却在对着镜头微笑，双手紧紧搂着她父亲的肩膀。威廉・安德鲁斯穿着黑色运动外套、白裤子、白色磨砂牛皮皮鞋，显得精神矍铄、衣冠楚楚，他侧身骄傲地抱着胡姬，一头灰白色的头发微微向上飘扬。

1912 年，康涅狄格州，在周末家族聚会上，胡姬抱着她身材不高但衣冠楚楚的父亲。他对这个最小的女儿非常喜爱，亲昵地称呼她小胡姬，而胡姬则亲热地叫他爸爸。

与她父亲的外向开朗不同，胡姬性情羞涩内敛，这一度引得很多人怀疑威廉·安德鲁斯不喜欢这个女儿，甚至还猜测胡姬根本不是克拉克亲生的，但克拉克在信件中提及女儿胡姬时的温柔却让这些谣言不攻自破。例如，1921年威廉·安德鲁斯兴奋地给朋友写信，描述他们在夏威夷度假时的情形：安娜和胡姬母女俩一起晒日光浴、去怀基基海滩冲浪，“她们非常喜欢游泳，而且莫安娜酒店附近的海滩景色很美。她们对滑板冲浪尤其感兴趣，”后来他又写道，“她们很喜欢游泳，一般每天都得去游两次。”在这封信中，威廉·安德鲁斯提到胡姬时都是很亲昵地称呼她“小胡姬”。

与胡姬的对话

1999年胡姬讲述了他们全家去夏威夷旅行的经历。虽然已经93岁高龄，但她的记忆力还是很好，还能清楚地回忆起在火奴鲁鲁见到的树木的名字，还有那个带他们去海上冲浪的帅气的奥运会冠军的名字。我先是问她是否去过夏威夷岛旅游。

胡姬：哦，是的，我去过那儿……我去过夏威夷好几次。

保罗：您和家人一起去的吗？

胡姬：1915年是和我父亲一起去的。我们去了火奴鲁鲁的怀基基海滩。那里真是太美了！我觉得那时的景色比现在还要美，因为那个时候那里还没有这么多的高楼大厦。

保罗：现在的夏威夷商业化气息太浓了。

胡姬：是的，太商业化了。

保罗：的确如此。夏威夷皇家酒店是那时修建的吗？

胡姬：是的，我们当时就住在夏威夷皇家酒店。

保罗：哇，太棒了！

胡姬：那家酒店现在还在吗？

保罗：是的，那家酒店还在呢。另外一家好像叫作阿瓦尼的酒店也还在呢。

胡姬：1915年我们再去夏威夷时住的就是这家阿瓦尼酒店！莫安娜酒店也还在吗？

保罗：是的。事实上，我的女儿莱斯利最近才去过那家酒店呢。

胡姬：你见到过彩虹色花雨吗？那景色简直太美了！人们把它叫作彩虹雨。

保罗：您说的是一种花吗？树上开的花？

胡姬：是的。

保罗：我没见过那种树。您父亲喜欢夏威夷吗？他觉得那里怎么样？

胡姬：他很喜欢那里。他以前还常常下水游泳呢。

保罗：平时有那么多的金融业务和生意往来要处理，您父亲能玩得开心吗？

胡姬：是的。我们以前还和奥运冠军卡哈纳莫库一起冲浪呢。当地的夏威夷人常常拿着滑板带我们去冲浪。杜克·哈纳莫库是那时的奥运游泳冠军……你知道的，那时的夏威夷周边的海里都是鲨鱼。和他们一起去冲浪会更安全。有时候鲨鱼会穿过珊瑚礁游过来。

然后和往常一样，胡姬·克拉克很突然但又不失愉悦地结束了这次通话。

胡姬：嗯，保罗，很高兴能跟你通话。我现在得挂电话了……我会再次跟你联系的。下次再给你打电话。再见。

威廉·安德鲁斯的妻子和孩子们也很爱他。克拉克家的一个亲戚回忆说安娜经常满怀恋慕地依偎在老克拉克的怀里，拽着他的胡子嘻嘻哈哈地玩闹。

威廉·安德鲁斯过完80岁生日后，体重开始下降，由以前的125磅降到了108磅。但他每天仍然坚持走上5英里的路，雪茄也照抽不误。他依然每天很认真地回复着克拉克旗下企业的商务信函，批准对政治委员会的赞助，同时开始转向对学院和修道院的支持。尽管如此，他还是一天天衰弱下去，1922年他立下了一份遗嘱。

那一年，威廉·安德鲁斯带着胡姬和安娜去法国旅行。第一次世界大战结束后，他们不得不等了四年，直到法国将德军埋在海岸的地雷全都清理完毕后才再次来到法国。作为法国人民永远的朋友，他在凯旋门无名战士的新墓前献上了一束玫瑰花。那天存照上的他显得更加虚弱。这是他此生最后的一次法国旅行。

1925 年威廉·安德鲁斯不再去位于华尔街的外汇街 20 号的办公室上班，而是让人把工作邮件送到家里来处理。他的儿子威尔于 1925 年 1 月这样写道："父亲似乎一天比一天糊涂，处理事情也没以前有条理。"威廉·安德鲁斯自从之前发生过几次严重车祸后就不怎么喜欢自己驾车出行，所以才会在赶公交时不小心摔了一跤把腿弄成重伤。

雪上加霜的是，老克拉克又感冒了，病情急剧恶化，没过几天就去世了。1925 年 3 月 2 日威廉·安德鲁斯逝世，享年 86 岁。他的主治医生是克拉克以前派去抢救安德莉的威廉·戈登·莱尔医生。安娜、胡姬以及他第一任妻子的大部分孩子们都守在他的床前。

《纽约时报》刊载了头版头条："前议员威廉·安德鲁斯·克拉克，铜矿开采业的先锋，患肺炎离世。"后来又有一条新标题"克拉克事业辉煌。跟随牛队来到蒙大拿州，成为美国最有钱的富翁之一。"

威廉·安德鲁斯·克拉克在遗嘱中说想要"一场体面的基督教葬礼，不需要太奢华也不要太过隆重"。300 多人聚集在克拉克宅邸的二层大画廊里，在他最爱的柯罗风景画下为克拉克最后送行。人们再次朗诵起安德莉葬礼上的诗歌《死亡随想》，圣托马斯教堂唱诗班在风琴手的伴奏下唱着一首古老的苏格兰赞歌："渺小浮生，飘向生涯尽处；欢娱好景，转眼云烟深处；变化无常，岁月焉能留住？恳求永恒之神，与我同住！"

在 400 多束献花中，有一束兰花和山谷百合是由美国卡尔文·柯立芝总统献上的。

安娜和胡姬与克拉克的第一次婚姻中的子女和孙辈们一起扶柩。克拉克去世前为自己在伍德劳恩墓园山顶上建好了一处陵寝，在这里他将与普利策、梅西、古尔德和伍尔伍斯一起安息。

安德鲁·卡内基理论认为人生可以分为三个阶段：教育阶段、生财阶段、散财阶段。今天美国大城小镇上仍然可以看到很多卡内基捐赠的图书馆。同样地，洛克菲勒在纽约市也设立了许多处洛克菲勒中心和洛克菲勒基金会。威廉·安德鲁斯克拉克也经常给教堂和高校捐款，而且在他自己家举办过许多场慈善晚会，他还为比尤特镇居民免费修建了哥伦比亚大公园。但是他也曾拒绝一位朋友的建议，没有给蒙大拿州一所重点大学捐款。虽然克拉克活到了 86 岁高龄，但他其实从未真正意义上经历过卡内基所说的散财阶段。

克拉克价值 1 亿 ~2.5 亿美元的房产中：只有大约 60 万美元现金以克拉克的名义捐赠给了福利慈善事业；35 万美元捐给了以克拉克年少早夭的儿子保罗的名字命名的比尤特·保罗克拉克儿童之家；10 万美元捐给了纽约市凯瑟琳·斯托弗·克拉克幼儿园（以他第一任妻子命名的），以为每年给孩子们准备圣诞礼物（克拉克家一贯的做法），此外这笔钱还可以让孩子们每年去其他州玩上两周；10 万美元捐赠给了克拉克公司所在亚利桑那州的克拉克戴尔煤矿小镇；为了纪念克拉克的母亲，30 万美元捐给了洛杉矶玛丽·安德鲁斯·克拉克女子纪念堂。

威廉·安德鲁斯立遗嘱时也没忘记照顾以前在蒙大拿州的老朋友。他给身体残疾、穷困潦倒又年老体衰的共济会会员留了 25 000 美元，还给迪尔洛奇酒店的共济会员捐赠了 2 500 美元用作善款；给他的姐妹们每人留了 25 000 美元；给两个侄女和侄子每人留了 10 000 美元；给他在比尤特公司的经理们留了 10 000 美元；给在米苏拉的经理们留了 5 000 美元；给比尤特的报纸编辑和政治顾问留了 2 500 美元；给他的管家留了 2 500 美元；给他的大儿子查理·克拉克留的是他自己的金表和表链；给他的小儿子威尔·克拉克留的是他常用的金火柴盒。

就像威廉·安德鲁斯最初对第一任妻子留下的孩子们所承诺的那样，他只给安娜·克拉克留下了一小笔钱。安娜得到了 250 万美元的现金，巴黎公寓所有的室内物品，以及婚前协议中已经支付给安娜数目不清的一笔钱。虽然克拉克的遗嘱里没有明说，但安娜还得到了离洛杉矶海岸 90 英里处的圣巴巴拉夏季度假别墅贝洛斯瓜尔多。

其余包括克拉克旗下所有矿业公司和商业帝国在内的资产分给了胡姬和他第一任妻子所生的四个孩子。

我们无法知道威廉·安德鲁斯资产的确切数目。蒙大拿州征税时，据说威廉·安德鲁斯克拉克申报的资产数目仅仅是 4 800 万美元。按照美国当时的经济情况来看，2.5 亿美元的身家绝对可以让人轻而易举地跻身美国富豪前五十名排行榜。威廉·安德鲁斯死后，在咆哮的二十年代，比他有钱的美国几大富豪主要是石油大王约翰·D·洛克菲勒、汽车制造商亨利·福特、金融大亨梅隆兄弟、《女士家庭期刊》和《星期六晚邮报》的出版商赛勒斯·H·K·柯蒂斯。换言之，威廉·安德鲁斯去世的时候，其个人财富相当于 1925 年美国国民生产总值一天的份额。按照这个标准来看，威廉·安德鲁斯在现代社会绝对可以排在福布斯 400 富豪排行榜上的第三名，远远高于谷歌的创始人和鲁珀特·默多克两人，可能仅次于比尔·盖茨和沃伦·巴菲特，紧跟其后的应该是大力标榜金钱作用于政治的企业家科赫兄弟。

威廉·安德鲁斯对最小的女儿胡姬非常宠爱。他立遗嘱的时候，胡姬还未成年。他在遗嘱中为她做了周全的安排。除了为胡姬提供住房和教育条件外，他还在遗嘱中特地指明胡姬在 21 岁前每年都可以拿到 90 000 美元（也就是今天的 110 万美元）的津贴。对于这种安排，他给出的解释是希望胡姬“能在未成年前就学会如何理财”。

其他人也想来分一杯羹，胡姬因此不得不应对很多人妄图从克拉克铜矿公司虚假索赔。1926 年来自密苏里州的三姐妹声称她们是威廉·安德鲁斯·克拉克的女儿，并向比尤特遗嘱检验法庭提起诉讼。这个案件只是一出滑稽闹剧而已。艾尔玛·克拉克、艾菲·克拉克和艾迪·克拉克三姐妹的父亲威廉·安德森·克拉克同威廉·安德鲁斯·克拉克一样，都在密苏里州教过书，也曾是一名共济会成员，但他的一生中更为人所知的是密苏里州斯图尔特维尔市的一名药材商及书籍和日用品经销商。但威廉·安德鲁斯·克拉克经常出入的则是议会大厅和巴黎画廊等场所。正如查理·克拉克的证言所说，他的父亲“当时正踌躇满志地要在美国西部的金融界和采矿领域大展身手进而促进国家经济的发展，因此他是不可能满足于经营一家小农场或做点小本生意的。”

威廉·安德鲁斯·克拉克的家人很显然想要狠狠教训虚假索赔的三姐妹，以达到杀鸡儆猴、敲山震虎的效果，吓退其他蠢蠢欲动的人。谁知道威廉·安德鲁斯·克拉克在艾奥瓦州、蒙大拿州、纽约市有没有留下什么风流孽债呢。平克顿侦探从密苏里州和宾夕法尼亚州找来了很多证人，他们坐火车到比尤特作证，证明胡姬和她的异母哥哥姐姐们是威廉·安德鲁斯·克拉克的亲生子女，因此也是其真正合法的财产继承人。他们证明威廉·安德森·克拉克和威廉·安德鲁斯·克拉克明显长得不像，药材商克拉克身高 5.11 英尺，体重约 160 磅，棕色头发，脸上不留胡须。陪审团很快就驳回了三姐妹的遗产申请，宣布胡姬是合法继承人。

"欣赏我的作品"

威廉·安德鲁斯的遗嘱指明，他的艺术藏品捐赠给美国最有名的博物馆，即和克拉克宅邸一样坐落于第五大道的大都会艺术博物馆。如果大都会博物馆接受他的捐赠条件，那么这些藏品将成为克拉克永恒的纪念碑。即便死后，克拉克仍然自恃过高。

大都会博物馆如果同意签署克拉克拟定的三个捐赠条件，就可以拥有克拉克 800 多件艺术藏品，其中包括 225 幅油画和绘画作品。他要求，所有的藏品必须永远存放在一起，馆内开设单独的艺术走廊，只能展出这些藏品。

大都会博物馆领导表示，第一个问题就是将所有的克拉克藏品搁置在一起不利于博物馆按时间和风格将这些作品进行归类存放；第二，藏品数量巨大，除非博物馆将克拉克宅买下，否则没有合适的地方摆放这些作品。

大都会博物馆没有明说，但是 1925 年有报社挑明，克拉克的藏品其实良莠不齐，有些很珍贵的藏品不一定比博物馆现有的藏品好，更别提那些赝品或张冠李戴的作品。但这些问题也是私人藏品中经常出现的。克拉克收藏的《米达斯的审判》很明显不是鲁本斯的真迹，而是鲁本斯工作室另一个艺术家的仿作。《持乐谱者》也不确定是伦勃朗的真品。

甚至于克拉克收藏的《希望：维纳斯》最后发现也是赝品，或者说复制品而已。杜维恩勋爵向威廉·安德鲁斯·克拉克一再保证卡诺瓦雕刻了不止一尊类似的雕像。但事实上，克拉克府中的这座维纳斯雕像，杜维恩一开始把它推销给了报纸出版商威廉·兰多夫·赫斯特，不过赫斯特曾在佛罗伦萨见过真品，知道真品比眼前这个仿制品要好得多，所以他很明智地没有购买这个雕像。克拉克去世后，这尊维纳斯雕像被证实是由一个英国艺术家在卡诺瓦死后仿制的。

人们给大都会博物馆写信。有些人劝说博物馆接受克拉克捐赠的藏品，哪怕这些藏品有瑕疵，即便博物馆甚至得买下克拉克宅邸来存放这些作品也在所不惜。其他人则要求博物馆拒绝克拉克，不要助长那些百万富翁的虚荣心。争论许久后，大都会博物馆最终选择了拒绝威廉·安德鲁斯·克拉克。

克拉克藏品最终捐给了备选博物馆，也就是华盛顿科科伦艺术画廊——一家政治气息比艺术气息还要浓厚的都市二流博物馆。克拉克对这家博物馆并不陌生，他曾捐赠 10 万美元给这家博物馆作为美国画家奖金，而且从 1914 年直至去世，克拉克一直担任这家博物馆的董事。1904 年，克拉克修建他在纽约的住宅时，正值西奥多·罗斯福总统到那里参观，克拉克将 86 幅藏品借给了科科伦博物馆展览。尽管罗斯福总统制定了一系列环境法并且批评威廉·安德鲁斯是“富有的罪人”，但他们对艺术有着共同的喜好。

科科伦画廊很快就给出了肯定答复，非常迫切地想要将这一大批欧洲艺术作品带到华盛顿这个文化沼泽区。虽然克拉克要求这家画廊将他捐赠的藏品放置在一个私人地方，但他并没有提供任何资金来安排新的馆区。他的继承人给这家画廊资助了 70 万美元，在其美术大楼侧翼建了一处克拉克藏品展览区，存放她们新捐赠的新古典主义作品，这个藏区刚好位于白宫西南边。安娜、胡姬以及她同父异母的两位姐姐玛丽·华金纳和凯瑟琳都给这家画廊捐过款。科科伦艺术画廊专门辟出了一处地方，容纳克拉克家金屋中的藏品。1928 年，柯立芝总统将克拉克藏品大厅对外开放。克拉克的后人们放宽了父亲定下的限制条件。同意部分展品可以不一次性全部展示，而且部分仿制品也可以从展览墙上撤除。

现在，克拉克在纽约的家庭博物馆已经空空如也，没有艺术品可展览。

一支美味的雪茄

父亲一去世，胡姬很快就被从度过了她整个童年的家里搬出去了。这一点她怎么也想不到。

威廉·安德鲁斯向他第一段婚姻中已经成年的子女们承诺，他不会将克拉克宅邸留给他的第二任妻子安娜。他的遗嘱中明确写着安娜和胡姬必须在1928年6月前搬出这所宅子。威廉·安德鲁斯1925年3月去世后，胡姬她们只剩三年的时间可以继续住在这里。而安娜不用等三年后再搬出去。这栋豪华住宅只是威廉·安德鲁斯·克拉克为了显示身份地位，按照自己的爱好而修建的，并没有考虑安娜的爱好，她对这种房子没有兴趣。不到一年后，她和胡姬就搬到了第五大道另一栋公寓里去了。

从建筑师绘制手稿到工程竣工前后耗时13年、且被誉为“全世界最豪华的住宅”的克拉克宅邸，胡姬和安娜只在那里生活了14年而已。

在拆除之前，房子的买主雇用了这些广告女郎，她们站在管风琴控制台上，引领众人最后一次参观。

胡姬和她的异母兄姐们想把克拉克宅邸卖掉时却发现找不到买主。就像威廉·安德鲁斯对房产评估人提到的那样，这种房子只适合一个主人。平时维持这栋房子的开销很大，要拆除重建的话成本更高。当初的建造成本高达700~1 000万美元，但现在克拉克家开出的售价竟然不到300万美元。卖房子的钱由克拉克几个子女平分。

1927年夏天，克拉克宅邸的塔楼被拆毁了，而这直接开启了新一波建筑浪潮，公寓渐渐倾向于优雅的风格。第五大道上的其他建筑同样也在慢慢消失。文森特·阿斯特家的宫殿，科尼利厄斯·范德比尔特夫人的城堡等旧建筑都慢慢地被新式建筑取代。镀金时代已经成为过去。

拍卖会上，威廉·安德鲁斯·克拉克的后人拍卖了一个银烛台、数以百计的红色天鹅绒墙饰、印有克拉克家族印章的陶瓷金边汤碟，总价近50万美元的家具，如果用现在的货币衡量则超过了600万美元。有一位收藏家将马车铜门拍走带回了自己的农场。威廉·安德鲁斯的女儿梅将两间房间的所有墙面搬到自己在长岛的住宅里。镶镜的墙面和房门被挪到了市儿童医院。由于没有人想要买那些大理石台阶，克拉克的后人们只好用驳船将那些大理石运走扔到海里。

克拉克宅邸的象牙色马里兰大理石铺就的阶梯，只存在了短短16年就被拆毁了。

拆毁这栋房子前，克拉克宅邸的新主人允许那些好奇的市民进来参观房子里面的构架，这个时候里面的艺术藏品和各色家具都已经不在了。16 000 多名游客仅仅花了 50 美分就参观了克拉克宅邸，查理 · 卓别林就是其中之一。为了吸引更多的游客，房子的新主人还雇用了一批广告女郎们摆各种姿势拍照留念：8 个广告女郎站在餐厅壁炉前，然后又在管风琴旁边做各种滑稽的鬼脸。

啊，还有那架管风琴。没人想过竞买克拉克夫妇那架价值 12 万美元的天价管风琴。房产商询问拆迁工他能不能把那架管风琴拿回去放在家里或者教堂做装饰用。他原来估计得花上几千美元才能买到那架管风琴，结果那个拆迁工告诉他，“你要是能给我支雪茄的话，就把这管风琴拿走吧。”但是那个房产商很快就意识到自己犯傻了。那架管风琴在墙面里镶嵌得太结实根本就没办法完好无损地把它拆卸下来。最后这架管风琴被扔弃到纽约皇后区的一个沼泽里。他白白浪费了一支上等雪茄。

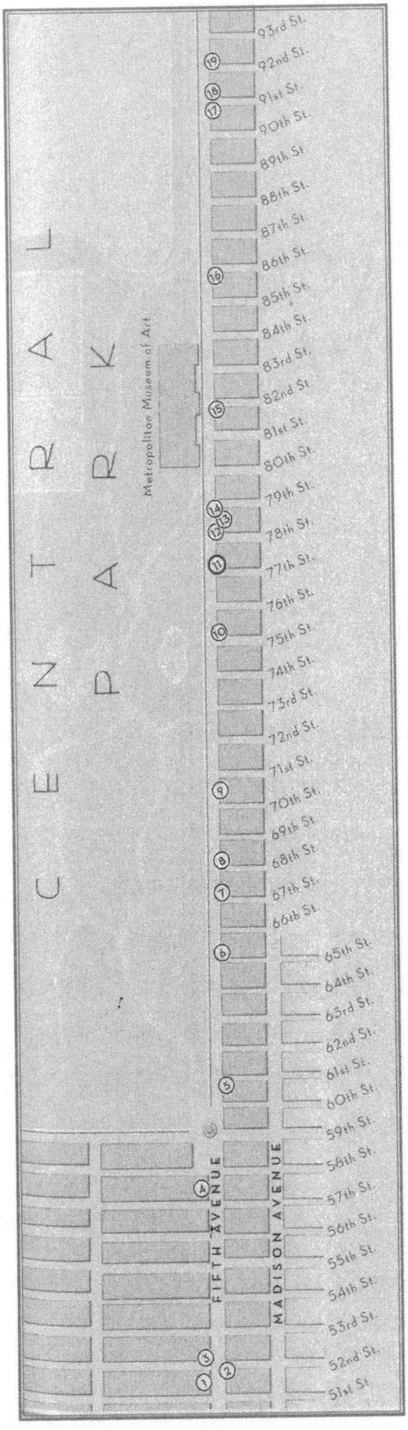

纽约市消失的百万豪宅们

1914 年第五大道上的豪华府邸，由南向北步行视角。日期显示了每栋建筑的存在时间。

1. 威廉·H·范德比尔特，1881—1942，被商业建筑取代。
2. 莫顿·普兰特，1905—，1917 年卡地亚接管。
3. 威廉·基萨姆·范德比尔特，1882—1926，被商业建筑取代。
4. 科尼利厄斯·范德比尔特二世，1882—1927，被波道夫·古德曼接管。
5. 埃尔布里奇·格里，1897—1929，被皮埃尔酒店取代。
6. 卡罗琳·阿斯特，其子约翰·雅各布·埃斯托四世，1896—1926，被以马内利犹太会堂取代。
7. 乔治·J·古·尔德，1908—1961，被公寓取代。
8. 威廉·C·惠特尼，1884—1942，被公寓取代。
9. 亨利·克莱·弗利克，1914—，1935 年起改为弗利克纪念馆。
10. 爱德华·S·哈克尼斯，1908—，1952 年起改为联邦基金会。
11. **威廉·安德鲁斯·克拉克，1911—1927**，被公寓建筑取代。
12. 詹姆斯·B·杜克，1912—，1957 年起改为纽约大学美术学院。
13. 亨利·佩因·惠特尼，1906—，1952 年起改为法国大使馆文化事务处。
14. 以萨克·D·弗莱彻，1899—，1955 年起改为美国乌克兰研究院。
15. 本杰明·N·杜克，1901—，2010 年起易主墨西哥亿万富翁卡洛斯·斯利姆。
16. 威廉·斯塔尔·米勒，1914—，2001 年起改为纽约新美术馆。
17. 安德鲁·卡内基，1902—，1976 年起改为库博·休伊特国家设计博物馆。
18. 奥图·卡恩，1918—，1934 年起改为纽约圣心修道院。
19. 菲力克斯·沃尔伯格，1908—，1947 年起被犹太博物馆取代。

信息来源：《纽约豪宅》，1880—1930，迈克尔·C·凯瑟林著；《镀金府邸》，韦恩·克雷著。二者完稿日期接近。

第6章

Empty Mansions
The Mysterious Life of HUGUETTE CLARK and the Spending of a Great American Fortune

第五大道907号（1）

缩减规模

安娜和胡姬在离家五个街区的南边找到了一套新公寓，这座公寓楼位于第五大道907号，在第72街拐角处。这是一栋意大利文艺复兴宫殿风格的超级豪华公寓，它的石灰岩墙面向街道，低调不招摇。

安娜和她丈夫的审美口味并不完全相悖，只不过她的审美观里多了一丝宗教意味，带有一种幽暗、神秘的感觉。打开12W公寓的木质大门，首先进入眼帘的就是一条37英尺长的画廊，这里陈列着詹姆斯时期的木镶画，铺着鱼骨形状的地板。11英尺高的天花板上挂着一个华丽的黄铜灯笼，灯笼面上画着一个被金枝叶环绕的少女。在长墙右边是一幅红色旧挂毯，约有12英尺见方，描绘了十字军与哈里发就囚犯问题讨价还价的情景。左边彩色玻璃悬窗则对着大楼的开放式庭院。这些描绘着天使、骑士和纹章的红蓝色镶画很明显是从17世纪的苏黎世流传下来的。

虽然克拉克家的面积已经大大缩水，但是这栋公寓的视野却极好。新公寓位于大厦顶层12层，9扇巨大的窗户环绕着整个公寓，透过窗户，室外不断变化的城市天际线一目了然。不过，最好的视野其实在屋顶阁楼那儿，只是当时人们普遍把它当作仆人卧室。

安娜和胡姬站在窗户边往下眺望，楼下不远处就是中央公园，可以看到日本的樱花树，名叫“温泉水”的椭圆形帆船池塘，朝圣山上滑雪的孩子们，以及山上纪念五月花号成功登陆普利茅斯岩的雕像。胡姬曾经从公园正对面的独特视角画过屹立在中央公园西面带有法式尖顶的达科塔公寓。她的画中那时还没有圣雷莫的标志性双塔，这栋建筑直到1929年才出现。

往右看中央公园北端更远处，她们可以看到横跨纽约和新泽西的哈德逊河大桥，这座桥于1927年开始修建，后来改以乔治·华盛顿的名字命名。往左看第五大道的南边，1930年帝国大厦正崛地而起。

安娜一心想要找到一栋最好的住所，而这栋公寓则是这座城市中最昂贵的甚至堪称历史遗产的建筑。美国通用汽车公司的创始人W.C.杜兰特和她们是邻居。之前住在她们那套公寓的房客是克拉克家的老熟人赫伯特·李·普拉特，普拉特和他的父亲还有约翰·D·洛克菲勒曾经是标准石油公司的合伙人。1916年，这栋公寓楼开始招租，宣称自己是“全世界最佳公寓”。赫伯特·普拉特租用了12层，一共28间房间，每年支付3万美元的租金。克拉克一家只租用了一半房间，一共5 000平方英尺大小，年租金12 000美元，约合今天的15万美元。

大多数人从原来带有121间房间的大公寓搬到只有17间房间的小公寓时都必须考虑卖掉哪些家具。不过，克拉克宅邸的那些家具并不归安娜所有，那些家具属于房产的一部分，只能经过拍卖后平分给克拉克的五个子女。因此，安娜只好去添置新的家具。她的选择主要是欧洲古典风格的家具，完全不带一丝现代感。她选了一张带绿绸床罩的法式豪华双人大床，一把安妮女王同款针绣花边核桃木椅，一个詹姆斯时期内嵌画格的橡木雕柜，一张亨利二世时期的法式书桌和一个齐本德尔红木书柜。安娜发给伦敦家具商查尔斯的订单长达八页。1925年最后两个月内，安娜从家具商查尔斯那里买家具的费用高达92 210美元，比柯立芝总统75 000美元的年薪还要高。按今天的美元来算，安娜花在新家具上的钱高达120万美元左右。

虽然威廉·安德鲁斯在世时同意将克拉克宅邸对外开放，允许世界各地报纸和杂志来此拍照绘画，但安娜和胡姬尚在的这些年里，这套新公寓没有任何照片被曝光。她们会邀请客人来参加午后音乐会和小型晚宴，但是对宾客人选，她们也是经过深思熟虑并且严格把关的。

安娜在布置新公寓时还是保留了一点克拉克宅邸的影子：和克拉克宅邸的画廊一样，新公寓里的镶画长廊装的同样是暗门。假如有窃贼闯入12W公寓行窃，他将极难找到房子主人的卧室，只能盲目地瞎转悠，迷失在一堆铺着实木复合地板的房间、挂着雉鸡鲜花图案壁纸的餐厅、摆放着安娜的法式竖琴的起居室、书房和早餐厅之间。只有通过这扇暗门才能进入公寓的走廊、四间卧室、四个衣帽间和两间起居室。

安娜的卧室内的家具都带有路易十五时期的橡木金边豪华风格：一张合盖书桌和一张三面镜子的梳妆台。床头桌上摆着几张照片：小胡姬穿着红色礼服将脑袋搁在父亲肩膀上的照片，还有几张照片能看出安德莉表情有点孤独。卫生间的摆设总算有点现代感：地板砖上镶嵌着一台体重秤，只要一按墙上的按键就可以读出一个人的体重。

所有这些豪华家具都只是为两个人服务，可她们后来在这栋大厦里竟然又扩展了一套公寓。后来安娜搬入了位于八楼的第二套公寓。

安娜之所以这样做是因为她想独自居住，而且胡姬需要结婚成家。

塔德

当克拉克一家还住在纽约的时候，从十来岁起，胡姬每天下午都坚持沿着第五大道穿过中央公园南边，走过13个街区，来到36号公寓拜访Cher Maître（法语“亲爱的导师”）。这是她每天上绘画课的时间。

塔德乌什·斯台卡，又称塔德，是克拉克一家最喜欢的艺术家。塔德出身于著名的捷克—波兰画家家庭，是个绘画天才，智商测试的发明者法国心理学家比奈·阿尔弗雷德曾专门研究过这个早熟男孩的绘画天赋。1921年移民美国后，塔德在20世纪二三十年代的纽约社交圈里很受欢迎，他很擅长人物和宠物肖像速写。虽然他曾被年轻的脱衣舞女郎吉普赛·罗斯·李赶出了她的化妆间（因为他想让这个年轻的脱衣舞娘给他做裸模），他还是为很多年轻女孩画过肖像。塔德还给总统画过肖像：西奥多·罗斯福总统的肖像画《勇敢的骑士》现在还挂在白宫西翼，哈里·杜鲁门总统也让他画过肖像。塔德给克拉克一家画过好多幅肖像，并且获得不菲的报酬。不过他在克拉克家的正式身份是小胡娅的绘画老师。

虽然斯宾塞学校的学生并不一定都以成为画家为奋斗目标，但是胡娅从小的成长环境充斥着浓浓的艺术气息，她经常上音乐课，徜徉在艺术藏品丰富的克拉克宅邸，她的家堪比一个公共艺术画廊。她的家里并不是只有她的父亲一人喜欢收藏艺术品。胡娅 23 岁的某一天，她和母亲买下了雷诺阿的《菊花》，法国印象派大师毕沙罗的《风景》，还有德加的《舞者画点》。《舞者画点》这幅画里画家大胆地使用了橘色和黄色，描绘了芭蕾舞演员脚趾轻踮的形象。买画的那一天刚好是 1929 年 11 月 11 日，两周前的 10 月 29 日华尔街大崩溃爆发，美国开始进入经济大萧条时期，当然只是对于大多数美国人而言。

那时女人通常都是用粉蜡笔作画。人们认为女性不能用油彩作画，因为油彩绘画要求画者必须能够很娴熟地整理画布、调色以及分色。男性画家使用的油彩通常被视为美术的象征。胡娅做任何事都严谨认真，上课时使用油彩作画。

在胡娅的一幅自画像中，她站在画架前，转头向后看，似乎有人在她身后吓了她一跳。她的波浪形金卷发披在肩膀上，但不花哨。她穿着一件桃红色画工服，而不是大家闺秀们穿的礼服。这是她唯一一次没有在脖子上配戴珍珠项链。胡娅端着一盘印象主义风格的调色板，板上浓墨重彩，猩红色、黄色和祖母绿色交织。那身平凡的画工服，那忐忑的神情，还有那大大的调色板，这些似乎都在传达着这样的信息：这就是我，我是一名艺术家。

…

胡娅早年时和她妈妈一样很喜欢日本。19 世纪末期日本艺术品风靡法国——历史上称为“日本风潮”。胡娅将对日本艺术的喜爱融入她静默无声的艺术生涯中。她的日本艺伎肖像画与真人大小一样，更重视的是她们的服装和发型，而不是她们的情感生活：头上别着蜻蜓发夹的女子在抽着香烟，另外一个女子手摇蒲扇，凝望远处的城堡，第三个女子正娴熟地插花。胡娅画中的艺伎们都训练有素，情绪内敛。

她最小的油画只有 9 英寸长 6 英寸，这幅画体现了胡姬对创作细节的重视。一个年轻的艺伎赤足站着，双眸忧伤带着一丝闪躲。她穿着一袭曳地长袍，背后扎着一个大大的金色蝴蝶结。她乌黑的头发上点缀着几把梳子、发饰和金色流苏。巧妙的光线处理让油画中丝绸和黄金的精致质感变得非常逼真。

胡姬的书架上堆满了有关日本的多语版插画和学术类书籍：《日本女性社会地位的变化》、《京都宫殿》、《日本宫廷诗歌》以及《日本平安时代的艺术》。这些书籍旁边的藏书更加丰富，包罗了荷马、维吉尔、柏拉图、笛卡尔、老子和奥斯卡·王尔德的作品。

胡姬 12W 公寓里的油画显示了她对日本文化的着迷，她就像一个考古学家一样认真研究着日本贵族的经典艺术：传统书法、用丝带将头发束在脑后的传统发型、繁复的发饰、红色和金色的浮锦丝绸织物。她并不只是依赖书籍来了解这些文化，而是收集了许多实物，她在柜子上放置了许多装着和服和假发的精致木匣。因此，胡姬画出的这些东西都栩栩如生。

胡姬的艺术创作还深受法国插图画家和其他艺术家的影响，比如她公寓里的巴黎插画杂志以及墙上挂着的莫奈和雷诺阿的作品。不同于印象派将日本审美元素融入欧洲主题的创作风格，胡姬选择将印象主义元素融入到日本艺术创作的主题中。

虽然胡姬的艺术作品也颇见功底，但与导师塔德·斯台卡的艺术手法不甚相符。印象派的表达方式都比较匆忙和迫切，他们试图在作品中传达出瞬间的经历和记忆，但是胡姬的日本城堡和桥梁风景的画风却截然不同，她的作品看上去就像是画者在脱离现实生活、坐在封闭的公寓房间里描摹着一幅幅清晰的照片。此外，考虑到胡姬后来近乎与世隔绝的生活状态，她绘画日本艺伎时的人体模型极有可能就是她本人。

但是，胡姬的作品中透露出她对完美艺术的追求，也体现了她适应不断变化的艺术风格的能力。她画过一盆粉黄两色郁金香，有两片仍未枯萎的花瓣掉落在桌子上。正如塞尚所画的、悬挂在胡姬家墙上的陶瓷水壶静物画那样，这幅画采取了不止一个绘画视角，所以看上去有点不协调。胡姬画过许多幅类似的画，每幅画中都有两片凋落的花瓣。

受亚洲风格影响，胡姬完成画作后都会在上面盖上一枚艺术刻章或者自己的私人印章。她把姓氏和名字的第一个字母分别写到两个长方形的竖栏里。

胡姬还给她画作中的许多女性起一个名字，在画布角落处，写上画作主角的日本名字。20 世纪四五十年代时，胡姬与她的日本顾问通信，商量给她画作中的一名现代公主（或者大家闺秀）起一个合适的名字。她想要这个画中女子的名字包含温柔、善良、优雅等含义。她最喜欢的是梅子姬（梅花公主）和紫藤姬（紫藤公主）。后来，胡姬了解到美国政府在战后的日本取缔了贵族姓氏和头衔，便开始改用良子（优雅高贵的意思）作为画中人物的名字。

胡姬还画过一幅真人大小的艺伎学徒舞伎肖像画，这个端庄的舞伎穿着色泽明艳的红色、粉色和白色和服，手里拿着一根还在冒烟的银质长烟斗。胡姬签名的旁边有个圆形印章，上面是胡姬给这个女子起的名字“苦乐”（忧伤和快乐的意思）。

…

或许是出于对这个 22 岁的赞助人的感激，1929 年科科伦美术画廊展出了胡姬的七幅画作。这场为期两周的展览宣传册上这样写着：“自出生起，胡姬·克拉克便生活在充满浓郁艺术气息的家庭环境中。她触目所及的就是各种各样的艺术流派和不同艺术时期的作品，这是她已故的父亲克拉克先生收藏的珍品，后来克拉克先生把这些藏品都捐赠给本画廊。胡姬因此受到了良好的艺术熏陶。她游历颇广，足迹遍布欧洲，这也使她在艺术方面获益匪浅。锦上添花的是，她本人还有着不凡的艺术天赋。”

随后，美联社报道了此次展览，满是溢美之词：“去年她在华盛顿科科伦美术画廊展出的作品受到评论人士的高度赞扬，现在她正计划在巴黎举办一次作品展览。她还是一位多才多艺的音乐家。”

她在科科伦艺术画廊展览的作品标题如下：《窗外美景——夜晚》、《窗外美景——暴风雪后》、《经典法国玩偶》、《经典日本玩偶》、《晚会归来》《观赏绣球花》和《自画像》。

很显然，之后胡姬再也没有举行过任何画展，但是她后来同意让人把她的画印成节日卡片。如果细看的话，亲朋好友们或许会在卡片的画作上发现她的签名。我们无从知晓胡姬的创作一直坚持到什么时候。她或许也送过员工和亲朋们一些自己的画作。2010 年，那幅裸足艺伎的精致油画在易趣网上以 104 美元的价格被人拍下。

…

胡姬最有感染力的一幅作品就是那幅窗外雪景图：曼哈顿的天际线、街灯、汽车尾灯在灰蓝色夜空下的雾气中晕染开来。这幅画容易让人回想起爱德华・霍普[①]或者乔治亚・欧姬芙[②]的城市油画，只不过这幅画给人的感觉更加温馨。这幅画的主要景致就是胡姬公寓的棕色窗户，透过这扇窗户往南眺望，我们可以看到第五大道上的帝国大厦和洛克菲勒中心大厦。近景中，金色底座的日本和服陶瓷艺伎手上托着一台金色底座的台灯并且在窗户上投射着淡淡的灯光。这台金底台灯是画者唯一透露的室内摆设情况，别的情况我们一无所知。这个陶瓷艺伎身着日本和服，手上拿着一柄仕女扇半掩着自己的笑脸。

窗外，寒冷、黑暗、喧闹、不安，折射出城市生活的活力和忙碌。室内，温暖、明亮、精致、优雅，透露出茕茕独立的迟滞和疏离。

这幕景象在 20 世纪 50 年代消失了。建筑商在第五大道 907 号修建的公寓的窗户面向南方，从上往下看虽可以俯视整个第五大道，但采光条件并没有南面的联排房屋好。这些联排房屋被推倒后，加之 1959 年第五大道 900 号克拉克宅邸的旁边新修建了一栋琉璃白砖大厦，907 号公寓的采光缺陷就更加明显了。最后，胡姬和安娜公寓里起居室和用餐室的南面窗户被砌砖封住了，因此那个角度的风景也就看不到了。

…

很早开始，胡姬就已经开始为真人模特作画。塔德画过一幅胡姬全神贯

① 爱德华・霍普（Edward Hopper，1882—1967），美国最重要的写实画家之一。

② 乔治亚・欧姬芙（Georgia O' Keeffe，1187—1986），一位美国女画家，生于美国威斯康星州。

注地在画布上作画的肖像。画中的她 18~20 岁，坐在塔德画室里的高脚凳上，修长的双腿伸得直直的。她身上穿着一袭及膝长裙和高领文化衫，她的头发如波浪般起伏着，令人回想起珍·哈露[①]。画布的右侧，几乎快挤出相框处站着一位身材匀称背对着画者的裸体男模。或许是为了体现画中作画者的认真，塔德让画中人眼神专注地盯着画布。胡姬公寓里数以百计的收藏品中有许多幅男女裸模的画作。

另一张塔德给胡姬画的肖像中，画中的她大约 18 岁，双颊红润，穿着高领女装，戴着珍珠项链，她的金发分梳两边垂到肩膀上，她的表情温和大方——虽然不是模特脸型，她微笑着，如同蒙娜丽莎一样神秘，一双绿眸透着无限活力。

多年来，克拉克家族的人一直猜测胡姬喜欢她相貌英俊的绘画老师，或者他们之间产生了爱情。曾有几家报纸提到塔德·斯台卡经常追求有钱有势的社交名媛。1923 年初，胡姬 16 岁时，据说 34 岁的塔德和查理·卓别林同时追求性感的波兰女演员波拉·尼格丽，塔德还曾为她画过许多画作。但波拉最终选择了万人迷影星鲁道夫·瓦伦蒂诺。塔德一直到 20 世纪 40 年代才步入婚姻。

比尔

1926 年 12 月，20 岁的胡姬正式亮相纽约上流社交圈，是当时家世最显赫的贵族小姐。他父亲留下的资产也已经全部清算好。她现在有时间为自己物色一个丈夫了。

当时一篇报纸的漫画将胡姬想象成一个“被宠坏的富家小姐”形象，并且这样描述她平日的生活：法国女仆将早餐端送到胡姬床前，每天坐着豪华轿车去商场买上 333 美元的东西，穿着优雅的晚礼服去看歌剧表演，财富与美貌集于一身，惊艳一舞引人瞩目。

① Jean Harlow（1911—1937），全名哈莉安·哈露·卡朋特（Harlean Harlow Carpenter），美国女电影演员。

照片上的胡姬当时在纽约名流圈初次亮相，年轻女孩们一般都是通过这种途径进入社交圈为自己寻找丈夫人选。她从斯宾塞学校高中毕业那时，大部分的女学生都会选择踏入婚姻。但是几年后，斯宾塞学校的毕业生们大部分都希望继续上大学深造。

但胡姬当时更多的是忙于准备在皮埃尔法式餐厅招待和她同时在纽约社交圈亮相的校友们。当时某家报纸无意中拍摄到了一张胡姬参加社交活动时的照片。照片上的女子年轻美丽，满面笑容，穿着一袭无袖长裙，坐在一群人中间，两位穿燕尾服的年轻男子正在邀请她去跳舞。但是，这个女子并不是胡姬，尽管她的确在这张照片里。事实上，当时胡姬正坐在一边的角落，远离灯光，形单影只。照片背景中还有一个年轻男子独自坐在一边，那人就是比尔·高尔。

1927 年 12 月，克拉克夫人宣布她的女儿胡姬·玛塞尔与威廉·麦克唐纳·高尔正式订婚。比尔是个身材高大很有魅力的男人，比胡姬大一岁。他和胡姬从小就认识。种种迹象表明这是一场包办婚姻，原因很可能是安娜想在熟人中给自己性格安静的女儿挑一个丈夫，又或许是为了将胡姬和她的绘画老师塔德·斯台卡分开。当然也有可能是胡姬正好到了适嫁年龄，而且她也喜欢这个年轻男子，所以就跟他订婚了。

但是这种婚嫁在克拉克家族里很少见。威廉·安德鲁斯和第一任妻子的子女嫁娶的门槛比胡姬高得多，要么是欧洲王公贵族子弟，要么是美国同样显赫的世家。凯瑟琳嫁给《独立宣言》签署者的后裔时，恰逢她的父亲被迫从参议院辞职，两周后，威廉·安德鲁斯给了她 400 万美元的房产作为结婚礼物，并且邀请了 6 000 多位来宾参加她的结婚宴会。

胡姬的丈夫比尔·高尔，普林斯顿大学毕业，在华尔街工作的法学学生。1928 年 22 岁的胡姬和 23 岁的比尔在贝洛斯瓜尔多举行了婚礼。

当然，高尔家肯定不是穷人。他们住在新罗谢尔郊区，在公园大道上有一栋公寓，夏天时去纽约市的普莱西德湖那里度假，玩玩匹诺克牌类游戏和网球。比尔在曼哈顿的精英学校三一学院读书，经常参加田径活动和戏剧表演，20 岁时获得普林斯顿大学历史学位，是普林斯顿大学 1925 年毕业生里年龄最小的毕业生。在哥伦比亚大学念法律的同时，比尔还在著名的塞利格曼公司[①]兼职，周薪 30 美元。准新娘胡姬信奉罗马天主教，父亲是民主党派前参议员，而准新郎比尔却是一名长老会信徒，是共和党派人士。

比尔的父亲威廉·布莱克利·高尔还是威廉·安德鲁斯·克拉克的会计，长期担任联合佛得铜矿公司和另外 20 家矿业公司的审计官。老高尔担任威廉·安德鲁斯·克拉克的会计期间，曾在 1920 年丹佛美国矿业大会上提交过一份意见书，分析如何才能使矿业大亨们逃过第一次世界大战带来的沉重赋税，但同样在这一年他们大发了一笔战争财。胡姬成为她父亲公司的继承人之一后，未来的公公现在就成了她的员工。

① 美国一家投资公司，曾参与杰·古尔德美国铁路建设工程和巴拿马运河建设工程的融资。

与胡姬的对话

1999 年 8 月的某一天，胡姬看到电视里土耳其大地震的新闻报道后，和我聊起了 1925 年的圣巴巴拉地震。加利福尼亚州发生地震那年，她正好 19 岁。

“1925 年圣巴巴拉发生大地震时，我刚好在那里……13 个人在地震中死亡……我们经常去的那家电影院坍塌了。你可以想象当时的可怕情景！如果不是因为地震是发生在早上六点，这拯救了很多人，否则（换作别的时间）后果不堪设想，肯定会有更多人丧生。”

“你当时在圣巴巴拉的贝洛斯瓜尔多别墅？”我问道。

“是的。这也是为什么我母亲后来又修建了另一栋房子，地震过后那栋房子变得不那么结实……你知道的，就那种摇摇晃晃随时会坍塌的样子。是的，当时的情景太可怕了。不过现在看来，那场地震与土耳其这场地震相比就是小巫见大巫了。”

1928 年胡姬披着婚纱。

…

胡姬曾在纽约参加过一场奢华讲究的婚礼，当然新娘不是她。1924 年 1 月，17 岁的胡姬给她的外甥女凯瑟琳·莫里斯·霍尔担任伴娘。1928 年胡姬再次给一个朋友艾米丽·哈尔·特里梅因担任伴娘。艾米丽·特里梅因是贾斯帕·约翰斯和安迪·沃霍尔的赞助人，收藏了他们很多作品。艾米丽感激胡姬为她打开了艺术的大门，让她领会到艺术的价值。在艾米丽的婚礼上，胡姬穿着一件粉红色塔夫绸裙子，戴着一顶朱丽叶女帽，手上捧着一束鲜花。

胡姬自己的婚礼是在圣巴巴拉克拉克家夏季别墅贝洛斯瓜尔多举行的。威廉·安德鲁斯夫妇 1923 年带着胡姬在加利福尼亚州度假时买下了这栋别墅。1925 年威廉·安德鲁斯去世数月后，这栋房子就因那年六月发生的地震变得松动不结实了，那场地震不仅冲垮了当地的水坝，还引起了火灾，圣巴巴拉商业区的许多地方都被摧毁了。地震过后，安娜开始计划修复和扩建这栋别墅，不过在那举行胡姬的婚礼还算没太大问题。

1928 年 8 月 18 日，威廉·高尔和胡姬·克拉克在天主教牧师的见证下结为夫妻。新娘身着白色婚纱，长长的裙摆拖曳在身后。圣巴巴拉报纸《新闻早报》拼命打探出零星半点的消息："今年夏天克拉克小姐和她的母亲自欧洲回来后一直待在圣巴巴拉夏季别墅贝洛斯瓜尔多，并且积极参加夏季社交活动……克拉克小姐的婚礼可能会比较低调。"

胡姬婚礼上的女傧相是克拉克家的私人医生赖尔的妻子，家族亲友以外的少数宾客之一。新郎比尔 23 岁，新娘胡姬 22 岁。蜜月旅行的婚车也已经准备好了。安娜买了一辆 1927 年产的灰绿色带银把手和黑皮顶盖的劳斯莱斯轿车，花费了 25 750 美元，大概是今天的 30 万美元。这辆代号"幻影 1 号"的轿车司机座位敞开在外，乘客在后座则可以享受沙龙般的惬意和安静。这对新婚夫妇在胡姬的家庭教师桑德拉夫人的陪同下离开旧金山前往夏威夷岛度蜜月前，克拉克家的司机沃尔特·阿姆斯特朗开着这辆劳斯莱斯幻影载着他们在美国西部地区游玩。

一名报社摄影师向胡姬和比尔夫妇俩搭话，请他们允许他拍几组照片，于是胡姬夫妇只好尴尬地摆着姿势。而后这名摄影师请求给胡姬拍些独照。她裹着蓬蓬的毛皮大衣，紧紧地抓着手提包，脖子上是她常戴着的珍珠项链，手腕上装饰着卡地亚高档钻石祖母绿手镯。她的表情非常不自在。

这张照片虽然不是胡娅最后一张照片，却是她最后一次出现在公众视野里，此后的80年里她一直过着隐居般的生活。

…

再次回到纽约的住宅后，这对新婚夫妇搬进了安娜的公寓第五大道907号，随身还带着一大堆新婚礼物，其中包括一块刻着胡娅的新称呼“H.C.G.”和他们结婚日期“8-18-1928”字样的15寸银质水果拼盘。他们还预订了大都会剧院的9号包厢观看下午场的音乐剧，塔德·斯台卡还为比尔画了一幅肖像画。

《纽约先驱报》写道：“没有哪对新婚夫妇的生活看起来比他们更幸福。”

然而九个月后，美国许多家报纸就捕捉到高尔夫妇分居两地的苗头。比尔搬回了公园大道和父母同住。关于这件事典型的报道标题是这样写的：“这位身价五千万美元的女继承人为什么抛弃了她周薪30美元的白马王子”。

有些报纸把矛头指向新郎。某个八卦专栏作家写道：“据知情人士透露，这段仅仅维系了九个月的婚姻经营失败，原因在年轻的新郎高尔身上。”其他人则认为胡娅对艺术感兴趣，可比尔更热衷于赚钱。胡娅的异母哥哥姐姐知道的版本则是胡娅反感婚姻中的亲密接触。威廉·D·曼加姆1939年撰写了关于威廉·安德鲁斯一家事迹的传记，尖刻地爆料克拉克家的事情，在这本书中他也同样提到：“胡娅拒绝和比尔圆房。”曼加姆的情报应该是来自于他以前的雇主兼法学院的好友，也就是胡娅住在洛杉矶的异母哥哥威尔·克拉克。

但是曼加姆说的可能就是真正的原因。70年后，照顾胡娅的护士哈达莎·佩里也曾问过这段短暂的婚姻。这个外国移民护士用磕磕巴巴的英语这样总结胡娅的回答：“这段婚姻并不长久。度蜜月时我就想回家了。”

雷诺修整[①]

为了正式离婚，胡姬乘坐私家车前往内华达州雷诺市。安娜和她一同前去。当时是 1930 年 5 月，离她举行婚礼时已经两年了，而此时胡姬夫妇早已分居一年多。出行前，胡姬还从一个巴黎画商手上买了一幅莫奈的画作《睡莲》。

在 20 世纪早期的美国离婚非常困难，尤其是在那些罗马天主教比较盛行的州，如纽约。在这些地方，解除婚姻关系的唯一合法理由就是夫妻一方出轨。有些州从这种严苛的规定中发现了新的商机：他们允许人们离婚，只要他们愿意在当地短暂居住。内华达州因允许赌博行为而出名前，且已经因同意离婚这一做法而为人熟知。1927 年，内华达州将居住期限放宽至 3 个月，从而巩固了它“大分水岭”的位置。1930 年前 3 万多对夫妇在内华达州“修整”了他们的婚姻。

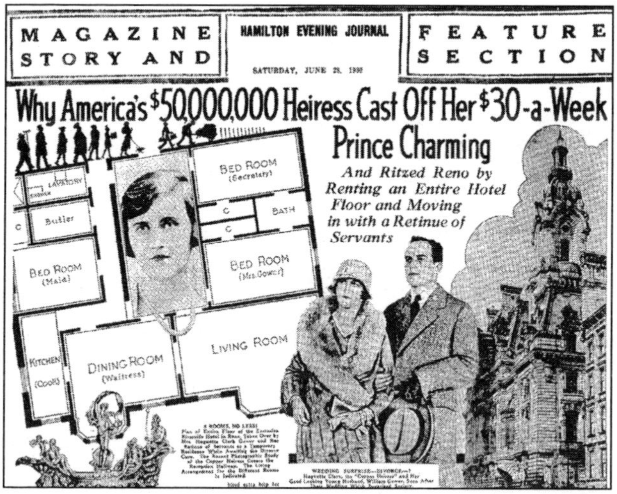

1930 年，众多报纸猜测胡姬和比尔前往雷诺市离婚的原因。这篇报道说胡姬这个女继承人喜欢艺术，但比尔这个金融职员更热衷于赚钱。图片显示的是胡姬和安娜在雷诺所居住酒店的平面分布图。

尽管胡姬和安娜在雷诺市居住的 3 个月期间一直深居简出，但她们注重

① 双关语，原标题为 RENO-VATED。英语里 renovate 为修整、革新之意，此处也指在 Reno（雷诺城）二人婚姻告破。

隐私的低调行为反而引起了很多人的注意。前来内华达离婚的夫妇们的富有程度经常让雷诺市民们惊讶得目瞪口呆，小科尼利厄斯·范德比尔特在雷诺只是勉强租了一间房间，但胡姬和安娜两人却带着六个随从包下了当地最时尚的河滨宾馆整层的房间。当地报纸言简意赅地用一个标题总结："激动的雷诺"。

1930 年 8 月 11 日，胡姬去了一趟法院就把离婚手续都办好了。比尔没有出席，因此法院离婚判决书上写的是男方自动弃权。

正式离婚后，胡姬和母亲安娜沿着过去蜜月之旅的路线再次从旧金山前往火奴鲁鲁开启她的"离婚蜜月"。

克拉克商业帝国的瓦解

威廉·安德鲁斯·克拉克的商业帝国没能代代传承下去，转交到子女手中没多久就分崩离析了。

镀金时代的其他商人通过控制主管高层和经理层的方式来经营自己的公司，建立了庞大的公司实体。然而，威廉·安德鲁斯没有选择这种经营模式，他的公司基本上是个人独资，所以公司事务也是他一人独裁。由于威廉·安德鲁斯一直事必躬亲，他没有培养出一个可靠的公司继承人。

1928 年 8 月，威廉·安德鲁斯去世 3 年后，他的继承者们就把克拉克在蒙大拿州的公司折合现金卖给了老对手阿纳康达公司，这家公司此前已经成功接管了戴利集团。没有了公司，克拉克一家除了威尔那栋湖畔别墅外与蒙大拿州几乎没有任何联系了。不过尽管如此，他们手中还是持有克拉克家族最大的资产，即位于亚利桑那州的联合佛得铜矿公司。

儿子们一般都是家族事业的继承人，但是威廉·安德鲁斯的两个儿子奢侈挥霍，沉溺于个人爱好。而且他们也不像他们的父亲那么好命能得享长寿。

威廉·安德鲁斯的大儿子查理·克拉克是联合佛得铜矿公司的主席，平时过着欧洲王子般奢侈的生活。他赌博酗酒又沉迷女色的毛病在资料上记得清清楚楚。查理在圣马蒂奥的私人住宅名为"厄尔巴罗马"，他在这栋宅子里甚至修建了私人的赛马跑道。此外，他还拥有史上最长的轨道车（后来这辆车卖给了霍华德·休斯[①]）。查理·克拉克前后有过三段婚姻，似乎从未参与过任何慈善事业。1933 年 4 月，查理·克拉克在纽约死于肺炎，享年 61 岁。他一生浑浑噩噩，头脑从没有清醒过，辜负了父亲的期望。

查理·克拉克的弟弟更倾向于追求学术方面的成就。威尔·克拉克毕业于弗吉尼亚大学法学专业，靠着父亲的资助在蒙大拿州经营小型产业，同时兼任联合佛得铜矿公司的副董事长。1907 年在洛杉矶定居后，威尔·克拉克建造了一个珍珠匣状的意大利文艺复兴式图书馆，里面的铜制书架上收藏着很多珍贵书籍。他的主要研究方向是 17 世纪和 18 世纪的英国文学，收藏有可能是全世界质量最为上乘的奥斯卡·王尔德作品。威尔·克拉克酷爱音乐，擅长拉小提琴，1919 年，他设立了洛杉矶管弦乐交响乐团，乐团运营的头八年都是威尔在资助。他还是好莱坞圆形露天剧场建造的主要捐赠人。

1934 年 6 月，威尔·克拉克突发心脏病，死于蒙大拿州的莫维兹住宅，享年 57 岁。在洛杉矶举行的葬礼上，一位莎士比亚剧男演员再次朗诵了他的父亲生前最喜欢的诗《死亡随想》。他的坟墓坐落于好莱坞纪念墓园中一个湖心岛上，这里是洛杉矶最豪华的私人陵寝，威尔·克拉克长眠于此。

威尔·克拉克去世后，他以前的大学朋友兼雇员威廉·曼加姆出版了一部爆料性质的传记抹黑威尔·克拉克的名誉。这本传记将威尔·克拉克描黑成一个酗酒成性、放荡不羁、肆无忌惮地追逐年轻男子的同性恋。这样劲爆的消息在当时社会远比今天来得更加令人震惊，但事实真相如何，迄今为止还没有定论。曼加姆还写了很多猜测之词，后来都被证实是假的。但我们现在能读到的只有威廉·曼加姆的一面之词，因为威尔·克拉克的很多手稿在他死后就被焚毁了。

威尔·克拉克的慷慨似乎更为人所知。在遗嘱中，威尔·克拉克将自己的私人住宅和图书馆都捐赠给了公共机构，也就是后来位于洛杉矶的加利福

① 霍华德·休斯（Howard Robard Hughes，Jr.，1905-1976），是美国当代历史上最富传奇色彩的亿万富翁。

尼亚大学。他先后给内华达大学和弗吉尼亚大学捐赠了两栋大楼分别纪念他的两任妻子。威尔·克拉克在他设立的管弦乐交响乐团里放置了一尊贝多芬的雕像——克拉克家人的风格。他说不喜欢给自己弄一尊雕像。今天这尊贝多芬雕像早已被孤零零地扔到流浪汉聚集的潘兴广场上一个偏僻角落。

威尔·克拉克没有给自己的亲戚留下多少遗产，他大部分的遗产都给了管家 17 岁的儿子。乔治·帕尔的母亲是个巴斯克移民，且遭丈夫抛弃。乔治八九岁的时候遇见了威尔·克拉克，后者同意供他上学。他们周末会聚在一起，夏天的时候乔治·帕尔会在威尔·克拉克在蒙大拿的住所里住上几周。1932 年儿子去世后，威尔·克拉克想领养小乔治，开始劝说乔治·帕尔的母亲同意这件事。他在给乔治的信中开始署名为“你的父亲”和“父亲克拉克”，并且亲昵地唤乔治·帕尔为“宝贝儿子”和“潘兴将军”（拯救了法国的潘兴将军，克拉克一家非常爱戴）。威尔信中对小乔治表现出来的父爱令人动容。乔治解释说：“克拉克先生告诉我，我的出现缓解了克拉克先生的丧子之痛，填补了他内心的空洞。”从威尔·克拉克手上继承了大笔遗产后，乔治·帕尔迎娶了洛杉矶管弦乐交响乐团的一名长号手的女儿并且给自己的头生子取名为克拉克。

联合佛得铜矿公司的经理、威尔·克拉克的独生子是克拉克家族事业的最佳继承人选。威廉·安德鲁斯·克拉克三世，大家一般称呼他为“比利”，他的家人则爱叫他“特尔蒂乌斯”（拉丁语中第三的意思）。1932 年 5 月威廉·安德鲁斯·克拉克三世在和杰克·林奇（曾效力过查尔斯·林德伯格飞行表演）一起进行飞行训练时坠机而亡。当时谁在操控飞机不得而知，他们当时正遮住挡风玻璃进行盲飞训练，效仿查尔斯·林德伯格 1927 年用油箱挡住视线从纽约飞往巴黎的壮举。飞机坠落在离联合佛得铜矿公司不远的亚利桑那州克列孟梭。特尔蒂乌斯年轻的妻子亲眼看到飞机坠落。

克拉克家族的男丁接连夭折，威廉·安德鲁斯的女儿们不得不接手她们父亲的商业帝国，但她们对商业没有太大兴趣。凯瑟琳 1933 年就去世了，梅的丈夫和孩子都没有从商经验，胡姬那时也只是个二十来岁的年轻姑娘。

尽管 1935 年大萧条时期的铜矿价格跌至历史最低，胡姬和梅还是把联合佛得铜矿公司卖了。这是威廉·安德鲁斯·克拉克的最后一个矿业产业，他生前曾给矿区的员工们提供了完善的医疗保健服务和可观的薪水，最后却被卖给了因反工会而臭名昭著的菲尔普斯·道奇公司。

威廉·安德鲁斯·克拉克的商业帝国已经土崩瓦解，他的名字也渐渐淹没在历史的洪流中。他的孙子威廉·安德鲁斯·克拉克三世在克拉克戴尔模范矿区附近有一栋住宅，80 年来一直荒废着。后来有一部关于妓院幽魂的低成本电影就是在这里取景拍摄的，2010 年这幢宅子在一场大火中化为灰烬。

…

在蒙大拿州，人们对于如何看待威廉·安德鲁斯·克拉克的遗产依然意见不一。

首先，矿业是这个城市最值得骄傲的历史遗产。比尤特镇矿山上依然耸立着 14 根钢铁井架。这些井架主要用于支撑 10 吨的电缆线，以升降矿井作业中的矿工、电力牵引机和钻机设备。矿工们诙谐地称之为“绞刑架”，以黑色幽默的方式暗指矿工在极其危险的环境下劳动。但就像是巴黎的埃菲尔铁塔，这些井架也是比尤特镇的象征。

比尤特今天仍然在为过去的采矿行为买单。克拉克·福克河今天依然是美国有毒废物清除基金投入最高的环境灾害地区。克拉克·福克河全长 479 英里，河流尽头是庞多雷河，威廉·安德鲁斯·克拉克曾在信件中这样夸赞这里的景色：“造化钟神秀”。这里也是比尤特矿山附近银弓河的起源地。水流和风力将比尤特镇和阿纳康达镇矿山上和熔炉里的铜、砷、镉、镍、铅等物质运送到下游 100 多英里外，毒死了河流中的鱼类，污染人类饮用水。这处流域的整治已进行了 30 多年，耗资近十亿美元。现在人们还能在河边发现蓝绿色沉淀物。

有些当地人觉得马库斯·戴利和他的阿纳康达铜矿公司应该负更多的责任，因为他的铜矿公司经营时间更久，留下的教训更让人警醒。“堆栈”是一个由砖石砌成的巨大烟囱，建于 1919 年，现在依然矗立在比尤特镇北面阿纳康达地区。这处遗址近六十层楼高，体积庞大可轻易装下华盛顿纪念碑。今天堆栈是阿纳康达烟栈州立公园中的主要景点，但因含有太多有毒物质故不允许游客靠近。

1955 年，马库斯·戴利的继任者将比尤特镇的几处居民区改造成了伯克利矿井。1973 年威廉·安德鲁斯捐赠的哥伦比亚公园在一场可疑的大火中被彻底焚毁后，伯克利矿井迫不及待地占领了这座威廉·安德鲁斯和当地居民曾经非常喜爱的公园。新矿主大西洋富田公司迫于外部竞争压力于 1982 年关闭了这座铜矿，但伯克利矿井还在那儿，井中的硫酸、砷、铅等物质慢慢地污染了附近的水源。现在这里变成了一个巨大的湖泊，是美国有毒废物堆场重点清理对象，同时也是一处重要的旅游景点。成百上千的迁徙雪雁因在伯克利井落脚而被毒死，所以人们不得不定时播放录好的枪声来驱散这些鸟类。

威廉·安德鲁斯的冶炼厂矗立着世界上最高的烟囱，砷颗粒不断地从他的“烟城”向四周弥漫。1910 年他移居纽约后，把他在蒙大拿的大部分矿业集团卖给了标准石油公司。这对他的名声影响更坏。

蒙大拿州立大学历史系教授基思·埃杰顿正在研究一部威廉·安德鲁斯的传记。他表示：“在这里人们对克拉克的情绪不断累积：他在 19 世纪后期自由放任的社会大环境下利用这里的自然资源赚得巨额财富，然后利用他的财富和权势让政坛蒙羞，压榨工人为自己谋得暴利，将他造成的一堆环境问题抛之脑后，揣着成百上千万美元的巨额财富移居其他城市，为极少数的团体谋利。从某种意义上说，蒙大拿州并没有真正从这些历史遗留问题中恢复过来。”

克拉克本人从未承认他意识到民众对他的怨恨。他认为自己是“勇敢的开拓者，来到这里，在这里奋斗，让娇艳的玫瑰在这片荒野中绽放，开凿这些雄伟的山脉，挖掘出深埋的财富”。

两个教女：莱昂蒂娜和安

大女儿安德莉不在人世，小女儿胡姬沉迷绘画，安娜只能亲近两个教女，这两个女孩每逢周末都会来克拉克宅邸陪她吃午饭，听室内音乐会。

第一个教女莱昂蒂娜·赖尔也经常被人唤作“蒂娜”。莱昂蒂娜生于 1926 年，比胡姬小 20 岁，她的父亲威廉·赖尔是克拉克家的私人医生，安德莉和威廉·安德鲁斯病逝时都是他在帮忙照料。

第二个教女安·埃利斯生于 1928 年，她的父亲乔治·埃利斯是克拉克—卡尔—埃利斯法律公司的律师，这家公司多年来一直为克拉克公司效力。

安娜通常每次邀请一个教女来克拉克宅邸共进周末午餐或者听室内音乐演奏会。莱昂蒂娜和安每次赴约时都会穿上漂亮的礼服和亮闪闪的黑漆皮鞋，在克拉克宅邸欣赏雷诺阿等艺术家的作品，消磨掉一个下午。两个教女称呼安娜为“拉尼”（安娜告诉她们这个词是夏威夷语中“教母”的意思。）

她们坐在宽敞的饭厅用餐，银质卡片架上标着她们每个人应坐的位置。水从蒂芙尼水壶倒入水晶杯，面包放置在一个双头银质驳船形状且底部刻着克拉克家族印章（狮子、锚和哥特式的字母 C）的餐具里。

两个教女说，她们都很喜爱她们的教母安娜。她会温柔地纠正她们的礼仪，注意她们使用银质奶油刀的方式，严禁她们边嚼食物边喝饮料，说喝饮料时只能啜饮不能猛灌。

当然，安娜邀请她们用餐并不仅仅是为了纠正她们的礼仪。随着岁月的流逝，安娜想要了解她们生活中的点点滴滴：学校、男生、第一次舞会亮相、约会以及婚姻。莱昂蒂娜首次亮相时，安娜送给她一块卡地亚金表，莱昂蒂娜结婚时，安娜又派自己的助手阿黛尔·玛丽（人们通常称呼她为“密茜”）去波道夫·古德曼服装店帮她买婚纱。“教母对我非常关心，而且令人难以置信地慷慨，”莱昂蒂娜说道，“她的慷慨也不会让人觉得有所企图。”

她回忆说，“我记得很清楚，有一天我伤心地快哭了。我想要妈妈给我买一只小狗，那时只有十三四岁的我还把这件事在教母面前大大地夸张了一番。3 天后一只黑色的迷你狮子犬被送到了我家，而且还强调不准退还。我们给这只狗起名为‘巴里’，与‘巴黎’发音相似。”

在两位教女印象中安娜是一个优雅出色、充满法国情调、穿着讲究、身材窈窕、机敏聪慧的女人，一点都不像那种举止粗野的暴发户。她们从不谈论比尤特或者杰罗姆县，也不会闲聊比尤特煤矿或政治丑闻。她们也不聊安娜的故乡，从不提及卡鲁梅或魁北克。她带着浓浓法式口音的英语听起来异常有巴黎情调。“我一直觉得，”莱昂蒂娜说道，“教母就是一个法国人”。

两个教女记得胡姬在安娜的陪同下来参加她们举办的小聚会，但羞涩内敛的她只有一次留下来和她们共进午餐。安记得胡姬给她送过礼物，只是她不是很喜欢那礼物：“是那种很中规中矩的洋娃娃。”这些玩偶不是胡姬的，而是她妈妈小时候的玩伴。她们也不太理解胡姬的画作或其他艺术品。“她就像是穿梭在房子里的流浪者，”安说，“像一道缥渺的光束一样来无影去无踪”。

…

安娜一旦认定了某个人是朋友，那么这份友情将永远不变。胡姬也继承了她妈妈的这种个性。安娜经常会打电话给莱昂蒂娜的妈妈——克拉克家前任家庭医生的遗孀，并且多年来一直接济着她们家。安娜去世后，胡姬不但继续每年接济她们，甚至数额还有所增加。

两个教女都是在美国制定通过了第 19 条修正案允许女性拥有选举权后的十年内出生的，因此她们很幸运地抓住了新的机遇。安·埃利斯结婚生育了四个孩子后，又回到学校攻读了博士学位，最后成为了哈佛大学医学院精神病学专业的讲师，同时兼任波士顿大学的教授。莱昂蒂娜·赖尔·哈罗尔成为了康涅狄格州议员普雷斯科特·布什（他的儿子和孙子后来都担任了美国总统）的助手。她在共和党国民委员会里供职，并帮助威廉·安德鲁斯同时代的约翰·D·洛克菲勒的孙子奈尔逊·洛克菲勒参与纽约州长的竞选。

安娜在位于 72 大街和中央公园附近的第五大道 907 号豪华公寓里举行了许多场午后音乐会。最后胡姬在这里的地产多达 15 000 平方英尺。

胡姬和安娜的政治活动似乎只有 1940 年支持过共和党总统候选人温德尔·威尔基，他呼吁美国加入第二次世界大战，以阻止德国在欧洲的进攻。这项政策赢得了亲法派克拉克一家的支持，为了威尔基，她们每人给民主党赞助了 5 000 美元，成为了纽约市最大的赞助者，但前议员克拉克的妻女安娜和胡姬最终还是没有登记为选民，也没有投出自己的选票。

只是现在回想起来，两个教女才发现安娜和她们的关系其实透着一丝古怪。“这似乎很奇怪，”莱昂蒂娜说道，“安娜会对一个小姑娘这么关注。好笑的是，我似乎扮演了一个代理女儿的角色，满足了安娜的精神需求。这个真相有点让人悲伤。”

这两个女孩是克拉克家私人医生和代理律师的女儿，家世虽好，但和克拉克一家还是不属于同一个社会等级的。就像安的父亲解释的那样，他只是个为有钱人家提供法律服务的仆人罢了。但安娜似乎一点都不在乎这种地位差距。不过莱昂蒂娜觉得安娜把自己的社交活动局限于家庭医生、私人律师等克拉克家的员工这个圈子里似乎有点奇怪。安娜通过音乐和艺术交流也结识了几个朋友，但似乎只有在和自己的雇员们来往时她才会觉得比较自在。这一方面说明她没有很强的地位等级观念，另一方面也显示她只喜欢在自己能掌控的情形下和人来往。

说完这句话后，莱昂蒂娜打住了自己的回忆，说道：“这太复杂了。你永远没法知道别人心里真正在想什么。”

员工

1940 年，第五大道 907 号克拉克宅邸有 10 个仆人在照顾两位主人。嗯，事实上，应该是三个人，因为安娜的姑姑波琳·德·罗贝尔搬进了公寓和她们一起住。有几个仆人住在胡姬和安娜所在的两套公寓中，但大多数仆人都是住在房顶的小房间里。以下是人口普查时关于克拉克宅邸 13 个常住人口的出生地和教育程度等相关信息的记录。注意下这张名单上的仆人都是哪国人，留意看哪个国家不在这个名单上。

主人：

安娜·E·克拉克，62岁，寡居，来自密歇根州，上了一年高中。

胡姬·克拉克，33岁，离婚，法国国籍，上了四年高中。

波琳·德·罗贝尔，65岁，寡居，比利时国籍，上到八年级。

仆人：

海伦·艾夫斯，贴身女仆，52岁，单身，英国人，年薪1 500美元，上到八年级。

希尔达·卡尔森，贴身女仆，48岁，单身，瑞典人，年薪1 080美元，上到八年级。

茜拉·戈尔登，厨师，40岁，寡居，瑞典人，年薪1 080美元，上过两年高中。

詹姆斯·史密斯，管家，38岁，寡居，美国纽约人，年薪1 010美元，上到八年级。

安娜·弗莱特，侍女，36岁，单身，爱尔兰/戈尔韦人，年薪1 008美元，上了一年高中。

约瑟夫·琼斯，司机，42岁，单身，美国纽约人，年薪980美元，上到八年级。

玛格丽特·杜菲，客厅女侍，39岁，单身，北爱尔兰人，年薪960美元，上到八年级。

保·豪格，厨师，57岁，单身，挪威人，年薪900美元，上到八年级。

哥比尔德·博科，厨师助理，34岁，寡居，瑞典人，年薪840美元，上了一年高中。

安娜·埃里克森，室内女仆，27岁，单身，芬兰人，年薪840美元，上到八年级。

这个单子上没有哪个国家的仆人？答案是法国。因为克拉克一家精通法语，法语口语和写作都很流利，可以应付日常书信往来。

克拉克宅邸支付给仆人的薪水比大厦内其他家庭的稍微高一点。1940 年 1 000 美元的年薪相当于现在的 16 400 美元，食宿费用不包含在内。克拉克一家楼下的邻居和朋友、威廉·安德鲁斯的老对头马库斯·戴利的遗孀玛格丽特·普赖斯·戴利只能勉强雇用 5 个仆人。

塞尚夫人

人们可能会猜测克拉克第二任妻子、比他小很多的安娜和威廉·安德鲁斯第一次婚姻的孩子联系较少。事实上，在家族里一些寓所里，人们会用“淘金者”和“女冒险家”来形容这对夫妇，相当多的克拉克家人谈起安娜都充满感情，说她是一位活泼热情的女主人，能在鸡尾酒会上给人们提供很多乐趣，还带有一丝尖酸的幽默。然而即使是最亲近的亲属，从来没有人和安娜的女儿胡姬有过联系。

在两次世界大战期间，安娜常常邀请继子查理·克拉克的孩子来第五大道 907 号 8W 公寓参加下午音乐会。她很喜欢弹竖琴，会和查理的三个女儿玛丽、艾格尼丝和帕特赛八卦一下音乐和音乐家们。这些侄女们和胡姬年纪相仿，虽然“继姑侄”这种词汇在这家里没有人用过。她们都在加利福尼亚州长大，曾和胡姬在斯宾塞小姐的寄宿学校度过了一段时间，并参加过皮埃尔家的少女社交派对。后来胡姬说她非常喜欢艾格尼丝和她的姐妹们，母亲也坚持邀请这些侄女们暑期来圣巴巴拉小住，这样女孩子们能一直保持联系。

然而，下一辈的人很少联系他们的小阿姨胡姬。帕特赛的儿子杰瑞·格雷回忆说在 20 世纪 40 年代早期，有一次他们一行人坐在海滩豪宅贝洛斯瓜尔多旁边的沙滩或者矮椅上。当时他大约 9 岁而胡姬已经 30 来岁了。安娜很活跃地参与了大家的谈话，而胡姬则默默地盯着他，一言不发。后来杰瑞的父亲说：“她从来就没长大过。”然后杰瑞的母亲说：“她只能和玩偶们玩耍，这太可悲了。”

胡姬对于玩偶的喜爱确实不同寻常。一张留存下来的照片记录了克拉克家族在饭店聚会的场景，其中也包括安娜和胡姬，胡姬看起来大约 16 岁，所以推测这张照片应该摄于 1922 年左右。我们能从刘海形状分辨出安娜，她用戴着白色手套的手托着下巴。胡姬的侄女也在场，她戴着一朵胸花。照片里三位男士都系着黑色的领带。胡姬挨着一位男士坐在右侧，她穿着一件礼服，戴着珍珠项链，眼睛一动不动盯着远处。胡姬抓着一只玩偶，玩偶的头发梳得整整齐齐，还穿着自己的小礼服。

家族里的人开始说胡姬“行动迟缓”或者“情感上不成熟”。他们说要不就是怀上胡姬的时候，父亲年事太高，要不就是因为姐姐的死或者短暂婚姻给她造成毁灭性的影响。家族里的孩子们听说了这些故事，逐渐认为这是事实，很少有人会去探寻其他的信息。他们不了解胡姬的生活，也不了解她的画。下一辈中有些人甚至不知道胡姬曾有过一个姐姐。

但胡姬很了解这些亲人。她知道他们子孙的名字。每一次看到照片上某位亲属看起来身体状况恶化，她都会表示关心。

2002 年，她的侄女，曾经跟她一起去过斯宾塞小姐寄宿学校的艾格尼丝·克拉克·阿尔伯特去世后，胡姬给艾格尼丝的儿子寄去了一张手写卡片：

亲爱的保罗：你写给我的关于你亲爱的母亲的来信深深打动了我。你的母亲非常出色，拥有非凡的音乐才华。我非常钦佩和喜爱她。你有理由为她感到自豪。亲爱的保罗，谨此我献上最深切的慰问和诚挚的爱。

胡姬姑姑

虽然亲属们注意到了胡姬些许和善的行为，但这改变不了家族对她的印象。查理的另一个孙女杰奎琳·贝延斯·柯乐特见到胡姬的时候大概 10 岁，1952 年的一天他们在贝洛斯瓜尔多喝下午茶，胡姬和安娜非常兴奋能和这些旅居法国的亲属们在一起。“胡姬阿姨非常害羞，”杰奎琳回忆说，“她母亲一直在说话。”然而，尽管没人提醒她，胡姬还给杰奎琳和她的表姐妹们准备了小型相机当作见面礼。

在这数十年里，大部分时候胡姬和亲人们保持了距离。每逢新年胡姬会列出名单，给友人们送花——通常是杜鹃或者三叶喇叭花，但亲人们都不在名单内。圣诞节或者复活节的时候她会给一些亲人打电话。偶尔亲人邀请她外出游玩，她会用同一个理由推脱，而这也常常成为家族里流传的笑话。因为她每次都会用法语回复说：Je suis enrhumée（我有点感冒了）。

…

胡姬的侄女艾格尼丝很详细地叙述了去第五大道 907 号参加家庭聚会的情况，是由艾格尼丝的女儿卡琳转述的这一场景。这次聚会展现了名贵的油画和罕见的乐器，还有胡姬和母亲的家庭动态。一个下午母女俩出去购物，安娜成功地让女儿花更多时间陪伴在自己身边，同时还创办了 20 世纪著名的室内乐团之一。

安娜痴迷于室内音乐，对于她这样一个只受过八年教育的人来说这确实是一个非比寻常的嗜好。她是纽约圣乐团的成员，在合唱团里担任女低音。安娜致力于学习竖琴，每天下午从 4 点整开始，会在第五大道的公寓里上竖琴课，师从马塞尔 · 葛兰第亚尼①。葛兰第亚尼是一位很有影响力的作曲家，教授竖琴这种较难学习、人们知之甚少的乐器，他或许是史上排名第三的竖琴演奏家，仅排在金 · 大卫及哈勃 · 马克斯之后。葛兰第亚尼为赞助人安娜写了许多作品，后来又为胡姬作曲，其中包括一套“La Belle au Bois Dormant”（法语“睡美人”）组曲。

多年以来，任何事情都不能阻止安娜外出听室内音乐会——她不参加社交，也不爱抛头露面，出门只为听一场海顿②、勃拉姆斯③和德彪西④。有位音

① 马塞尔·葛兰第亚尼（Marcel Grandjany，1891—1975），美国竖琴协会会员，法裔竖琴家及作曲家。

② 海顿（Franz Joseph Haydn，1732—1809），奥地利音乐家，维也纳古典乐派的奠基人。

③ 勃拉姆斯（Johannes Brahms，1833—1897），浪漫主义時期德国作曲家、钢琴家、乐队指挥，也是德国近代最重要的浪漫派音乐家之一。

④ 德彪西（Achille-Claude Debussy，1862—1918），19 世纪末、20 世纪初欧洲音乐界颇具影响的作曲家、革新家，同时也是近代“印象主义”音乐的鼻祖。

乐家回忆说，有一次安娜去纽约市政厅听下午三点的日场音乐会，接着在椅子上坐着等待五点半的日暮音乐会，之后又回来观看晚上八点半的演奏会。

然而，安娜 60 岁以后，听力慢慢变弱。她使用了最新式的助听器，拿着一个电盒子来接收声音，电线安在耳旁。她开始在家里欣赏音乐，邀请音乐家们来第五大道 907 号公寓演奏。胡娅有时候会走下楼，到母亲的公寓里分享音乐，但她很少说话。

小提琴手亨利・特米安卡① 在一场下午音乐会上见过胡娅，他回忆了这一次相遇。胡娅"奇怪地往后退了几步，每次有人找她谈话总是很奇怪地试图离开"。音乐家们在安娜公寓最大的房间里聊天，胡娅往后缩，亨利只能往前挪，这样才能说上话，"她一直迈着碎步往后走，最终让她和谈话的对方站在了房间的两端。"

1945 年 12 月的某个下午，第二次世界大战刚结束的时候，安娜邀请了一些客人来第五大道 907 号公寓参加她的家庭音乐会。当天下午的活动和往常不一样，因为安娜找到了一个巧妙的、一箭双雕的办法来解决两个问题。

第一个问题与塞尚夫人有关。

"你们看见了塞尚给夫人画的画像吗？"安娜对客人们说，"我女儿胡娅不喜欢到这里来，因为她很讨厌这幅画。"

早年安娜从一个巴黎古董交易商手里买下了《穿红裙的塞尚夫人》，这是塞尚为其长期以来的情妇（最后成为他的妻子）所作的画像。显然塞尚并不太了解女人，他的妻子也不太关心丈夫给她画的像。人们能从画里看出端倪。画家把塞尚夫人描绘成一个很奇怪的物体，双手变形，眼神里透露出疑惑和不安。而且，夫人的感情看起来有些脆弱，和著名的《戴着绿色帽子的女人》里表达的气愤情绪以及《披着头发的塞尚夫人》表现出来的怪异气氛不太一样。然而，卡琳说塞尚夫人的表情让胡娅觉得不安，于是她往往不顾母亲的要求，很少出现在安娜的公寓里。

① 亨利・特米安卡（Henri Temianka，1906-1992），小提琴演奏家、指挥家和作曲家。

第二个问题是如何为一个新的弦乐四重奏配备合适的乐器。

长期以来，安娜和胡姬赞助了许多音乐家，其中包括广受好评的巴黎卢温谷弦乐四重奏，胡姬曾寄去一张支票供他们购买由知名的阿玛蒂家族[①]制作的四件乐器。克拉克家族乐于赞助的消息不胫而走，在公寓里能听到音乐家的演奏也不足为奇。

画像里古板的塞尚夫人让胡姬觉得不悦，安娜巧妙地利用了这一幅画。

有人给安娜介绍了一位需要四重奏的大提琴手，她原本以为这位提琴手已经不在人世。罗伯特·马斯因布鲁塞尔专业艺术四重奏而闻名于世，安娜一直追寻着他的作品。有报导称马斯于 1940 年德军入侵比利时不久后遇害，但事实上他只是受了伤。马斯被德军困在祖国无法逃脱，纳粹逼迫他和其他德国音乐家组成新的四重奏团，马斯拒绝了这一要求。在战争年代，他只能在布鲁塞尔的餐馆里靠演奏为生，而其他专业艺术团的同僚逃到了威斯康星州。

① 阿玛蒂（Amati）是意大利克雷莫纳地方的一个提琴制作者的家族，现在存世的价值连城被誉为国宝级的小提琴及中、大提琴中有许多出自这个家族之手。

马斯演奏的大提琴曲雄浑有力，演奏时硕大的光头前倾，身体弯曲“深陷到琴弦里以弹出独特的颤音和音域，”同行的演奏家评论道，“虽然他的表演极引人注目和狂热，但是他的演奏还是深受保守又完美无瑕的古典品味影响。”

1945 年那天下午，德国和日本法西斯已经投降，马斯身处纽约，在安娜的客厅里弹奏着巴赫奏鸣曲。安娜对他的喜爱之情与日俱增，于是他也成了这里的常客。在安娜家 1940 年斯坦威大钢琴旁，胡姬的侄女艾格尼丝常常陪伴着他。

“罗伯特，”安娜对马斯说，“你必须重新组织一个四重奏。”如果他有志于此，安娜会给他提供资金支持。但是什么样的乐器才能用在这个四重奏里，而且配得上这些演奏者的水准和这个赞助人的名望呢？

马斯告诉安娜他在纽约一个稀有乐器交易商埃米尔·赫尔曼的工作室里见过四把精妙绝伦的琴。这些琴全是 1680 年到 1736 年期间由安东尼奥·斯特拉迪瓦里在意大利克雷莫纳制造，后来为 19 世纪意大利小提琴家和作曲家帕格尼尼所有。之后这四把琴分给了帕格尼尼继承人和私生子。赫尔曼把这套琴重新收集在一起，要求买家必须买下全套才肯出售。但是谁又能一次性买下四把斯特拉迪瓦里琴呢？

安娜立刻把塞尚夫人的画像从墙上取下来，然后打电话给司机。几小时后，安娜回到家，发现罗伯特·马斯和艾格尼丝·阿尔伯特还在弹奏奏鸣曲。安娜告诉他们她去了 57 街和麦迪逊大道，到科尔德勒公司（克拉克家人和他们那个社会阶层的人常常去的一家画廊）卖掉了这幅塞尚的作品。我们不清楚她卖了多少钱，但是足够她的第二项使命了。于是她又去了西 57 街挨着卡内基大厅的埃米尔·赫尔曼阁楼工作室，花去 20 万美元买下了四把琴。

安娜和司机一起把这些琴盒搬到车里——每把都有 300 年的历史，雕刻精美的琴身枫背上涂着厚厚的橙色漆，其中两把小提琴在斯特拉迪瓦里琴中也非常罕见，而且给马斯的大提琴上还刻着安东尼奥·斯特拉迪瓦里手写的拉丁文：“93 岁所造。”这些琴是世间最精美的乐器，安娜眨眼之间用卖了塞尚的钱买下了全部。

安娜说：“罗伯特，现在你有极好的斯特拉迪瓦里的琴用了。去组一个弦乐四重奏吧。”

帕格尼尼四重奏由此诞生，后来他们为 RCA 维克多公司录音，在国会图书馆连续举行了六场贝多芬四重奏曲，在世界各地的音乐厅进行了多场公开演奏会。

安娜不仅组建了一个世界级的四重奏乐团，也移除了一个阻挡女儿下楼来玩的障碍。

其实，克拉克家还藏有一幅塞尚的画作。

有时候即使是胡姬最亲近的侄女也很难靠近她。20 世纪 50 年代中期，某一天，艾格尼丝带着孩子来拜访胡姬，但是胡姬说她有些感冒。艾格尼丝吃了闭门羹还不甘心，只能通过门卫告诉胡姬说，她会站在街道上跟胡姬挥挥手。于是她带着孩子们在第五大道旁边的人行道上，对着 12 层楼的窗户挥手。艾格尼丝都看不清胡姬是不是也对她挥手致意了。

16 场初次约会

胡姬离婚后重新使用了自己少女时期的名字，但是保留了“夫人”的称谓，似乎意在表明自己不想再嫁。接下来的日子，员工们都叫她克拉克夫人或者克拉克女士，这是法国人对那些年纪大的未婚女性的称呼。

1931 年有报纸刊载（显然是谬传）胡姬将要和爱尔兰贵族、第七代伦斯特公爵爱德华·菲茨杰拉德共结连理。这位公爵痴迷赌博，游手好闲，后来他在法庭上宣称自己已经破产，来到美国“想要和一个富人结婚”。最后他身无分文，自杀离世。

毫无疑问，胡姬没有经历过这段婚姻。安娜曾经试图给女儿再觅夫婿，甚至到胡姬 40 岁的时候也曾想过，但对方只能是她们这个精心挑选的朋友圈甚至是亲友圈里的人。胡姬被安排和一个年轻男人约会，而他们这 16 次计划内的相亲也成了一系列滑稽故事。

安娜的姐姐阿米莉娅与纽约郊区维斯彻斯特县的珠宝商 T. 达灵顿·森普

尔结婚。这是阿米莉娅第三次涉足婚姻，对方是第二次。森普尔之前有一个儿子——小 T. 达灵顿（大家都叫他达里），第二次世界大战时期他在美国陆军航空队服役。达里毕业于哈佛大学，之后在亚拉巴马州学习法律。他比胡姬小了 20 岁。他是克拉克家人的亲戚，但和胡姬没有任何血缘关系。

60 年后在亚拉巴马州蒙哥马利的疗养院里，达里描述了当时安娜和阿米莉娅合谋撮合他和胡姬约会的情景。他说克拉克家的人都很和善、大方，据他的观察，她们花钱如流水。至于胡姬这个人，达里说："她和家人说的一样，比较害羞、内向、不喜欢人群。但是她很聪明。"胡姬穿着日本印花风格的曳地夏裙也挺有魅力。他乐意和胡姬约会，但是总有突发情况。

"我们能约会 16 次，这是相亲比较合适的安排，"达里说道，"每次她都会说头发不太对，或者是有其他事情，又或者找到其他借口。每次她都不能赴约。整整 16 次，每次约会都在最后时刻取消。"

不久后，达里与另外一个女人结婚，之后又有了孩子和孙子。2010 年，胡姬在医院里度过了 104 岁生日，达里・森普尔饱受帕金森病的折磨，他们都在经历生命里最后的日子。但达里仍然很幽默，调侃说："如果我现在见到她，我会说，来，让我看看你头发做好了没有。"

他一直不知道胡姬当时已经交了男友。

第 7 章

Empty Mansions
The Mysterious Life of HUGUETTE CLARK and the Spending of a Great American Fortune

第五大道 907 号（2）

半生挚爱

胡姬一生中最浪漫的爱情发生在诺曼底的海滩上。第一次世界大战前一个夏天，克拉克家去特鲁维尔远足，和一个叫维尔蒙特的家族成为了好友。这个家族从祖父到父母亲都是画家，和喜欢收集艺术品的克拉克家人有许多共同话题。维尔蒙特家对自己的罗马天主教传统非常自豪，他们是法国贵族后裔，但自从法国大革命后家族资产较少。他们家有一个只比胡姬大两岁的儿子。

艾蒂安·阿拉尔·德·维尔蒙特被人叫做艾蒂安（法语发音为 AY—ty—in），即“史蒂芬”在法语中的叫法。虽然艾蒂安和胡姬自学龄起就一同玩耍，但直到艾蒂安 20 世纪 30 年代来到美国后这份友谊才牢固下来。从 1935 年到 1944 年，纽约和洛杉矶的社交专栏里常提到德·维尔蒙特侯爵。他出席好莱坞皇家贵族埃罗尔·弗林[①]和波拉·尼格丽[②]举行的派对，并与真正的王室俄罗斯王子、英国伯爵夫人和印度大君往来。他是安娜和胡姬·克拉克社交晚宴和

① 埃罗尔·福林（Errol Flynn，1909—1959），美国演员。曾当过海员、拳击运动员。从 1933 年起在英国从事戏剧表演，1935 年从影。主演了影片《布拉德船长》（1935）后名声大振。

② 波拉·尼格丽（Pola Negri，1894—1987），出生于波兰，曾在俄罗斯学习芭蕾，1913 年在华沙登台，次年登上波兰银幕，1917 年到柏林拍片，获得成功后进入美国影坛。

第五大道907号午后音乐会上的常客，并常常去圣巴巴拉贝洛斯瓜尔多度假。

艾蒂安身材颀长，棕色头发，面目和善，温文尔雅。他高额头，尖下巴，系着黑领结看起来衣冠楚楚。法国有一本描写特鲁维尔20世纪30年代晚期的上流聚会的书，把这位侯爵形容成一个英俊潇洒的人，他在派对上常常展示出自己弹琴的天赋。

艾蒂安·德·维尔蒙特侯爵，1936年。

1936年有公告称这位法国贵族和美国一个女继承人订婚，这个女人并非来自矿业家族，而是咖啡产业。在星巴克出现前，美国有了第一家国内咖啡品牌——阿巴克（Arbuckles），因为是“牛仔的最爱”而闻名。艾蒂安娶到了一位阿巴克的继承人。全国所有报纸的头版都刊载着艾蒂安和这位身材高挑的红发姑娘克莱尔·史密斯。这位女继承人十分出名，出席一场普通晚宴也能戴上价值150万美元的珠宝。

欧洲贵族来美国寻找一个女继承人结婚以充实家庭资产，这种情况并不少见，例如，1931年人们把爱尔兰公爵与胡姬的名字联系在一起。1936年报纸上说这位咖啡业女继承人在侯爵和他的好友——一位俄国王子之间选择了侯爵。一个月后，国内著名的八卦专栏作家沃尔特·温切尔神秘地表示这场婚姻已经取消。

1939年5月，艾蒂安又重新出现在温切尔在2 000多份报纸上开设的“百老汇”专栏里，这次又报道他和另外一个女继承人的故事：“德·维尔蒙特侯爵和胡姬（原文如此）·克拉克可能会在这个夏天结婚。”这时候离艾蒂安订婚告吹已经过去三年，而胡姬已经离婚九年。两人都已经接近35岁。

艾蒂安的收入来源有些扑朔迷离。温切尔说侯爵“在法国外交服务局谋有职位”，有报纸称他是法国香水的进口商。也有人说他在法国被纳粹攻占期间，曾代表法国出现在1939—1940年的纽约世界博览会上。

实际上艾蒂安家最大的收入来自安娜·克拉克的赞助。数十年来威廉·安德鲁斯和安娜一直给维尔蒙特家寄钱。1942 年，第二次世界大战期间，克拉克家族为了迎合战时对金属的需求而设立新佛蒙特铜业公司，显然是他们帮助艾蒂安在这家公司找到一席职位。艾蒂安在 1943 年加入美国国籍。这家铜矿公司的主席是克拉克家的律师，即安娜教女安·埃利斯的父亲。1949 年在安娜的安排下，安还去法国拜访过艾蒂安一家。根据安的回忆，艾蒂安是“一个很英俊的法国人”，他家的农场相当简陋。艾蒂安的大家族一直对他多年的资助表示感激，但安·埃利斯说，很显然这些钱都来自安娜·克拉克。

虽然胡姬一直没成为德·维尔蒙特侯爵夫人，但在余生中她一直对皇家的生活十分感兴趣，这个主题也灌输在她的艺术创作和阅读中。20 世纪 50 年代，她创作了一件日本艺术品，为此特意定制了一套侯爵夫人的丝绸装束，然而中间人告诉她一个不好的消息——在日本，贵族头衔已经被废除了。直到胡姬老年时代，她还保持着狂热之情阅读各种杂志，密切关注贵族们的举动。

奇怪的是，艾蒂安仍然是克拉克家的社交常客。1941 年，他搭乘长途火车到达西海岸的贝洛斯瓜尔多，参加了圣巴巴拉的盛大嘉年华“西班牙旧时光”。格洛丽亚·范德比尔特①当时也在场，蒙特西托夏季庄园的公爵及其夫人也一同出席。

很难想象会是安娜阻止了这场婚姻——实现家族和法国贵族联姻对她来说应该很有吸引力，特别是她还如此了解德·维尔蒙特一家。如果她反对这场婚姻，为什么还要邀请艾蒂安来贝洛斯瓜尔多？也很难想象是艾蒂安放弃了这场婚姻——他有什么理由放弃和美国有钱人结婚这么一次机会呢？这样看来肯定是胡姬不乐意和他结婚，或者说和任何人结婚。毕竟之后她也一直没有再嫁。一份二手资料记录了 1941 年胡姬和安娜在贝洛斯瓜尔多的一次争吵，此事过后她们返回纽约，胡姬的隐居趋势变得越发明显。“这大概就是胡姬不喜欢出门的开端。”胡姬的助手克里斯·萨特勒几十年后回忆说自己听过这种说法。但我们不能确定真假。萨特勒不了解其中细节，只知道德·维尔蒙特是“法国来的某位公爵”。

---

① 格洛丽亚·范德比尔特（Gloria Vanderbilt，1924-），是美国铁路、航运大王科尼利尔斯·范德比尔特的曾曾孙女，也是电视名人安德森·库帕的母亲。

如果不是这两位终身保持着友谊关系而且互通信件的话，人们会以为艾蒂安和胡姬之间只是另一场贵族们追逐财富的游戏。如果胡姬·克拉克曾有过一位灵魂伴侣，那一定是艾蒂安·阿拉尔·德·维尔蒙特侯爵。

…

从 20 世纪 40 年代到 80 年代早期，胡姬和艾蒂安互通了数百张明信片、信件以及电报。胡姬在世期间，艾蒂安给她留下了一堆字条，胡姬也给艾蒂安留了一些——大部分都是电报，基本上全是法语。他们并不仅限于远距离的交流，艾蒂安每年会跨洋来纽约几次，住的公寓似乎也是胡姬付的钱。

1953 年，49 岁的艾蒂安迈入婚姻，即使如此，他和胡姬仍然保持着联系。妻子伊丽莎白和胡姬也有信件来往。伊丽莎白身体不好，和艾蒂安住不同的卧室。虽然艾蒂安跟胡姬形容自己已“情感破裂”，但从信件里看不出他俩的关系对艾蒂安的婚姻有任何威胁。

1965 年 3 月 21 日，艾蒂安给胡姬的信上写道：

我想象自己和你在一起，不论是距离或者时间都不能改变我们这半生中爱的联系，它永不会消散……知道我们今年又能在纽约重逢，这给了我巨大鼓励。

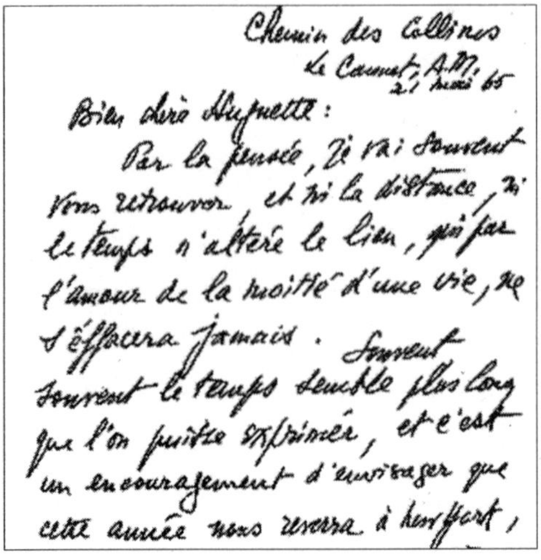
Chemin des Collines
Le Cannet, A.M.
21 mars 65
Bien chère Huguette :
Par la pensée, je vais souvent vous retrouver, et ni la distance, ni le temps n'altère le lien, qui par l'amour de la moitié d'une vie, ne s'effacera jamais. Souvent le temps semble plus long que l'on puisse exprimer, et c'est un encouragement d'envisager que cette année nous reverra à New York,

这是 1965 年艾蒂安·德·维尔蒙特在法国写给胡姬的明信片，上面写着：我想象自己和你在一起，不论是距离或者时间都不能改变我们这半生中爱的联系，它永不会消散……

1968 年 2 月，胡姬收到艾蒂安寄来的明信片，图像上一对年轻的恋人想要亲吻对方，女孩帽子上的宽白边挡住了这一对恋人内心狂热的悸动。女孩把戴着白手套的手藏在身后，手里拿着一个礼物，男孩捧着一束玫瑰。艾蒂安用法语写道：

情人节来了，我十分想念你。

我送给你这束花，可惜含羞草还在雪天静待开放。三月中旬我到美国后，我们可以去划船。见到你我会很开心。对此我迫不及待。希望你一切都好，会给你打电话。

他又加上了一句英语，“给你永远深切的爱，艾蒂安”。

胡姬和母亲一样会给维尔蒙特家寄钱，每次 1 万 ~2 万美元，甚至帮助艾蒂安和伊丽莎白收养了一个 1962 年出生的孤儿玛丽·克里斯汀。之后胡姬开始给孩子寄去大把的礼物：自行车、驴子填充玩具，等等。艾蒂安把他和女儿的照片回寄给胡姬。其中一张摄于法国的某个街角，英俊的艾蒂安站在小女儿身旁，玛丽·克里斯汀灰色外套扣得整整齐齐，和她差不多大小的驴子玩具也在照片中。他们借鉴了儿童书里一个狡黠的角色，给这只驴起名叫“卡迪松”。

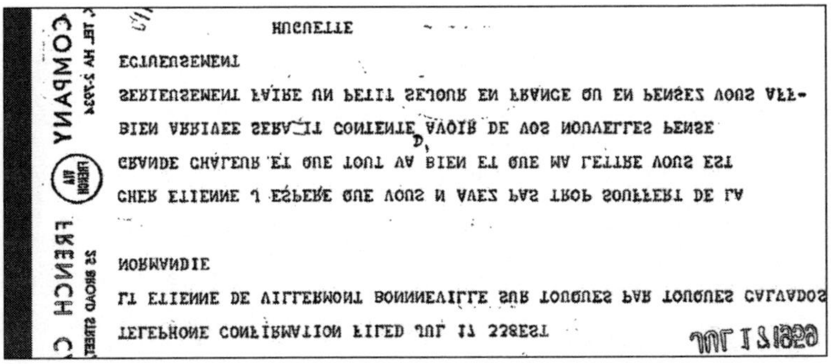
JUL 17 1969

TELEPHONE CONFIRMATION FILED JUL 17 238EST

LT ETIENNE DE VILLERMONT BONNEVILLE SUR TOUQUES PAR TOUQUES CALVADOS

NORMANDIE

CHER ETIENNE J ESPERE QUE VOUS N AVEZ PAS TROP SOUFFERT DE LA

GRANDE CHALEUR ET QUE TOUT VA BIEN ET QUE MA LETTRE VOUS EST

BIEN ARRIVEE SERAI CONTENTE D AVOIR DE VOS NOUVELLES PENSE

SERIEUSEMENT FAIRE UN PETIT SEJOUR EN FRANCE QU EN PENSEZ VOUS AFF-

ECTUEUSEMENT

HUGUETTE

亲爱的艾蒂安，

我希望发烧没让你觉得太难受，希望你一切都好，能收到我的来信。

收到你的来信我会很开心。我在认真考虑是否去法国小住一段时间。你认为怎样？

诚挚的，

胡姬

似乎胡姬后来并没有去法国拜访艾蒂安，虽然她确实计划过这次行程，但自从 1928 年和母亲结束法国之旅回到美国后，她再也没有踏上法国的土地。1959 年 7 月 17 日，她曾给艾蒂安发去一张电报告知她的法国之行，很显然后来她并没有去成。

生命里的花朵

1928 年，胡姬婚礼上照的那张拘谨的照片并不是胡姬最后一张留影。之后她也照过相片，但只限于家庭内部浏览。快 40 岁的时候，胡姬给安娜看了一张自己的照片，穿着日本印花曳地长裙，优雅地站着，题字写着：“致我亲爱的母亲，爱你的胡姬。”

胡姬是一名忠实的业余摄影爱好者，她给自己和朋友们买了最先进的相机——从 20 世纪 30 年代高端模型机到 1948 年宝丽来公司出品的兰德快速成像相机。她为自家的夏季住宅贝洛斯瓜尔多的花园和房间拍下了许多照片，也从 907 号公寓楼上拍摄了中央公园的风景。胡姬研究光影，费力地在每一张照片后记录下光纤和照相机的配置：“1956 年 9 月 30 日，一个泛光灯，4 号接口，四秒钟倒计时。”

从 40 岁到 50 岁的每个复活节和圣诞节，她都要在家待着照相，那些自拍照片估计是这时候拍摄的。胡姬在塞尚静物画下的角落里一次又一次地摆放着椅子，或是坐在那架 1940 年斯坦威大钢琴旁，在琴上摆放着复活节的花束或者一棵简单的白色圣诞树。一年又一年，这些照片基本没有区别，虽然随着年纪增长，胡姬穿的衣服年年变化。在这张照片里，胡姬穿着高跟鞋和时髦的波尔加圆点束身裙。在那张照片里，她又穿着类似的长袖裙子。她永远是卷发，脖子上也永远戴着珍珠项链。一个玩偶常常出现在她身后的镜台上。

只有一年胡姬的母亲也加入了拍照的活动，那时安娜已到晚年了，大约是 20 世纪 60 年代初。照片里安娜独自站在静物画的前面。日本玩偶也被换成了一瓶花。安娜身边放置着精美的金色法国竖琴，它比穿着高跟鞋和黑色露背“艾森豪威尔夫人”裙子的安娜还要高。安娜背对着相机，我们只能看见她的背部。

…

1963 年 10 月 11 日，安娜·尤金伲亚·拉夏贝尔·克拉克在身体恶化了几年后，于纽约西奈山医院辞世，享年 85 岁。之后举行了私人的天主教葬礼弥撒。报纸上简短地刊登了威廉·安德鲁斯·克拉克夫人的讣告，只列举了几位在世的亲属：妹妹阿米莉娅和女儿胡姬。1960 年，安娜仔细拟定了临终遗言和遗嘱，用紫色缎带和红蜡封存了起来。遗嘱宣布了四名执行人：胡姬、安娜的妹夫、律师和银行经理人。从遗嘱上看，安娜对家庭、员工和慈善事业尽心尽力。大部分遗赠处理起来都很简单。安娜给拉夏贝尔家族的妹妹、弟妹和外甥女每人留下 1.2 万 ~2 万美元的数额，给几个朋友和亲属设置了基金会，另外划出 5 万美元分给教女莱昂蒂娜和安。之前的助手阿黛尔·玛丽（也叫密茜）分到了 10 万美元，其他员工也收到了稍小的数额。

慈善方面，安娜留下了 12.5 万美元给女童子军组织，以赞助纪念大女儿的安德莉·克拉克；捐给科科伦艺术馆 10 万美元以支持丈夫的艺术收藏事业；拨给纽约医院基金、红十字会以及茱利亚音乐学院各 10 万美元。其他较小的遗产包括应方济会修士们济世所需捐赠的 1 万美元以及捐给比尤特城保罗·克拉克孤儿之家的 5 千美元。

安娜埋葬在伍德劳恩公墓。虽然铜门上挂着威廉·安德鲁斯的第一任妻子凯特的头像。但安娜最终安寝在地下墓室里，旁边是威廉·安德鲁斯的陵墓，下边有安德莉陪伴。

当时胡姬还没有自己的墓地。公墓每处都已占用。胡姬只有 57 岁，还可以等上 40 多年再来考虑这个问题。

…

胡姬写信通知远在法国的艾蒂安一家安娜去世的消息，她很小心地保护他们的情绪，极力掩饰着自己的悲痛。胡姬意识到没有必要让年老的亲人们知道这个不幸的消息："把这份伤痛分给他人一点用处都没有。"

艾蒂安安慰胡姬，并计划去纽约看她。1963 年 10 月 14 日他在信中写道：

我亲爱的朋友胡姬：你母亲去世的消息让我很悲伤，她只是暂时离开了我们，现在她去了一个更美的地方，那里有天使、安德莉、她的父母和神的陪伴。经历了多年的苦痛，她现在也许更加开心。虽然你觉得空了一块，但要相信她会永远和你在一起。多么希望我现在能够陪伴你，我想立刻回到你身边。你母亲的音容笑貌将永远和我们同在，她的善良和勇气将会永远伴随。她会像一颗星星照亮我们的人生。天堂将迎来一个伟大的灵魂，她将会带给你永远的光芒和指引。在世间你还拥有这些爱你的人们。我急切地想再次见到你，亲爱的、挚爱的胡姬。我不会忘记给你的母亲祷告，当然还有你，亲爱的胡姬。全心意吻你。你亲爱的艾蒂安。

10 月 30 日，胡姬发了一封简短的电报回信给艾蒂安：

亲爱的艾蒂安，谢谢你的来信和宽慰的话语，它们深深打动了我。我很好……希望伊丽莎白能尽早康复。献上诚挚的吻，胡姬。

胡姬的话语似乎比艾蒂安的要正式而且疏远。这情况常常发生。但值得注意的是，我们只能看见胡姬信件的复印版，没有任何来自艾蒂安一方的资料。我们只能找到电报确认书的副本，不能浏览她的信件。当然，艾蒂安已经结婚了。

1963 年 11 月 2 日的信上，艾蒂安告诉胡姬他计划明年春天带妻子伊丽莎白和女儿玛丽·克里斯汀去纽约：

很想念你和你的母亲。我再次患上了风寒，伊丽莎白待在法国治病。有一位善良的农妇帮助她，这让我能安心地去美国，我们收留的那个可爱的孤儿能让她有个伴。她的治疗结束、痊愈后，她和玛丽·克里斯汀会在纽约与我会合。这段期间，我会一个人出发。我迫不及待要去纽约。你知道我现在感情上多么痛苦，离开你这么久对我来说有些困难，所以我会尽早去纽约……随信附上玛丽·克里斯汀和我的蔬菜园的照片。天啊，我头发在变白！思念你以及你的母亲，她的离去让我觉得如此空洞！不久见……

信末艾蒂安用英语写道：“一直深爱你的，艾蒂安。”

…

胡姬开始做些事来排遣悲伤。她首先搬去了母亲的公寓，接下来的一年里，大部分时间都在重新装修和翻新 8W 公寓，同时也不忘记 12W。艾蒂安来访前她疯狂地采购了一次衣物。胡姬狂热地寻找合适的样式，然而她没有去离她家只有一街区的麦迪逊大街。而是像其他女人流连于一间又一间店铺之中一样，她给巴黎发去一封封电报。胡姬联系了让·巴杜（巴黎时装设计师）之家，试图找到两套夏季和冬季的丝绸裙装。57 岁的胡姬急切地想买到能看起来显瘦的样式。让·巴杜之家决定为胡姬量身定制。

1965 年 3 月 19 日电报，发至巴黎，让·巴杜·佩吉夫人：

这件折叠真丝连衣裙两件套没有山东绸连衣裙显瘦，后者剪裁完美。请把我定制的黑色打褶的丝绸礼服在胸上及胸下各加 3 英寸，腰带改宽松一些。短裙不错。试着把这条裙子改改风格，尽可能显瘦。谢谢。

…

艾蒂安在安娜死后来拜访过几次，有一次带上了他的妻子和女儿。回去的旅途中，横穿大西洋时，他形容离别有多么不舍。

1966 年 5 月 29 日，艾蒂安写道：

亲爱的胡姬：见到你实在太好了，虽然相聚时间太过短暂……离开你多么不舍。我会永远在心底想念你。吻你……（改用英语）一直爱你的艾蒂安。

如今玛丽·克里斯汀已经年过 50，她回忆起儿时跟随父母去第五大道 907 号公寓拜访胡姬的情景。她说自己只能想起三个细节：

胡姬阿姨有接触细菌恐惧症，非常害怕生病。

公寓里的艺术走廊满满地排着一排扶手椅，每张椅子上都放着一个玩偶。

晚饭后，玛丽·克里斯汀吃了一块好吃的苹果蛋挞，这是她吃过的最好吃的蛋挞。

…

胡姬继续给艾蒂安和他的大家族提供经济上的支持，她的慷慨惠及了许多人。从20世纪60年代到21世纪初，胡姬每个月给六位艾蒂安的家人寄去银行支票。艾蒂安的冒失鬼弟弟亨利总是开始新的农业投资，然后又因为自己的官员身份畏惧不前，胡姬总是替他善后。每年艾蒂安家人去巴黎的时候，胡姬总要让她的医生来定期检查他们的身体情况。他们回法国的路途中，胡姬会安排杂物工给他们发放维生素，或者帮助艾蒂安做一些杂活。有一次听说诺曼底的牛群遭受了重旱，胡姬给他们家寄去了奶粉。

胡姬在多维尔甘贝塔街42号的科年先生杂货铺里开设了账户，让他给艾蒂安和他的大家族送去生活必需品和其他货物。胡姬远在大洋彼岸的纽约第五大道907号，通过海底七排弯曲的纯铜串做成的大西洋电缆，把消息传至3517英里以外的街角杂货店。她甚至还确认店里给不给赠券，这样艾蒂安家可以省下钱购买其他东西。

1962年7月2日，她给科年先生发电报说：

您的来信已收到。我给您寄去比订单价格多一些的钱，因为我想要订四箱脱脂牛奶，一些赛梦巧克力条，还有一罐即时巧克力雀巢巧伴。谢谢。胡姬·克拉克。

胡姬还给艾蒂安家寄去礼物，其中包括德国产的昂贵的禄来福莱克斯相机，还有新式的电影放映机。她还送了一台小型电视机，这样这些法国朋友们也能观看美国阿波罗号航空飞行。巴黎有一家梦幻玩具店叫“蓝侏儒”，胡姬在这里给孩子们精心定制了礼物，每件都很适合他们的年纪：送给女孩子们蓝色的音乐精灵、芭比娃娃、卧室梳妆镜、带小香水瓶子的梳妆台、装满珠宝的瓷盒子以及数不清的蝴蝶结和缎带；送给男孩子们火车系列和整套木质小村庄。

在世界大战期间，美国人帮助保卫了法国，对此维尔蒙特一家对美国已经深怀感激。“没有你们国家的帮助，”1968年艾蒂安写道，“法国将不复存在。”他们对胡姬阿姨也深表感激。家族里有一位老人去鲁尔德朝圣时会为胡姬祷告。艾蒂安的弟弟亨利在 1954 年写道："我将永远不会忘记您把我们从不幸的世界里拯救出来，在我母亲弥留之际，您不知疲倦地帮助我们减轻负担……每次都能为他人谋取福祉，无私地散发幸福。这是多么让人钦佩的理想的形式，是每个人都必须学习的天主教的品德——忽略自我，帮助他人。您一直在践行着这种美德。"

2001 年，胡姬 95 岁的时候，玛丽·克里斯汀的表兄妹们做了一本法语的儿童插画书，里面称胡姬为" Une Princesse Merveilleuse"（法语，了不起的公主）。孩子们写道：

很久很久以前，有一位公主很喜欢孩子。每年圣诞节她都会给孩子们买好多精美的礼物，孩子们每次都很开心。公主很喜欢儿童玩具，她也很喜欢收礼物。今年是 2001 年，她收到了一些信。随信附了一份礼物。这是孩子们做的礼物。他们画下了这个故事而且亲手做好它。公主非常非常非常开心。这是她第一次收到这些画书的孩子们送的礼物。猜猜这位公主叫什么名字？她就是胡姬阿姨。

胡姬听力渐渐变弱，已经不能和艾蒂安家的人在电话上沟通。她让一位朋友帮她打电话以得到消息。法国那边常常在谈话中抱怨说运输工人们又在罢工——除了邮政工人罢工的时候。

玛丽·克里斯汀和胡姬互通信件多年，在玛丽离婚那段困难时期里，胡姬给过建议，还称赞她十分勇敢，能为自己的幸福努力。玛丽说她不清楚父亲和胡姬的关系，只知道他们是好友。她也看到过父亲和胡姬的来往信件。艾蒂安在 1966 年 9 月 5 日的信上（显然隔了一段时间才开始联系）说他们已经回到了特鲁维尔海边，儿时的他们曾在这里游玩：

亲爱的胡姬：很高兴收到你的电报。虽然你说"尽可能好"让我很担忧，但这封电报就像是我生命中的花朵，现在能收到你的来信太难了。虽然我们有各自的生活，但我的心永远和你的跳动在一起。往昔时光会一直与我同在……

在这片特鲁维尔·多维尔海滩上，看着你们之前度假房子的那块地方，我很思念你和你的母亲。这边的房子都被改造过，很难分辨是其中哪一栋。多么美好的回忆。即使天下着雨，这里还是有很多家庭和孩子们在玩耍……献上最诚挚的吻。永远爱你的艾蒂安。

…

1982年4月8日，安德鲁·艾蒂安·阿拉尔·德·维尔蒙特在法国里维埃拉的戛纳一个上流社区去世，享年77岁。葬礼据说在巴黎最富庶区域的教堂里举行。艾蒂安葬在了诺曼底历史名城鲁昂的一个古老的大型墓地里，离胡姬和年轻侯爵相遇的特鲁维尔海滩只有一个小时的路程。

人们最终发现艾蒂安根本就不是侯爵，虽然报纸上常年这么称呼他。但他的家族没有任何贵族头衔，只能说和贵族沾边。家族叫作“阿拉尔”，一直在找寻成为贵族的方法——艾蒂安的高祖花钱做了国王的幕僚，但这职位并不长久——法国大革命阻绝了他家的爬升之路。伊丽莎白和玛丽·克里斯汀发布的讣告上也没有提及任何贵族的信息。位于巴黎的法国贵族家庭协会也没有把艾蒂安家列入名单内。20世纪初艾蒂安的父亲自己给家族贴金，把家族的名字改成维尔蒙特，在法国人听来似乎有些贵族的意味。

虽然艾蒂安的墓地挨着小说家福楼拜、艺术家杜尚以及很多带有贵族气息的名字的陵墓，但死后他的地位仍然不稳固。他在这公墓里的位置不一定能永存，除非有人一直出资维持他这座墓碑。

胡姬比艾蒂安多活了29年。她一直坚持给丧夫的伊丽莎白寄钱。这两个人继续保持了热情的来往，全心全意献给对方爱和吻。

那些小人儿

20世纪50年代末，克里斯汀·迪奥集团在纽约富丽堂皇的法国领事馆举行了时装秀，地点就在胡姬第五大道的公寓旁。这里的模特们正穿着最时尚的巴黎时装走秀。在某天下午的秀场，一个熟悉的名字出现在宾客名单上。

“胡姬·克拉克夫人！”总执行官巴伦·雅克·贝延斯（胡姬外甥女的丈夫）惊呼道，“看，她不会来的，她是我阿姨，从来不出门。”

克里斯汀·迪奥的代表回答说："不，她会参加。她想来看看可以给她的玩偶穿的裙子。"

胡姬确实出席了这场秀。刚过 50 岁的胡姬沿着第五大道走了三个街区，只为目睹巴黎最流行的时装。

…

从小在纽约最宏伟的房子里长大的胡姬·克拉克和她父亲一样，喜欢精心设计的奢华房子，但胡姬喜欢的规模要小。这些玩偶屋可不是简单的玩偶屋。胡姬这些独一无二的桌上模型既有故事屋也有模型剧院，它们的墙壁上都画着不同场景和人物角色。父亲不惜重金收藏艺术品，胡姬也毫不吝啬花费巨资来制造玩偶屋。她给诺亚方舟造了修道院，给玩具兵做了城堡，根据古老的法国寓言的场景做了各式小房子。每一间玩具屋都叙说着她最爱的童话故事：困在塔里的长发公主，只能等着英俊的王子来吻醒的睡美人，侏儒怪和结草成金的女孩。

胡姬非常关注这些作品的细节，她让艺术家们（有些甚至与她相隔 4 000 英里）制作这些玩具屋时务必要保持尺寸精确。这些玩具屋必须跟配套的玩偶比例一致。下面这封电报是一个典型例子。58 岁的胡姬联系了一位专门制作小仿真娃娃的艺术家，他常去巴伐利亚城市挨家挨户贩卖自己的作品。

1964 年 10 月 6 日，发至西德，布尔格昆斯塔特，伊迪丝·冯·阿普斯夫人：

侏儒怪的房子刚刚收到。画工很美，但可惜和之前说到的监狱房子不是一个型号。房子的前宽应该是 19¾ 英寸，但它只有 15½ 英寸宽。请确保修道院前宽为 19¾ 英寸。我想要在房子的窗户上装上百叶窗。此外，我还想要制作另一个侏儒怪房子，同样有稻草变金子那幅场景，还要有稻草没变成金子之前的场景（房子前边更宽一些），而且每扇窗户上都要安上木制的百叶窗。非常感谢您不辞辛苦地工作，祝好。胡姬·克拉克，纽约第五大道 907 号。

…

鲁道夫·贾克林斯于1910年出生于奥匈帝国，第二次世界大战前从南斯拉夫移民纽约，之后还参加了美军对外作战。战后，胡姬雇用了学习过家具制作和修理的鲁道夫帮她制作玩具房子。每次收到寄来的玩具屋，胡姬都要把它们送到鲁道夫在皇后区桑尼赛德的寓所里做改进。鲁道夫的妻子安娜会给房子加上小帘子。

女儿琳达·卡萨克延回忆说家里的电话常常在晚上响起，一定是克拉克夫人又想到了什么主意来改造她的房子。5分钟后她又有新的指示。胡姬一天晚上能打来六次电话。鲁道夫说如果能当面跟她沟通，很容易就会知道她想要的样子。但是胡姬只和他通电话或者是隔着公寓的门进行交流。为胡姬工作了30年，他只见过雇主两次。

琳达说如果尺寸不对胡姬会非常烦恼。她喜欢移动房子里的玩偶，把它们放在不同的场景里——喝茶、在公园里散步或者聊天。有时候房子的天花板太低了，玩偶们都放不进去。有一天胡姬给鲁道夫打电话，说了一个亟待解决的问题：

“这些小人们撞到脑袋啦！”

…

在玩具房子和其他艺术作品里，胡姬发挥了她的艺术感知力和想象力，这些作品也同样体现出胡姬精益求精的追求、指挥官似的自信以及乐善好施的品质。

虽然自己已经是个成年人，胡姬对那些寓言和童话的原版故事还是会觉得不满意，她常常删去其中不喜欢的部分。1962年8月6日，胡姬给玛农·伊赛尔（法国知名插画师，替胡姬画玩偶屋的插图）发去一封电报，指示道：

谢谢你的来信。我希望睡美人房子的故事停留在那个吻上，因为我不喜欢接下来的剧情。同时我想在房子里面加上一个楼梯，连接起一楼和二楼，还想要一个能拆下来的花园，花园里、周围的篱笆旁都要种满玫瑰（要带刺）。

还有，这个房子能从一边打开，但不是带花园的那一边。按照我给你寄去的那些模型来画里面的人物，要彩色的，还要一些戴着尖头饰的仙女。

在接下来的故事里，睡美人和王子会结婚生子。一个食人妖抓住了公主和孩子，要把他们煮了吃掉，最后他们全部获救。迪士尼动画电影里也删去了这一部分，和胡姬的改编保持了一致。

胡姬也从巴黎蓝侏儒商店定制玩偶房子。但如果没有买到适合自己心意的东西，她会礼貌又坚决地把它们退回去。举个例子，1963 年 6 月 14 日发给蓝侏儒的电报上，胡姬写道：

墙壁和花园已经收到。可惜它们没有一点用处。墙上的门放在了电梯前面，根本打不开。这扇门应该开在厨房里。二楼的窗户没有必要有，因为它挡住了放家具的空间。唯一安置恰当的是门左边的窗户。花园的尺寸和我寄去的模型不一样，过道太短了。我寄回给你。谢谢。胡姬·克拉克。

胡姬不仅要求玩偶和它们的房子能表现出平常生活的情景，连配件都不例外。为了表现吃早餐的场景，胡姬给蓝侏儒发去电报，要求配置小的法式面包：牛角面包、奶油蛋卷、玛德琳蛋糕、千层酥和卷饼。但胡姬的要求不止于此。1956 年 5 月 7 日，她在电报上写道：

为了做这个可爱的糕点店，请给我寄来以下东西：华夫饼、兰姆糕、迷你挞饼、可丽饼、面包片、蝴蝶酥、薄饼、几杯牛奶、加奶的茶和咖啡、黄油小罐子、假果酱和蜂蜜、小盒子巧克力、糖果和果脯和小叉子。谢谢。

玩偶们需要做衣服。胡姬从巴黎定制了绸缎给这些古董娃娃们缝制衣服，玩偶里面还有音乐录音。胡姬给那些惊艳的、深邃大眼的侏儒娃娃们找合适的绸缎时碰到了一点麻烦。

1962 年 8 月 9 日，胡姬发了封电报给位于巴黎的克里斯汀·迪奥公司的热维斯夫人：

收到了你发来的样品。如果样品 B2 的缎子颜色能再深一点就好了，因为这是和原版最接近的颜色。给唱歌娃娃穿的样品 A2 柔软度和轻盈度都很完美，但是太暗了。样品 A3 的颜色很好，但是布料太沉。我还是等你们找到最合适的布料后再来做这些衣裳。请发给我新草图。谢谢。

…

做玩偶房子的木工鲁道夫觉得胡姬既充满魅力又让人沮丧。胡姬给他的报酬太过丰厚，因此他从未说过不。胡姬不仅给他付工钱，还给鲁道夫的孩子和孙子们寄去各种礼物，其中有一台早期的电脑、一个木偶剧院和 100 个童话故事里的人物，之后又送了一个木偶剧院（型号太大，鲁道夫家把它送给了一所学校）。胡姬也给这家人送现金礼物。

圣诞节假期里，胡姬会花上三周时间来寄贺卡，她仔细地修改每一张贺卡直到自己觉得比较合适才会停下,(“我不喜欢假期，”她假装痛苦地说道,“因为总是有很多活要干。太多了！”）胡姬的“小礼物”寄给了许多人，鲁道夫家也收到了 2 万美元。之后，这份小礼物涨到了 3 万，后来又成了 4 万。

2000 年鲁道夫去世，胡姬一直给他的妻子汇款。他的妻子去世后，收款人又变成他们的孩子。鲁道夫和安娜·贾克林斯所有的孙子都上了很好的大学，学费都来自胡姬和她的“小人们”付的工钱。

有点特别

在日本有一种罕见的雪松，它受所谓的“限伐令”保护，只能用于皇家建筑和城堡，用它的树皮做成的屋顶可以保持 70 年。但是，有一位美国的女富翁得到了许可，可以购买和出口一小部分雪松。经过几个月的磋商，原本很强硬的县政府最终让步了。

胡姬买了一些雪松，一位年老的日本艺术家把它们切成了小条来做屋顶上的瓦，这项工程是一个玩具屋大小的城堡。原版模型制作用了 2~3 年时间，花费 8 万美元。

半个世纪以来，胡姬最大的热情之一就是用原木设计各种各样的桌上模型来展现真实的日本建筑——城堡、茶舍和蛋糕店，而且都是委托日本人建造。这些用木头或者纺织品做成的微缩模型细节精美、材料正宗。胡姬坚持把房顶都做成可拆卸的形式，这样她能揭开房顶看见屋子内部和家具。

胡姬通过一位加州中间商和几个翻译给日本的艺术家写信，让他们砍下雪松做屋顶，胡姬甚至都不清楚这名艺术家的名字，只称呼他“那位艺术家”。这个人就是川上二郎，为了胡姬的这个项目，他穿行在日本各地，有次为了能拍摄和测量每一道城墙和每一座塔，他甚至在一天之内换乘了四列火车辗转到弘前城。

这项精细的设计必须改变尺寸的计量单位，从英寸到厘米，再转到日本传统的尺计量，然后川上三郎又得反过来转换一次。此次花费相当惊人。1991 年，胡姬额外付了 38 600 美元，只为给其中一栋木房子加上一扇门。1992 年，胡姬寄去 67 000 美元建造另一座城堡，他们又开始了下一个项目。

“她很清楚自己想要完成什么，”中间商卡特莉娜·马什说，“如果她不满意，当然这情况不是太多，一般来说她比较和蔼，但你明白这件事必须得重做。如果我们坚信用某些东西，我们绝不会用低劣的替代品。”

卡特莉娜夫人（胡姬这样称呼她）的丈夫出生于一个古老的经销商家族——G. T. 马什公司，他们的公司以从事亚洲艺术品和工件经销闻名。多年来，虽然卡特莉娜和胡姬互通了上百封信件或者电话，但她从来不知道胡姬的电话号码。

“她的声音令人愉悦，”卡特莉娜说，“听起来非常可爱。她最喜欢说的一个词叫作‘特别’。‘卡特莉娜夫人，它是不是很特别？’胡姬常常这么说。”

“我耳边还常常回荡着她的声音。她总是很有礼貌，经常向我的丈夫和儿子问好。胡姬真是一个很可爱的人。我觉得她挺有趣的，你是不是也这么觉得？做这些项目可不轻松。”

“那位艺术家”川上三郎对“克拉克女士（Clark—san）”无穷无尽的要求感到很无力。有一次，卡特莉娜提醒胡姬，“好像这位艺术家每次收到我们的来信都变得越来越紧张。”

城堡项目一直持续，几乎持续到胡姬生命尽头。2004 年 2 月，胡姬快 99 岁的时候，她让川上同时做着一个小宫殿、一个带红桥的花园和剧院的幕布。最终耗尽了川上的精力，他生病后项目已经没法继续。有人给胡姬介绍了新的艺术家，但胡姬对他的工作不满意，觉得他的风格太过现代。

…

胡姬狂热地收集稀有的古代日本娃娃，特别是那些做成皇帝、皇后、女官和宫廷乐师模样的小物件。这种人偶叫作雏人形，也叫雏人娃娃。

这种玩偶不仅仅是玩具——虽然在西方人看来似乎如此，日本的小孩通常不允许有雏人形，因为它们是宗教庆典上代表国家荣耀的象征物。每年 3 月 3 日，也就是第三个月第三天，日本会庆祝雏祭日，或者叫女儿节，这是自古以来日本净化、祭祀的节日。雏人形作为一种护身符可以吸收恶灵。

与胡姬的对话

1999 年，我与胡姬有过一次对话。胡姬一开始就跟我说她的日本玩偶。她似乎毫不拘束地讨论自己这种爱好——人们常常会觉得这是未成年人喜欢做的事。我不了解这些娃娃，于是她跟我耐心解释。

保罗：那么，现在，这几天，你怎么消遣？

胡姬：没什么特别的东西，你知道的。我在集齐这些雏人娃娃。我现在在收集雏人形。你知道它们吗？

保罗：不知道。怎么拼呢？

胡姬：H—I—N—A。

保罗：H—I—N—A。

胡姬：这是给日本节日用的……他们 3 月份会庆祝这个节日，就要用到这些娃娃。

保罗：这是你收集玩偶计划的重要部分吗——我指日本玩偶？

胡姬：是的，是雏人娃娃。它们可难得到了，可以追溯到明治时期。

保罗：这些东西放在哪里？他们会在哪儿展出？

胡姬：它们不参展。我的意思是说，它们只能靠人们收集。但是人们很难得到它们，也很难找到。你从来没听过吗？

保罗：没有，我得看书了解一下……你是为了开一个展览吗？

胡姬：不，不，你知道吗，日本人只在自己家里放这些娃娃。他们会放上三天，邀请所有朋友来看。

保罗：你也会在家里摆一个这样的展览吗？

胡姬：不，不，不……它们是很可爱的，你知道的……我觉得你的小孙女会很喜欢。她现在还在跳芭蕾舞吗？

我问胡姬她去过几次日本，去过东京的玩偶庙吗？看过弘前城吗？

“哦，不，”她愉快地回答说，“我从来没有去过日本。”

胡姬很珍视这些雏人形，尤其是那些小型的玩偶，一种叫作豆雏（日语，mame-bina）的物件，它们大约五英寸高，头部跟豆子大小一样；另一种叫芥雏，三英寸高，头部大小如种子。胡姬说她最喜欢的电影是黑泽明[①] 的《梦》，它讲述一个小男孩家砍下了几棵神佑的桃树带来了严重后果，雏人娃娃变成人形来惩罚他们一家的故事。

胡姬说她最喜欢的小说是赛珍珠[②] 写的爱情小说《匿花》（*The Hidden Flower*）。20 世纪 40 年代胡姬和赛珍珠还通过信，胡姬捐赠了钱物以支持赛珍珠给亚洲国家的孩子们提供人道援助。

《匿花》出版于 1952 年，描述了战后一位美国军人和一位年轻的日本女人在日本的禁忌之恋。这名日本女学生叫如水，她出生于美国，后来被关到二

---

① 黑泽明（1910 — 1998），日本知名导演。被誉为“电影界的莎士比亚”。1990 年获得奥斯卡终身成就奖。

② 赛珍珠（Pearl S. Buck 或 Pearl Buck，1892 — 1973），美国伟大的女性作家。1932 年凭其小说《大地》（*The Good Earth*），成为第一位获得普利策小说奖的女性；1938 年获诺贝尔文学奖。

战期间美国为日本人设立的俘虏收容营里，她不愿屈从于铁丝网下的生活因而回到故土。然而，她逐渐发现自己在日本同样无所适从。这是一个美丽与痛苦交织的故事，它呈现了一位女性试图从一种文化转化到另一种文化环境下生存时表现出来的缄默却高贵的勇气——这和胡姬自己的故事不无相似。

…

卡特莉娜·马什说只要你和胡姬谈过话，就会发现她和她的爱好都算不上古怪。

“我们深受习俗和文化影响。”卡特莉娜说，“我也有个兄弟对火车很着迷。这些跟集邮相似的爱好没什么可奇怪的。”

“在日本艺术和文化这方面胡姬的知识相当丰富。她了解的那些神话和民间传说让人惊奇。在我看来，她是那个时代最后的代表。”

“正如她所说，我们都有一些特别之处。”

仁慈的仙女

胡姬小时候最喜欢的杂志是一本法国流行周刊《苏泽特之周》，它的读者群都是年轻女士，这本杂志是法国人非常重要的群体记忆。《苏泽特之周》只于 1905—1960 年发行，其内容包括游戏、工艺、食谱以及“小蓝”娃娃的衣裙款式。“小蓝”娃娃约为 11 英寸高，大概是如今美国玩偶的一半。最重要的是，这本杂志上的故事都带有颜色绚丽的插图。

胡姬不仅饱含深情地回忆和收集了这些童年记忆，还做了更多努力。中年的时候她创立了自己的慈善品牌，找到了当年杂志的插画师，并且成为他们的赞助人、朋友甚至是他们的救世主。这整整一代优秀的法国插画师都受着一位从未谋面的美国慈善家的恩惠。

胡姬尤其记得其中一位来自《苏泽特之周》的插画师，她在童话书和寓言书里读到的《穿靴子的猫》、《小拇指》和《灰姑娘》这些故事都配有这位插画师的插图。他名叫费力克斯·罗利欧克斯。美国读者可能不太认识他，但都对这个名字比较熟悉——沃尔特·迪士尼。

罗利欧克斯是早期迪士尼的灵感之源，1919 年第一次世界大战后来到法国工作。迪士尼雇用罗利欧克斯为早期的米老鼠书籍配画，其中包括法国版的《米奇与米妮》。1916 年，罗利欧克斯创作了一只滑稽的、穿着水手服的鹅形象，这与唐老鸭非常相似。罗利欧克斯为人谦逊，虽然人们都相信他是唐老鸭的创作者，数十年来，迪士尼也都在发行他的作品，却一直没有承认他的功劳。他只能无声地抗议，或者睁只眼闭只眼，在给迪士尼配图时会把姓氏隐藏起来。

罗利欧克斯在法国的名望相当于英国的比阿特丽克斯·波特[①]。他为一百多本书籍绘制过插画，被称为“20 世纪最具影响力的艺术家”之一。受他影响的有谁？只提一个：毕加索。他在罗利欧克斯的基础上重新演绎了悲喜剧式的人物堂吉诃德。

40 多岁的胡姬一直在找费力克斯·罗利欧克斯。1950 年，从小与胡姬相识的阿廷·库尔巴克（一名旅居纽约的法国装订商）在她的指示下找到了罗利欧克斯。库尔巴克担任胡姬的中间商人，为胡姬的艺术项目收集信息。他给罗利欧克斯写了多封信，详细描述了胡姬的品性。库尔巴克用法语形容胡姬为“奇珍异宝，举世罕见”，为人和善，富有同情心，慷慨大方，“脸上总挂着孩童般的微笑”。胡姬不喝酒、不吸烟，不显老，也从不化妆——“她令人惊艳，不需要化妆。”库尔巴克说胡姬和母亲分住不同的公寓，虽然她们“非常亲密而且难以分开”。他说胡姬有写信恐惧症，因此大多数时候会打电话或者发电报。他透露说胡姬“非常非常有钱”，而且个性反复无常，坦诚表示胡姬“确实会让人觉得有些颐指气使，但得到的报酬可观”。库尔巴克说胡姬喜欢浅色、蜡笔和童话场景，不喜欢听见坏消息或者人们对她的批评。总而言之，库尔巴克把胡姬形容成“一颗彗星”。

胡姬通过库尔巴克给罗利欧克斯指派了任务——从法国传说插画开始，

① 比阿特丽克斯·波特（Beatrix Potter，1866 — 1943），生于维多利亚时代的一个英国贵族家庭，从小受到良好的绘画教育，她热爱大自然，创作出著名的“小书”系列。

然后是童话故事系列，“除了白雪公主被毒死躺在地上那个让人不悦的场景外，不要有女巫。”胡姬提醒道。如需帮助，他可以查阅《苏泽特之周》的所有往期刊物，特别是 1912—1913 年的期刊（当时胡姬只有六七岁）。罗利欧克斯的儿媳妇给胡姬寄去了她的个人收藏。几十年来罗利欧克斯和胡姬信件往来非常频繁。从他开始，胡姬资助了整整一代法国插画师。

和胡姬一样，罗利欧克斯在人群里也会有些无所适从，更喜欢游弋在他幻想的人物和昆虫世界里。他创作了多幅生动形象的水彩画只供胡姬欣赏。罗利欧克斯把胡姬刻画成一位公主，她的小人世界里住满了可爱的昆虫，这些穿着漂亮衣服的居民们都奉承她，赞美她。

1952 年，罗利欧克斯给胡姬寄去一张手绘的生日贺卡，上面画着一只高贵的草蜢，它高坐在巨大紫色花朵的枕头上，在镜子里端详起自己的模样。一群五彩缤纷的瓢虫爬上一架摇摇晃晃的梯子，它们往上面运着各式礼物：珠宝、果冻豆、野餐食物，还有一束花，礼物一边送一边往下掉。1954 年费力克斯寄给胡姬的画上一只年老的蝴蝶追求者正给一位害羞的蝴蝶公主送花和珠宝。

胡姬一直资助着罗利欧克斯和他的妻子莉莉，多年来给夫妇俩送了许多“小礼物”。1989 年胡姬给一个艺术团体捐赠了 10 万美元，在纽约为罗利欧克斯的作品开设展览，人们能欣赏到学究气的乌鸦、浮夸的官僚和穿高筒靴的知更鸟。莉莉称胡姬为“我们仁慈的仙女”。

1964 年，94 岁的费力克斯死于纽约。胡姬给莉莉发去电报：

亲爱的夫人：你经受了失去至亲的巨大悲痛，我听闻也很难过。罗利欧克斯先生，如此伟大的艺术家和高尚的灵魂，他的离去是全世界的损失。请允许我带着满心惋惜亲吻你。

•••

费力克斯·罗利欧克斯并不是唯一一个受到胡姬资助的法国艺术家。胡姬帮助了许多人，其中至少有四位插画师——让·梅西耶、马农·伊赛尔、J.P. 品尚以及谢里·何鲁尔德（笔名）生前都受过到她的赞助。胡姬让这些插画师为儿歌作插图，给所有法国的圣女故事配画，完成法国每个区域的历史地图。她给品尚的信中写道："你知道我一直热爱法国传统和以前的民间传说。"

胡姬和何鲁尔德比较亲近。何鲁尔德为社会杂志《巴黎生活》工作，以轻松和梦幻的封面画和插画闻名，专攻仙女教母、女巫、食人魔和龙这些题材。何鲁尔德还用"赫利克"的笔名给色情书刊配过插图。何鲁尔德给胡姬寄去了一箱原版的画作，其中也包括这些"大胆的"作品。

胡姬让何鲁尔德根据睡美人的故事创作水彩画，并且指示说服装应该更契合历史，因为公主醒来已经是一百年后的事了。她还派何鲁尔德去珀蒂堡画下她家夏季庄园的废墟，二战期间这栋度假豪宅被败退的纳粹军队烧毁。此外，胡姬还让老何鲁尔德收集更多《苏泽特之周》复刻本。75 岁的何鲁尔德在法国报纸上刊登分类广告收集这本杂志，自己还向帕多瓦的圣安东尼（遗失物品者的守护神）祷告。找到 1912 年最后一本发行杂志后，何鲁尔德从中悟出哲思，他开始思索法国陷入战乱前那段无忧的岁月：

> 虽然在动荡岁月中它是如此脆弱，这些苏泽特期刊仍从如此遥远的时代走来，又经历了历史上最重要的两次战争。看着这些微微泛黄的杂志，我在想这么多小女孩翻开它们的时候是多么喜悦和快活。她们远不会想到两年之后看见父亲出远门走向危险命运时的悲痛。

何鲁尔德只提出了一个请求，实际上是一个法国女人的请求，她把自己的藏品给了胡姬。他说："这些书的主人是一个寡妇。她从小就一直收藏着这些书。我提出要买下它们的时候，她请求我能不能再给她保管两周，这样她能有机会再看一眼这些书。"

1961 年何鲁尔德去世后，他的妻子给胡姬寄去了最后一幅作品，这是他原本计划送给胡姬的生日礼物。

另一位艺术家 J.P. 品尚总结了自己和这位美国女继承人的关系。1953 年他给胡姬写信，在 80 多岁高龄之时还接受了胡姬指派的任务，虽然品尚也意识到自己行将就木。"童话故事仍在继续，你让我的生活变得美好。刚相识的时候，我把你比作一位善良的仙女，帮助艺术家在职业生涯最后的日子里实现了梦想。你的魔杖从不会停止，我的工作充满了乐趣。”

这些艺术家们从来不知道这位善良的仙女的模样。罗利欧克斯一家给胡姬寄过很多照片，但从来没有收到胡姬回寄的照片。胡姬会给他们打电话询问罗利欧克斯孙子的情况，他们也只能从电报和胡姬那高亢的声音里得知她的消息。罗利欧克斯一家曾多次邀请胡姬来法国，但她总是推辞。胡姬会说：“不，我不能回去。”他们问为什么，胡姬解释说：“因为有法国大革命。”

胡姬说自己害怕如果发生另一次革命，她会被绑架或者杀害，听起来像是断头台永远为贵族准备着。毕竟，对于长寿的胡姬来说，法国大革命离她出生只隔了一代多一点。

第 8 章

Empty Mansions
The Mysterious Life of HUGUETTE CLARK and the Spending of a Great American Fortune

贝洛斯瓜尔多

安德莉的小屋

20世纪的人们都被隐藏在山里的克拉克家夏季庄园所散发出的神秘气质而倾倒。圣巴巴拉的人们流传着自己的贝洛斯瓜尔多传说。1986 年的一天，远在加州的律师给胡姬在纽约的律师发送了一封详细的报告，说人们都在误传一些消息。一辆新的、每天都从东海岸经过到达蒙特西托的旅游观光无轨电车上，导游用扩音器解释说克拉克家是蟒蛇铜业公司的主人。（假的。）克拉克夫妇不能要孩子。（假的。）于是他们收养了一个法国的孤儿。（假的。）她从来没有结过婚。（假的。）她在巴黎也有房产。（还是假的。）

胡姬在纽约的律师和她进行了讨论，认为她应该采取行动来遏制这些无稽之谈，胡姬回答不用。她不惜一切代价想维护自己的隐私，认为不应该小题大做。加州的律师仍然不时地派秘书去坐那趟蒙特西托的车，监视这些导游的行为。

虽然细节全是假的，但贝洛斯瓜尔多这个传奇从本质上来说是真的。关于这栋豪宅的记忆已经封存在胡姬的脑海里，从杜鲁门政府上台后就再也没有变过。它是母亲住过的房子，对于胡姬来说非常重要。

贝洛斯瓜尔多这个名字（意为“美丽的风景”，发音为 BELLOS，GWAR，DOE）与格雷厄姆家息息相关。俄克拉何马州石油商人威廉 · 米勒 · 格雷厄姆和他的妻子李·埃莉诺·格雷厄姆，于1903年在这沿海岩滩上建有一个25 000平方英尺的意大利别墅。格雷厄姆夫人颇具戏剧气质，她举办的宴会上还邀请了一个精神病患、一个变戏法的和一只受过训练的猴子。在无声电影时代，这栋豪宅还数次出现在电影场景中，比如在1913年的单盘影片《图拉真年代》里它被作为罗马皇帝的宫殿。

离婚和破产后，李·埃莉诺·格雷厄姆面临着成为穷人的境况，于是她把贝洛斯瓜尔多租给了海军准将的孙子弗雷德里克·W·范德比尔特。第二年夏天又租给了威廉·安德鲁斯、安娜和他们17岁的女儿胡姬。铜业大王一家十分喜欢这栋房子，于是在1923年，威廉·安德鲁斯给了格雷厄姆夫人30万美元现金，“要么收下，要么走人”。威廉·安德鲁斯买下这栋房子，只享受了一年多的时光后就去世了，贝洛斯瓜尔多最后成为安娜的而不是他的豪宅。

1933年，距圣巴巴拉市大地震已经过去八年，距离胡姬在这里结婚也已经五年了，安娜决定拆毁格雷厄姆的老房子。这栋房子在地震中严重损坏，安娜想使它变得更加抗震，因此加了钢筋混凝土，又加上了花岗岩外壳，墙面足有16英寸厚。

她还想给房子加点法式情调。这栋房子属于18世纪晚期的法式风格，却深受格鲁吉亚风格影响，较为正式，这在当时加州的沿海环境里显得不同寻常。房子的设计师是著名的雷金纳德·约翰逊，他曾修建过圣巴巴拉比尔特莫尔酒店。安娜同意在房址上进行大规模的考古开发，1936年房子竣工，建有27个房间，面积23 000平方英尺，是杰斐逊的蒙蒂塞洛庄园的两倍大。建筑许可证上估价为30万美元，但最终花费100万美元（大萧条时期），相当于如今的1 700万美元。

安娜这个工程所带来的额外好处，就是在经济萧条时期提供了就业机会，克拉克家的人对此感到很自豪。胡姬经常跟人说：“母亲让监管人尽可能地雇用工人，母亲十分喜欢这栋美丽的房子。”1988年胡姬给圣巴巴拉市长希拉·洛奇写信说：“知道在大萧条时期自己还能发挥一点作用，给人们提供工作，她也很满意”。

…

从20世纪20年代中期到50年代初期，安娜和胡姬定期来贝洛斯瓜尔多。克拉克家的普尔曼车厢停在圣巴巴拉火车站的侧轨旁，司机沃尔特·阿姆斯特朗要么开着一辆黑色的1933年凯迪拉克轿车，要么一辆灰绿色1927年的劳斯莱斯到车站来接她们，行李则由镶木的普利茅斯旅行车跟在后面托运。

虽然克拉克家的贝洛斯瓜尔多没有像格雷厄姆时期一样有太多社交应酬，但偶尔还是会在此招待客人。安娜把庭园作为园艺俱乐部，在那里举行小型音乐会招待朋友。网球场边的橡树上设有离地面9英尺的高架平台，世界著名的音乐家弹奏着安娜的无价之宝——斯特拉迪瓦里乐器，乐谱搁置在这里的竹架上。音乐从帕格尼尼四重奏中飘扬出来。

安娜和胡姬也投身社交。1928年胡姬成为“山谷俱乐部”的创始人之一，这个俱乐部拥有颇负盛名的高尔夫课程和社交活动——虽然人们不知道胡姬会不会打高尔夫。1949年，她加入了圣巴巴拉艺术博物馆，订阅了当代艺术和亚洲艺术的时事通讯。

…

贝洛斯瓜尔多处于城市东部边界内，与蒙特西托的富庶社区相邻，从这个社区走出了许多电影明星。克拉克庄园占地23.5英亩，离海岸边境大约1 000英尺，和圣巴巴拉墓地处在同一个悬崖上，显得不太协调。豪宅处在悬崖顶端位置，离公共海滩至少60英尺以上，这样，住户的隐私得到了很大程度的保护。客人们从一个位于卡布里洛大道上的经常上锁的门进入，经过庭园。如果站在门外则几乎看不到豪宅的面貌。

主车道沿着悬崖壁蜿蜒而上，穿梭在高大的桉树、松树和蒙特利柏树之间。车道往上的一条小路上有一个白柱的开放式凉棚，上面是格子状的藤架。坐在那里，斑驳的阳光透过藤架投射下来。夏天和秋天格子藤架下开满了圣地亚哥红色叶子花。浩瀚的太平洋景色尽收眼底。

巨大的浮动木甲板停靠在附近的乡村海滩，夏初季节可以把它们拉拽出来，这样胡姬和客人游泳的时候就能有一条木甲板的“生命线”带他们漂流到岸边去。

车道旁边树立着一个巨大的指示牌，足有 9 英尺宽，警告赫然标着：私人领域勿入！广阔的草坪中延伸出一条林荫道围绕在陡坡的边缘，周围的峭壁耸立在海滩上。在天气晴朗的日子里，人们可以往南一直看到离岸 24 英里的海峡群岛。而在雾气笼罩的日子里，只能勉强分辨清圣巴巴拉东海滩上正在打排球的人们 。

走上悬崖顶端，在一个急转弯后往左走，人们能第一眼看见这栋房子，至少能瞥见它的翼房。这栋巨大的浅灰色建筑外形宏伟庄严，精美的花岗岩嵌在灰褐色交织的结构里。这是喜静的安娜而不是她那浮夸的丈夫呈现出来的作品。周围的墙上铺满了绿油油的波士顿常青藤，秋天的时候映着橘色和红色的亮影。一株女王椰子树高耸在 13 个烟囱上方。

房子周边的花园彰显出对称、保守和庄严的特质。经过一片橙色的加州罂粟，通向房子前端和入口中庭。入口庭园本身就是一件杰出的艺术品，从附近卡宾特利亚海滩上人工挑选来的石头做出灰色、白色和黑色的花样图案。庭园不许停车，粉色的、芳香诱人的“裸美人”花枝修剪地整整齐齐。

往上走过两阶短楼梯，穿过前门就进入了主入口大厅，一位穿军服老人带着骄傲的神情出现在画中。豪宅最突出的位置没有留给威廉 · 安德鲁斯，而是留给了约翰 · 潘兴将军——在 1914—1918 年第一次世界大战中把克拉克家最爱的法国从战火中解救出来的“黑杰克”潘兴。他有着斑白的头发和胡子，站在那里，显得疲惫但坚定，他自信地把拇指别在饰有三排缎带的高领制服的腰带上。这幅画像和房里其他作品都出自塔德 · 斯台卡之手。

豪宅主要是 U 字形结构，东西两翼向前延伸到海滩，向后到圣伊内斯山。一进入房子，人们在两翼之间能看到院子里有一个狭长的池塘，蓝黑色的石砖铺设其中，暗黑水面映出倒影。一条巨大的中央走廊（或者称拱廊）基本铺设到了宅内的主要区域。威廉 · 安德鲁斯 · 克拉克出现在画像上，他有着蓝得发亮的眼睛和白色胡须，安娜站在身边，黑刘海，脖子上戴着耀眼珍珠。

豪宅内最大的空间当属音乐室，长 46 英尺，宽 23 英尺。安娜可以随心弹奏 43 弦踏板竖琴，这是仿照路易十六风格特意为她而制的珍品，镶饰有镀金雕刻和画像。第二件珍品是胡姬常拉的斯特拉迪瓦里小提琴，裹在四层日本纱里。两架施坦威钢琴紧挨着可供二重奏。克拉克家住在贝洛斯瓜尔多的时候，音乐声常常飘扬。

镶木图书馆的壁炉上挂着一幅大画像，这是斯台卡给安德莉绘制的作品。在贝洛斯瓜尔多建成时安德莉已经去世十五年了。还有一张画像中两姐妹同坐在板凳上，安德莉在读书，妹妹胡姬摆弄着一个玩偶。房子里安德莉的画像随处可见，有时候一间房要挂上两张。她深邃的目光无处不在。斯台卡画的另外一张大画像里，姐姐安德莉坐在一块大切木上从奔流的山泉里冲下来，她身着水手服戴着颈巾，融入到她热爱的大自然里。她悲伤的蓝眼睛似乎充满了不幸的预示。

•••

贝洛斯瓜尔多门外还有两个纪念品来缅怀已逝的姐姐。第一个是藏在网球场后面的棕白相间的小屋，木架用的是绿色柽柳桧。纵使在 15 世纪的英格兰或者诺曼底，这间小屋都不逊潮流——半木结构，仿都铎风格，茅草屋顶，石质烟囱，还有形状各异、起伏不平的窗户玻璃。里面的两间房用清晰的红杉树做成，淳朴自然，放着 20 世纪早期的黑色铸铁炉和简单的乡村家具。

这间木屋是克拉克从上一任主人手里得来的，格雷厄姆家建了这栋屋子作为女儿杰拉尔丁的游戏房。克拉克家取下了刻着古英语的标识牌“杰拉尔丁 · 格雷厄姆的小屋”，换上了几乎一样的“安德莉的小屋”。小屋被很用心地照看着。比如说，屋顶要修的时候，克拉克家从英格兰请来盖屋匠。房产经纪人的女儿芭芭拉 · 霍尔舍 · 多兰说虽然这栋小屋子只是间游戏房，对于克拉克家来说更像一个纪念物，他们在周边说话的时候都带着郑重的语气。

这就是安娜的教女们对这间小屋的印象。她们会定时去纽约大道 907 号拜访，她们也都会受邀到西部贝洛斯瓜尔多的夏季豪宅来住一段时间。1928 年莱昂蒂娜和家人去那儿参加了胡姬的婚礼。莱昂蒂娜当时 2 岁半，母亲是婚礼的女傧相。

音乐飘扬在贝洛斯瓜尔多。这张相片摄于1940年的音乐室，一端放着安娜的竖琴和钢琴。胡姬的画像（右）和已故的姐姐安德莉的画像放在室内显眼位置。

安在快9岁的时候去了贝洛斯瓜尔多。1937年5月，教母安娜把她从学校里接出来，开始了一段惊喜的、穿越美国的火车之旅。安的母亲和家庭女教师也一同前往。胡姬当时31岁，没有同去。

从芝加哥到洛杉矶的旅途中，她们坐上了第一次正式运行的“超级首席”——一列新的高速列车，也被称为“星星之车”。同车的乘客还有口技艺人埃德加·卑尔根及其搭档查理·麦卡锡。嫁给了铁路贵族的安娜终身受到全国铁路的礼遇，而这份自豪感则来自登记在国会记录上的荣耀。在这辆列车里，安娜有自己的特等舱，使用自己的瓷器和教女喝茶叙话。安回忆说：“她对孩子们非常友好。”

安还回忆起她们刚到贝洛斯瓜尔多的时候，帕格尼尼四重奏特意为她们举办了一个演奏会，“旋律十分优美”。

教女们都说人们从不提起安娜的大女儿。女孩子们都知道她已遭不测，因为太过不幸，大家都讳莫如深。安说安德莉那间修缮了房顶的小屋“像个圣地——大家经过的时候都得很安静”。

…

胡姬给安德莉建造了第二个纪念物。1928 年 8 月大婚前，胡姬捐赠了 5 万美元给圣巴巴拉市政府，在贝洛斯瓜尔多后面的城市空地上建造安德莉·克拉克鸟禽保护区。这笔捐款把一条散发着恶臭、令人生厌的沼泽口变成了有三座人工岛的小湖。在安娜的要求下，市政府制订了保护区的修建计划，但是捐赠全部来自胡姬。这次捐赠也给克拉克家带来了益处——除去了周边的荒草。这个 31 英亩的保护区主要是胡姬献给安德莉的纪念品，而安德莉营则是父母对她的纪念。

80 多年来，安德莉·克拉克鸟禽保护区已经是一个宁静的泻湖和花园，有着前往南方过冬的野生鸭子、雪鹅和其他水禽，以及全年生活在这里的苍鹭、鸬鹚和其他的水鸟。它也对公众开放，但是需要遵守胡姬的规定。在捐赠时，她严格限制了保护区的用途：不能露营，不允许划船、游泳，大道沿路不准租借、停车，还有必须一直以安德莉命名。

1989 年，湖里海藻泛滥的时候，胡姬又加了 3 万美元的捐款来清理湖水，同时也提供教育项目。几年后湖里海藻降解又发散出难闻的气味，2012 年，人们估计重新翻修的花费达到 100 万美元。这个湖像一个活生生的人一样，需要源源不断的新鲜氧气供给。

私人领地

房产经纪人的女儿芭芭拉·霍尔舍·多兰回忆起 20 世纪 50 年代初她和胡姬在贝洛斯瓜尔多玩洋娃娃的场景。小芭比（人们这么叫她）说她当时从未意识到时间的流逝。芭比·霍尔舍出生于 1944 年，20 世纪 50 年代初年纪尚小，而胡姬当时已经四十多了。“胡姬会给家里致电，邀请我去喝下午茶。我牵着狗走过去，跟胡姬和安娜坐在露台的阳伞下，遥望着广阔的草地和海洋。我们喝着柠檬水和茶，就着可口的蛋糕和饼干——这些都是克拉克家从纽约带过来的厨师做的。”

通常克拉克宅里没有主人，只有仆人居住。当然房子里有工作要做。安娜的英国管家托马斯·莫顿身材颀长、举止得体，负责照料餐厅以及里面成千上万块黑色木板。从第五大道的老克拉克宅里截取下来三间房，餐厅是其中之一（安娜没有继承那栋房子，无权保留这些房间，只能从古董商手里买下来）。天花板做工惊奇，帆布制成，金色花边，画有漫画人物和五彩缤纷的天使。房子需要女仆照料，但不会有紧急的工作。莫顿慢慢地成了养盆栽的专家。

到了 20 世纪 60 年代，贝洛斯瓜尔多执行的是 48 小时制度。员工们在克拉克家人到达前两天接到通知，然后准备好迎接他们的到来。芭芭拉回忆说，有时候安娜和胡姬“来得猝不及防，母亲都得帮忙清扫遮家具的布，或者布置些花让房子看起来有生气”。

房子立刻恢复生机。安娜会带着客人们参观她的竖琴和从法国宫廷里收集而来的女士扇子。胡姬有自己的爱好：照相和画画。从她的相册里可以看到她带着照相机闲步在房子的各个角落，拍下了倒影池边的对称阶梯，也有碗里放着水果、叶子的静物写生。她一遍又一遍地记录下每个房间。许多年后，有次她致电给员工让他们替她找一本关于日本文化的书，她指示着书是放在哪个书架上，是从右边数第七本——员工们都觉得无比惊奇。

胡姬的艺术工作室藏在房子后端，以尽可能地保护隐私。工作室里，她摆放了自己的画作，还有她喜欢描摹的日本玩偶。工作室里藏着小厨房，有一个私人楼梯通向卧室，这样胡姬的生活、工作都不用经过房子的主门厅。

胡姬并不只满足于绘画，她也会做些编辑的工作。音乐室外面悬挂着威廉·安德鲁斯一副年老时的画像，他白发丛生，蓝眼睛炯炯有神。威廉·安德鲁斯穿戴整齐，身着马甲，戴着珍珠领带夹和尾戒。右下方署名为“塔德·斯台卡，1925”。下方还有一个签名“Hugo C”，这是胡姬修缮这幅画时加上去的，当时她润色了指导教师塔德为自己的父亲画的画像，把自己的昵称也一并加了进去。

东翼的上方是安娜和胡姬的套房——威廉·安德鲁斯不住这儿，因为房子修好时他已经去世了。每间套房都配有起居室、壁炉和鸟眼枫木板拼配的衣橱。在安娜的套房里，威廉·安德鲁斯的画像放在窗边桌子上，旁边放着孩子们小时候玩耍的照片。一台巨大的金色法国竖琴放置在床脚。她的浴室里有一个大得惊人的浴缸，它是从一块黄粉色大理石切割而来的，浴缸周围镶嵌金边。安娜还有一张用来祷告的法式跪椅（法语 prie—dieu，祈祷椅），以及一个用来盛放十字架的卡地亚毛垫毡盒子。

透过窗户，人们能看见安娜的玫瑰园，它曾经是圣巴巴拉最大的玫瑰园之一。花园采用同心圆结构，圆圈之间用一排排低矮的矮桃金娘树篱和红砂岩人行道分离开来。在花园中心矗立着一座喷泉，这是一个三层的意大利石雕，顶上站着一个正在沐浴的裸体女人梳理着她的长发。

房产经纪人的女儿全年都住在贝洛斯瓜尔多，因而能比胡姬发现更多的惊喜。在克拉克家的奢侈生活里，她记忆最深的是他们的慷慨。“胡姬希望我妈妈能在我们住的地方放一架最好的钢琴，于是她花了很多天试用各种钢琴，最后终于找到了一架能满足她的要求，”芭芭拉·霍尔舍·多兰回忆道，“她喜爱最新的科技和创新产品，会买最新款式的相机或者 16 毫米放映机，一个给她自己，一个给我们家。”

“她们是非常娴静美丽、乐善好施的女士。”

朋友的攻击

1941 年12 月3 日，胡姬在圣巴巴拉用法语给塔德·斯台卡写了一张欢快的便条。她和这位绘画老师还保持着联系，在她前往西部前，老师还给她寄来了巧克力和胸花。她写道自己正在享受着阳光浴，“慢慢变成了巧克力色”。

4 天后日军袭击了珍珠港，随后美国加入第二次世界大战。胡姬学习过日本文化和艺术，她对朋友说，听到这次偷袭时，她都崩溃了。

为了避免被太平洋海岸的侵略波及，贝洛斯瓜尔多在战争期间有所变化。一队前往圣巴巴拉的步兵团在克拉克家的海滩豪宅边设立了一个信箱。房产经纪人阿尔伯特·霍尔舍成为了民防队长，他的家则作为指挥总部。沿悬崖而上，地面都设有带着闹钟的接线端，确保武装哨兵正常巡视。巴利·霍尔舍（芭芭拉的哥哥）回忆说，年轻的哨兵们草木皆兵，到处扫射。孩子们都发有1917式头盔和防毒面具。安娜对员工们十分慷慨，常常担忧他们的人身安全。第二次世界大战期间，她每年给霍尔舍家1 000美元战争债券，每个孩子还有75美元的债券。她还给霍尔舍家配备了一把来福枪、一把45口径的手枪以及1万美元以防他们需要疏散。

1942年2月23日，一艘日本潜艇浮出圣巴巴拉的海面，朝埃尔伍德油田的燃油储存罐扫射，油田就在贝洛斯瓜尔多以西10英里处。虽然此次袭击损害较小，人们还是陷入到了对日军袭击的歇斯底里的恐慌中。一个星期后，美国总统富兰克林·罗斯福颁布法令，要求对生活在太平洋海岸的日裔美国人进行驱除和拘留。因此，需要获得政府通行证才能通过克拉克房产旁的卡布里洛大道铁丝网检查站。因为实行灯火管制，日落前人们就得把窗帘拉上。街灯都被遮盖住，车辆行驶时只能打开停车灯。这样藏在秘处的敌人就看不到停在岸边的美国军舰的轮廓。安娜对外侵者保持很高的警惕性，一度把海带收割船当成了日本潜艇。

因为随时可能面临侵略危险，安娜在远离海岸的地方给自己和胡姬，更重要的是给全体员工，找了一处避难所。她在离圣巴巴拉市西北22英里的圣伊内斯山谷买下了一个215英亩的农场。这个叫“Rancho Alegre”（西班牙语“快乐农场”）的地方有一栋牧场住房，斜坡草地上饲养着马和鹿，一个山泉水汇成的游泳池，还有菲格罗亚山秀美的风景。来到克拉克农场的客人们可以骑马，这里有一匹桀骜不驯的棕马唐·安东尼奥，还有一匹纯白色的“小姐”，它是镇上的名人，常常在游行队伍里当旗手。

1945年8月，美国在广岛和长崎投下原子弹，日本投降。然而封锁的氛围从未离开过贝洛斯瓜尔多。有一晚停电，整栋宅子陷入黑暗之中，安娜惊慌不已。这件小事之后，无论安娜和胡姬在圣巴巴拉待一周还是两周，晚上都会住在比特摩尔，说不想劳烦员工们打开这栋房子。

安娜年岁渐老，已经经不起火车长途旅行。大约在1953年，她最后一次和胡姬来到了西部。

克莱斯勒敞篷车和凯迪拉克加长轿车还停在车库，安娜把劳斯莱斯送给了司机阿姆斯特朗。他也很久没有开过这辆车，除了有时为了恶作剧，他会在快放学的时候，戴上白手套开到圣巴巴拉高中接房产经纪人的儿子巴利·霍尔舍，常常把这孩子弄得局促不安的。

一流的状态

1963 年安娜去世后，贝洛斯瓜尔多和快乐农场都留给了胡姬，她给员工们制定了新的规则。准备房子迎接克拉克家人到来的 48 小时准则不复存在了。

1983 年阿尔伯特·霍尔舍死后，约翰·道格拉斯成为这栋房子的经理人。胡姬给了他两条指示：每件东西要以“一流的状态”保存，还有“尽可能保持原来的状态”。

20 世纪 80 年代，厄尔尼诺风暴席卷了贝洛斯瓜尔多，把 6 株 100 英尺高的大树连根拔起，园丁们重新种了一些，把相片寄到了纽约。胡姬来信说其中一棵新树不行，太小了。这棵树又被挖走，种上了成熟的树木。她又说还是太小。种了三次后，她终于发话说可以。

画师完成了翼房后部的工作后，道格拉斯拍了照片寄到纽约。很快他收到了胡姬律师的回复。画不错，但“克拉克夫人想知道京巴狗的狗舍怎么样了”。这条京巴狗很多年前就死了。道格拉斯问是不是还要保留狗舍，虽然里面没有狗。律师回答说克拉克夫人很清楚狗已经死了，但是想确认它的窝是不是还在房子里，后来发现它果然还在。

胡姬坚持要保留一个拱门以穿过一片茂密蒙特利柏树，正如她记忆里的一样。看到照片之后她捎话说，她想知道她卧室窗户外的小橡树能不能重新种一株。

克拉克家有个亲戚回忆说，他很少造访胡姬的住所，有次偶然拜访，管家大喊大叫：“谁动了这张椅子？”当时他觉得十分惊愕。后来管家把椅子往后挪了四英尺，移回到原位置。

母亲已经辞世，胡姬必须要承受这份苦痛。母亲的房子可以无限期地保存下去。

…

胡姬不允许任何人扰乱贝洛斯瓜尔多，即使是国王也一样。

1979 年 1 月，从伊朗伊斯兰革命逃亡出来的最后几天里，伊朗国王穆罕默德·礼萨·马列维想要买下这栋房产，胡姬拒绝了他的经纪人的请求。甚至在这位伊朗最后一任国王死后，都不能满足蒙特西托邻域的准入条件。他的妹妹给圣巴巴拉公墓写了一封信，恳请买下土地修建家族陵墓，但是也遭到了拒绝。

1989 年，好莱坞亿万富翁马文·戴维斯请求直升机着陆，去贝洛斯瓜尔多参观一番，胡姬没有允许。戴维斯开出了 3 000 万 ~4 000 万美元的报价要买下这栋房子。

据报道，豆宝巨头泰·沃纳有可能支付 1 亿美元买下贝洛斯瓜尔多，但胡姬丝毫不感兴趣。

从 1991 年到 2004 年，圣巴巴拉艺术博物馆一直恳请胡姬捐出这栋房子但毫无进展。律师唐·华莱士说她很认真地考虑把房子捐给附近的西北音乐学院。她说能在贝洛斯瓜尔多开室内演奏会很好，但是她担心太多车辆会把地面弄坏。

圣巴巴拉市长又请求了两次，希望胡姬把贝洛斯瓜多尔捐给基金会，她回答说会加以考虑。1997 年她亲笔写信给时任市长的希拉·洛奇："关于贝洛斯瓜尔多这个问题，我的答案和 1993 年一样。但是如果有一天我改变了主意会通知你的。"

历史学家和记者们纷纷来信，通常他们会保证避开胡姬父亲的选举丑闻话题以获得采访机会。其中有这么一封信颇为典型，1988 年一个历史系毕业生珍妮特·罗达给胡姬的信里写道："当然，提到丑闻不可避免，但我相信自己能巧妙地重新诠释并轻描淡写一些不幸的事件。"胡姬的律师把这些信件交给她，但是没有一个申请者得到回应。

…

安娜只去过几次圣巴巴拉城外山上的避难所——快乐农场，胡姬好像从来没有去过。安娜死后，胡姬立刻以母亲的名义把快乐农场捐给了童子军组织。有一个附加条件：好心的农场经纪人尼尔斯·斯利姆·拉森和妻子奥达可以搬进农场房子里，只要愿意他们想住多久都行。如今很多社会组织把快乐农场当作休闲地，童子军经营的圣巴巴拉户外学校每年为 4 000 孩子提供服务，这些都归功于胡姬的慷慨捐赠。

2001 年，奥达·拉森去世前，她说只记得和胡姬在电话里通过一次话。胡姬问了她两个问题：

“游泳池是什么颜色？”

“农场里有瞪羚吗？”

…

安娜和胡姬最后一次拜访后，贝洛斯瓜尔多安静地度过了 60 年，家具已经用布盖上了。安娜的竖琴放在了一起以防在地震损毁。绣着树莓和粉花的奥布松挂毯用纸包好，附上标有内容的照片，每一捆都注明日期，并由一个工作人员签名。

胡姬接近 60 年没有到访，贝洛斯瓜尔多的家具一直盖着。胡姬给员工的指示是保持原样，而且每件东西都要保持“一流的状态”。

然而克拉克宅里不是每样东西都保持着一流的状态。岁月变迁已经足够引起各种变化。从 20 世纪 30 年代开始，房子里所有的浴室都没有翻新过，有些只能贴上“请勿冲水”的红色警示牌。虽然在 50 年代特意从荷兰请来裁缝补修客厅的沙发和椅子上的路易十五垫衬，但近年来，一些垫子已经腐烂。

曾经贝洛斯瓜尔多大规模的园林绿化需要 12~20 名的园丁一起工作，还有两个专职管道工进行灌溉。意识到圣巴巴拉缺水的困境后，员工们把 1 200 株玫瑰小心地挖走，每个位置都做了标记，这样如果胡姬要求，花园还能建回原来的模样。现在房子里只剩 4 个园丁，剩下的员工包括一个管家、两个兼职人员做书籍保存和归档，以及一个房产经纪人。

与胡姬的对话

我们讨论过几次胡姬对贝洛斯瓜尔多的印象。我问她为什么不再回去。她难道不想再去看看房子和花园，欣赏下太平洋的美景吗？

“唉！”她回答说，“我一想到圣巴巴拉，就会记起和母亲在那里度过的日子，这会让我非常伤心。”

…

胡姬在纽约还一直和圣巴巴拉保持着联系。直到她去世时，员工们每个月都还向山谷俱乐部缴纳月费（虽然她已经 60 年没有去过），每年向圣巴巴拉艺术博物馆寄送支票，同时也给音乐机构、警力和救火慈善事业捐款。

有两个人会给胡姬寄新闻剪报，一个是常任房产经理人的第二任妻子罗琳·霍尔舍，她在贝洛斯瓜尔多照看着书籍；另一个是司机的遗孀阿尔玛·阿姆斯特朗。她们俩直到去世时还一直领取养老金。女仆西维亚·莫拉莱斯已经在房产经纪人家打扫了 30 年，1993 年她退休的时候，胡姬批准给她发放 92% 的平常薪酬作为退休金。

从 1987 年开始，胡姬花了近百万美元修建一座 800 英尺的岩石海堤来保护悬崖，同时也修缮了主车道——这是消防车通往豪宅的唯一通道。这个工程破坏了美丽的悬崖表面，而且移走了崖顶一排蒙特利柏树。作为允许建造海堤的交换条件，胡姬允许市政府把大部分地产指定为地标，这样房子未来的发展受到了限制，可能也限制了它的转售价值。

约翰·道格拉斯为胡姬管理了 28 年她最宝贵的财产，却只和她在电话里通过两次话。在这几次通话里，他向胡姬描述了房子的变化。胡姬礼貌地回应说："好的，道格拉斯先生。"但是，当她听到房子一直以来还保持着原貌，就和她母亲还在世时一样，她就会叫起来："这真是太好了！"

贝洛斯瓜尔多车库华丽的灯饰下还停放着安娜和胡姬的两辆车。一辆是 1933 年的凯迪拉克 7 座镀金加长轿车，另一辆是 1933 年的皇家克莱斯勒 8 座敞篷车。从 1949 年起两辆车都上了牌照。

第 9 章

Empty Mansions
The Mysterious Life of HUGUETTE CLARK and the Spending of a Great American Fortune

乐博堡

“我们不想要！”

安娜把加州的快乐农场作为紧急庇护所，胡姬也在森林茂密的康涅狄格州郊区开辟了自己的乡村避难所。这个地方叫作“乐博堡”（是“美丽城堡”的意思），名字取自一首古老的法国儿歌。这首歌来自一个圆圈游戏，孩子们围成两个同心圆，轮流唱出歌词。以下是副歌部分的翻译：

啊，我美丽的城堡！
阿姨变啊，变啊，变啊。
啊，我美丽的城堡！
阿姨变啊，变成美丽姑娘。

接下来的歌词里，第一句新词每一回合都会出现：

我们的城堡更加美丽！
我们要摧毁它！
你们要怎么做？
我们要带走你们的姑娘！

你们要带走哪一个？
我们要带走这一个！
你们会给她什么？
漂亮的珠宝！
我们不想要！

1951年，克拉克家的司机把胡姬和安娜送到新迦南，这里是康涅狄格州的郊区，离纽约城北有一小时的车程。胡姬后来跟她的得力助手克里斯·萨特勒解释说，这是她母亲的主意，为了防范苏联军队攻击纽约，母亲想给家人和朋友准备一个避难所（这是冷战时期的普遍想法）。

从外形上看，乐博堡（根据法语“美丽城堡”发音而来）和克拉克家在法国欢度暑期的Petit—Bourg（法语，小村镇）遥相呼应。胡姬买下了这座城堡，扩建了房子，买了更多地作为缓冲区，最后建成了面积达52英亩、拥有22间房、超过14 000平方英尺的空地的乐博堡。买下它60年里，胡姬都没有添置过一件家具。

胡姬这位参议员的女儿，是从另一个参议员手里买下这栋房子。1938年，来自宾夕法尼亚的前任共和党参议员大卫·艾肯·里德建造了这座城堡。里德最出名的是1924年的《移民法》，它试图禁止犹太人和亚洲移民进入美国，目的是“保持国民中基本类别的种族的优势，以此来稳定美国民族构成”。

新迦南是美国国内最富庶的社区之一，却颇为低调，很少引人注意。如今周边住着音乐家和演员小哈里·康尼克，建筑师菲利普·约翰逊的玻璃房子就处在离胡姬家不远的地方，NBC《夜间新闻》主播布莱恩·威廉姆斯，还有歌手和作曲家保罗·西蒙。

时间流逝，这座神秘的城堡依然无人居住。邻居孩子们偷偷爬到树上窥探，城里流传着关于这栋房子失踪的主人的各种传说。有个故事说她未婚夫给她建了这栋房子，但在海边度蜜月的时候未婚夫不幸逝世，所以她不愿再住进去。另一个故事又说胡姬的爸爸给了未婚夫100万美元让他离开胡姬。

1951 年，快 45 岁的胡姬买下了这座位于康涅狄格州的乐博堡，每年财产税达高达 161 000 美元，但胡姬从来没有住过。60 多年来，有人一直照料着这栋房子，但里面没有摆放任何家具。胡姬同意出售这栋房子的时候已经快成为百岁老人了。

…

乐博堡是一个令人愉悦的度假胜地，胡姬本可以在这里欣赏她的印象派画作，聆听小提琴奏鸣曲，沉浸于画像的快乐，就这样安静生活一直到老。走在这条长长的车道上，鹿群从森林里蹦出来。华丽的卧室带着双层高度的窗户，阳台离附近森林只有二十步的路程，鳟鱼在小溪里游来游去，旁边的瀑布从高处流淌下来。不过，胡姬在纽约有自己的私人城堡和玩具屋需要照料。

房子里的螺旋楼梯十分宏伟，但是 60 年来没有人在这里拍过婚礼照片。地下室的热水器和一辆劳斯莱斯豪华轿车一样长，但是从来没有人用它烧过洗澡水。房屋看管人的老式绿色捷豹车停在车库里。步入式安全门的暗码锁已经消失无影踪。

在乐博堡里，除了鳟鱼小溪旁的瀑布在附近的森林里流淌的声音，胡姬的大卧室非常安静。

康涅狄格州的房子的维护远没有贝洛斯瓜尔多那样精心、奢侈。这里没有需要保留的记忆。加利福尼亚州的房产经纪人约翰·道格拉斯每年的薪水达到了 11 万美元（此外，还有房子的用度）。但乐博堡的看管人托尼·鲁杰罗只能使用一间看管小屋，年薪也只有 16 800 美元。胡姬一直支付着房产税——额度达到了每年 16.1 万美元，1997 年她又在修补房屋和房屋的绘画上花了成千上万美元。

如今房子后端的红砖上，白漆渐渐脱落。新英格兰的石墙正在塌陷。网球场杂草丛生，很容易迷路。藤蔓紧紧地围住了厨房的百叶窗。

多年来，乐博堡已经成为了非正式的野生动物庇护所：火鸡、鹿、鸣角鸮、大林鸮、大角猫头鹰、苍鹰、条纹鹰和库珀鹰在这里常年居住；偶然会有秃鹰、黄斑点蝾螈、罕见的箱龟、红色和灰色的狐狸出没；雨燕在烟囱上筑巢。看管人的儿子在这里照料着受伤和失去父母的动物：浣熊、棉尾兔和鹿。胡姬的律师唐·华莱士有次来参观，一只叫“小卷”的鹅解开了他的鞋带。

在这栋22间房的城堡里，唯一体现出胡姬个人风格的是建于20世纪50年代初的翼房。一排精致的木楼梯从1 300平方英尺的卧室通向阁楼，这里是画家的工作室，有水槽供人清洗画刷。楼梯上每隔一根栏杆都是艺术家手工雕刻的一支笔刷。

1951年胡姬在乐博堡扩建了两层，楼梯的设计加上了一个奇思妙想：画笔刷。

纯洁少女

胡姬已经年届50，而母亲也已经越来越虚弱。胡姬不仅买下了乐博堡，也收藏了许多艺术和乐器珍品，和她父亲一样都是押注赢家。

1955年5月，胡姬收藏了第三件斯特拉迪瓦里小提琴。这些小提琴都是私人藏品，不包括安娜借给帕格尼尼四重奏的那四把。她这把新的小提琴和一般的斯特拉迪瓦里不一样。这可能是世界上除了博物馆藏品外最好的一把小提琴。胡姬亲自挑选以确保能跟卖家协商打个折扣。

这把顶级斯特拉迪瓦里小提琴制作于1709年，出自意大利克雷莫纳，自问世以来一直贵为音乐家的宠儿。纵使相隔再远，爱好者们都能一眼发现它，正如电吉他迷都知道基思·理查兹1953年的芬得电吉他“密考伯”一样。19世纪中期，巴黎有位买家看到这把小提琴从来没有被打开维修过，他惊叹道：“C’est comme une pucelle!”（法语“就像纯洁少女一样！”）因此它渐渐得名“La Pucelle”，意为“童女”或者“处女”。这位买家不仅给它起了名，还在小提琴上加了一块圣女贞德的木刻前片。1955年，在知名的42街鲁道夫·沃立舍公司这把琴的要价高达5.5万美元，胡姬咨询了如果付现金，能给多少折扣。对方回答说5%。一周后售价上涨，胡姬和卖家协商拿到10%的折扣，最终这把史上最精美的琴以4.95万（相当于如今的45万美元）成交。

胡姬精心地照料着这把琴，确保每年都能使用。20世纪50年代到60年代，她离开第五大道907号游历在外。随身携带使用的是一把稍便宜的1720年的斯特拉迪瓦里，她给这把琴起名为“旅行者”。

收藏小提琴的同时，胡姬也广泛收集印象派画作。在这之前她已经拥有两幅雷诺阿的作品（《玫瑰丛中》和《打阳伞的女孩》）、马奈的《牡丹》、德加的《舞者画点》，还有莫奈的两幅画作《睡莲》和《艾普特河岸的白杨树》。她又收藏了第三幅雷诺阿的作品——令人叹为观止的《玩羽毛球的女孩》，这幅画描绘了时尚年轻的女人们在法国郊区打羽毛球的场景，蓝黄色调映衬着绿油油的乡村图景。毫无疑问，这是1937年她在大都会艺术博物馆发现的，她还把自己一幅藏品借给博物馆方开设雷诺阿展。画里人物众多（这点和《沐浴者》相似），且出自雷诺阿的巅峰时期，因此交易商们称它为“完美的雷诺阿画作”。胡姬请求诺德勒画廊把画送到她家，一个星期后她决定留下它，为此支付了12.5万美元。

藏画里并非所有珍品都出自法国画家。她还有两幅美国画家约翰·辛格尔·萨金特的作品。一幅是《卡布里的屋顶》，画中一个年轻女孩跳着塔兰台拉舞来引诱一个老男人；另一幅是《在圣维吉利奥钓鱼的女孩》，钓鱼的女人似乎在这个场合穿得过于讲究。

1955年第五大道907号从租金式公寓转为共建公寓时，胡姬还买下了12

层作为自己的寓所，8层则留给母亲。这两层楼花费接近12万美元（相当于如今100万美元）。

胡姬在购置这些物品中充分证明了自己精明的投资眼光。

“你又养了狗来代替史努比吗”

在胡姬神秘的一生中，她一直和一位多年好友保持联系，他与胡姬年纪相当，居住在法国，是除了艾蒂安之外的另一个男性好友。胡姬是一个恋旧且从不疏远老友的人。她并不是一个遗忘过去的人，也不是一个会结束长期友谊的人。

1964年春天，胡姬给这位朋友在法国里维埃拉的家发了一封电报，以慰藉他痛失宠物的伤心：

> 亲爱的比尔：我已经从你的来信里知道了史努比的不幸消息。我也养过狗，深知它们去世时，人们会多么地心碎。在这种情况下，我还是祝福你过一个舒心的复活节。你亲爱的胡姬。

这位叫比尔的人正是她的前夫。虽然两人在蜜月时期就已经分开，但这对过去的威廉·高尔夫妇数十年来都保持着热情的交流。

离婚两年后，1932年比尔再婚，对方来自西部州区，出生在一个富有的政治家庭。康斯坦茨·图尔明是乔治·怀特·巴克斯特（怀俄明州前州长）的女儿。她已经有过两次失败的婚姻。比尔和康斯坦茨没有自己的孩子，但他们抚养了康斯坦茨上一次婚姻的女儿辛西娅，在第二次世界大战期间，辛西娅还开过救护车。因为之前田径队的训练让比尔养成了一种稍显奇怪的步态，他无法上前线作战，只能利用自己的法律知识成为美国红十字会驻欧洲的代表，曾向丘吉尔和艾森豪威尔作情况汇报。战争结束后，比尔在发行过《展望》杂志的公司的巴黎办事处工作。在那里，他如鱼得水，与社会上的名人们交往密切，其中包括作家毛姆。

外甥女珍妮特·佩里回忆说："叔叔对一切事情都很有心机。"他风流成性，舌灿莲花，是个社交宠儿。他曾给外甥女寄去一张自己的硕大相片，珍妮特没法摆放，比尔来到纽约拜访时她只能把照片放在钢琴上。比尔永远能拿到票去看最时新的戏剧，也能在最好的餐厅订到座位。"他很喜欢搬出显贵来提高自己身价，他也确实认识不少大人物。"

离婚后的日子里，比尔和胡姬一直保持着联系。比尔会给胡姬送去生日祝福，胡姬也会和他分享家长里短和身体抱恙的消息。这些温暖的互动体现出来的二人关系和克拉克家人想的完全不同，他们认为胡姬在这次短暂的婚姻里精神上受到了极大的创伤。

1964 年 2 月，胡姬询问比尔的身体状况，并邀请他下次美国之行来拜访她：

亲爱的比尔：

谢谢你的来信。照片很漂亮。我很急切地想知道你的脚的情况如何。你准备何时来美国？一定提前告知我，我好去纽约等你。

爱你的胡姬

几周后，比尔到了纽约最古老的私人俱乐部后，胡姬准备去见他：

谢谢你的来信。很高兴你的脚痊愈了。我会在 3 月 3 日或 4 日打电话给联合俱乐部找你。爱你的胡姬。

8 月份，她又在信中写道：

亲爱的比尔：

今天你在做些什么？我们这天气不错，不知你那边如何？你在家又养了狗来代替史努比吗？虽然可能没法代替它在你心里的位置。

诚挚想念你的胡姬

第二年（1965 年），60 岁的比尔摔了一跤，胡姬颇为担心：

亲爱的比尔：

我很急切地想知道你现在如何？摔跤的伤是否已经痊愈？尽早回信给我。

诚挚爱着你的胡姬

比尔妻子康斯坦茨于1951年去世，1960年比尔退休，搬到了法国里维埃拉海岸边一个叫昂蒂布的疗养小镇里。比尔在那里有一套典雅的、古色古香的地中海房子，起名为“拉萨拉宅”。院子的一端有一面大镜子，使得肉眼看房子有两倍大。

胡姬每次都给比尔汇去3 000美元的支票，一直持续到20世纪70年代。1976年12月，比尔在昂蒂布死于肺痨（即肺结核），享年71岁。比尔的骨灰被埋在了纽约普莱西德湖村外的北阿尔巴墓地，在一个阴暗的、布满青苔的墓碑里，与他的父母安息在一起。

直到胡姬去世时，这段短暂的婚姻已经过去83年了。但胡姬还在公寓里留存着当年的结婚信物——一个镶着32颗小钻的卡地亚金戒指，以及蒂芙尼的新婚礼物，上面还刻着字母组合图案：“H.C.G”（胡姬·克拉克·高尔）。

恐怖事件

尽管胡姬已经有了三套房产：康涅狄格州的乡间别墅、纽约的公寓和加利福尼亚的贝洛斯瓜尔多，但员工的数量正慢慢减少。老一辈的员工或者已经去世或是已经退休，胡姬没有雇用新一批的员工。显然她不适应给别人进行面试。母亲去世后，紧接着，和她一同住在第五大道907号的玻琳阿姨也去世了，胡姬成为这40间房子里唯一的居住者。

胡姬的一个全职护工迪莉娅·希利是爱尔兰移民，比胡姬大了六岁。20世纪60年代到70年代，迪莉娅的主要职责有三个：

每天早上给胡姬买来新鲜香蕉，做好午餐，通常是咸饼干和罐头沙丁鱼；

照料胡姬的法国玩偶，仔细洗好、熨好她们的衣物；并且只要施瓦兹玩具商店有新品上市立刻前去购买；录制好胡姬要看的电视节目，特别是卡通片，这样胡姬能仔细研究每一帧动画（20 世纪 60 年代胡姬还建了一个法国电影的资料馆，专门存放早期的卷盘磁带，每一帧画面她都精心研究过）。她还买了一个最新款的索尼录像机，送到迪莉娅家让她专门录制电视节目。因此，迪莉娅的任务不仅要录制节目还有抄下动画片《摩登原始人》里每一集每一个词。

迪莉娅的孙子回忆说，胡姬为人和善、慷慨。1975 年，胡姬给他们家送了一个早期的“家庭乒乓”（球类电子游戏机）。她还送过一个德国定做的玩具屋，做工精致，马桶座可以上下调动，里面的玩偶根据他们的家庭成员量身定制。然而几周后，胡姬把这个玩具屋又寄回德国，说它里面的地板需要翻新，迪莉娅一家都表示不可思议。

79 岁的迪莉娅年迈体衰，从威斯特彻斯特郡的拉奇蒙特搭火车来上班已经力不从心。胡姬每天早上都派司机开着林肯去接迪莉娅。和陌生人在一起胡姬总觉得局促，因此她总不乐意去雇用新人。迪莉娅 1980 年去世后，她的家人才惊奇地发现原来胡姬实际上比迪莉娅还要年轻。

失去了最后一个全职员工后，胡姬只好请一队兼职护工。20 世纪 80 年代，一周总有几天晚上，罗伯特·塞缪尔斯（胡姬的古董交易商）在纽约扬克斯的家中总会响起电话铃声。他女儿安·法布里齐奥还记得胡姬小声地要求父亲立刻去她母亲的公寓里修东西，有时候是嵌桌塌了，有时候是椅面要重修，有时候是玩偶们又出现了新情况。塞缪尔斯在胡姬公寓里当修理工人和家具工人的 25 年来，从来没有和她面对面说过话。

1970 年，胡姬有 8 名员工。到 1990 年只剩下一个兼职女仆，还有一个杂物工人照看着第五大道 907 号公寓的 42 间房子。

当时公寓里出现了一件非常恐怖的事。20 世纪 80 年代末的一天，胡姬描述说，那天一个送水的男孩（或者装作送水工人）来到 8 楼。胡姬当时正在 12 楼完成自己的艺术作品。当她回到楼下的时候，发现女仆被锁在了浴室，而送水男孩已经消失不见。

之后胡姬又描述道：“真是太恐怖了！”

第 10 章

Empty Mansions
The Mysterious Life of HUGUETTE CLARK and the Spending of a Great American Fortune

达可塔斯医院[①]

皮埃尔夫人

胡姬·克拉克比她的医生都要长寿。

1991 年 3 月，癌症渐渐侵蚀到胡姬的嘴唇，差点导致她无法进食，最后她给朋友苏珊娜·皮埃尔打了紧急求助电话。苏珊娜的丈夫是胡姬多年的医生朱尔斯·皮埃尔，但他年岁太老已经没法给病人看病。朱尔斯退休后，胡姬的医生换成了迈伦·莱特，但后者也于 1990 年去世。胡姬没有再找新的医生，患上的皮肤癌也就无人医治了。

皮埃尔夫人只好打电话给亨利·辛格曼医生，自她丈夫退休后，辛格曼开始接手他的病人。这天晚上，这位内科医生认为胡姬已经是公寓里的“幽灵”，并说服她赶紧住院。于是胡姬开始了长期的隐居生活，她选择了达可塔斯医院，因为它和苏珊娜在上东区的公寓离得很近。

虽然每个人都说苏珊娜·皮埃尔是胡姬最好的朋友，但苏珊娜很清楚自己在社会等级中的位置。皮埃尔夫人这么说：“玩偶才是她最亲密的伙伴。”

① 达可斯医院（Doctors Hospital），或译为崇德医院、崇仰医院等。

苏珊娜和胡姬喜欢用法语交流。1921 年出生于法国的苏珊娜比胡姬小了 15 岁。第一次婚姻迅速结束后，苏珊娜把九个月大的儿子留在了布列塔尼的祖父母身边又继续工作。直到儿子长成一个大小伙子，苏珊娜都极少见到他。

1948 年，苏珊娜来到美国，后来与法国人朱尔斯·皮埃尔结婚，后者时任荣誉军团军官以及法国退伍军人联合会会长。皮埃尔一直担任安娜和胡姬的私人医生。

皮埃尔夫人和胡姬交情渐深。她会定期前往第五大道 907 号公寓看望胡姬。随着时间推移，她渐渐地担负起胡姬的社交秘书和助手的职责，像是胡姬连接外面世界的一条缓冲带。

2010 年 3 月，一个暴风雨的下午，88 岁的苏珊娜老人在公园大道 1075 号的精美公寓里接待了一位访客。她身着修身衬衫和夹克，戴着珍珠领夹。苏珊娜说她不知道胡姬为什么要隐居。她说在胡姬的母亲死后这些年里，自己一直试图邀请胡姬和她在下午时出门逛逛。

“我邀请她出来吃中饭，但是她更喜欢待在家。她会说她有点感冒。”

胡姬不喜欢见外人，甚至亲戚也不例外。皮埃尔夫人说：“她认为人们只是觊觎她的钱，她不相信别人。”

哈达莎

自从住进达可塔斯医院那天起，胡姬就有了全天 24 小时的私人护工。1991 年春天的某一天，随机轮班的护士是哈达莎·佩里。之后的 20 年里，佩里都为这位“夫人”工作，似乎成为世界上最有钱的注册护士。

普通的纽约市民如果不是患了致命的疾病一般不会选择达可塔斯医院。这家医院是富人们最先进的治疗中心，以为上流社会服务而闻名，是整形和濒死患者的绝佳去处。迈克尔·杰克逊、玛丽莲·梦露、詹姆斯·瑟伯（美国政治家）、克莱尔·布思·卢斯（美国国会议员）和尤金·奥尼尔都曾在此就诊。医院位于曼哈顿上东区，这栋 14 层的砖结构建筑地处东河拐弯处 87 街和 88

街之间，从外形上看，更像是一座公寓楼或者宾馆。医院内提供病房美发服务私人预约，如果医生允许，病人们还能在舒适的餐厅里品尝酒单上的佳品。它于 1929 年开业，不设病房，不招实习医生，没有慈善医疗福利，给病人家属提供酒店式住宿。早期的达可塔斯医院多用作长期旅馆或者水疗所，最终在 20 世纪 70 年代扩建了冠心病监护房和重症监护室。

胡姬登记入住了 11 层楼的一间房，从房间里可以欣赏城市公园的美景，纽约市长官邸瑰西园也尽收眼底。

这么多年来胡姬基本独居，而现在必须要忍受医院里噪声不断、员工们的进进出出。刚开始她是个一个很棘手的病人，把自己裹在被单里，拒绝任何人来看她。有个护士在病情表里描述胡姬“像一个无家可归的人——没有衣服、不和外人接触、20 年没有看过医生、不允许任何人待在她房里”。

入住一周后，一个填写标准初步评测的社工给胡姬的病情做了评估。这位 85 岁高龄的病人需要安排手术来移除基底细胞瘤，并修复嘴唇、右脸颊和右眼睑。胡姬“在家过得十分惨淡，隐居，近来饮食较少”，身体已经脱水。她唯一的依靠就是朋友苏珊娜 · 皮埃尔，“她帮忙处理事务”，还有一个女仆，没有任何家人。她一直意识清醒而且警惕性强，容易不安：“病人拒绝和社工说话。病人多年来没有病情诊断，拒绝用药。病人有时情绪紧张，不易合作”。

手术后胡姬有什么计划？“和皮埃尔夫人谈过话。病人需要接受医疗中心的康复治疗，但她不愿意去养老院，认为那相当绝望……病人或许需要住进宾馆，配有专门护士以便康复。”

至于金钱上的困扰，“没有提到”。

胡姬没有住进宾馆。两个月后她成了达可塔斯医院无限期的病人、房客，需每天支付 829 美元。后来费用甚至涨到了 1 200 美元，一年花费超过 40 万美元。

1991—1992 年，胡姬动过几次手术，杰克 · 鲁迪克医生为她去除了恶性肿瘤，初步修复了脸部。她身体恢复了健康，但还需要再做个微小整形手术，特别是右眼睑部位。“这没必要，”她对医生说道，“我不要再做手术，我不喜欢针。”癌症没有让胡姬毁容。辛格曼医生认为这还有一个原因，“她坚决推迟手术，”他在1996年的病情表上写道，“我推测是不想做最终治疗，因为接着她就得出院回家。”

辛格曼医生通过了职业认证考试，是内科、心血管科和老年病的专家。他确保胡姬在家能得到护士24小时的照看，每天他都会造访。“我强烈要求她回家。”辛格曼说。然而，胡姬“相当高兴、满足于自己现在的状况”。一个夜班护士曾一直催促她搬回家，胡姬辞退了她。最后辛格曼医生接受了她的决定，在1996年的病情表上写着：“我无比相信如果病人出院回家，她将不久于世。”

辛格曼医生的副手、内科医生约翰·沃尔夫也表示同意。胡姬“在医院环境里十分满足、有安全感。毫无疑问她应该待在这里。”胡姬生日的时候他送来花，顺带逗留了一会儿。“她很和善，我们常常聊天。她思维也很清晰，从不会出错。她对人热情、亲切、温柔，关心他人，独立且谨慎。”

胡姬很少生病。有一次她拒绝打流感疫苗——她从不信赖药物。胡姬对护士说她觉得“一切要顺其自然”。她唯一需要持久治疗的都是轻度病症：骨质缺乏——骨头的钙减少但还不足以被称为骨质疏松，收缩压稍高（150/80），以及两种营养问题——温和电解质紊乱和温和盐耗竭。胡姬的病通常很快结束，也不会使用抗生素。她曾患过肺炎和季节性流感，还做过手术检查可疑肿块，最后发现也是良性。

换句话说，从85岁一直到100多岁这个阶段里，一般老人都需要随身携带药箱、标明每周每天必服药品，而胡姬则非常健康，除了每天服用维生素外不需要任何药物。然而，她还是住在医院里。

…

辛格曼医生说胡姬刚开始“特别害怕”见陌生人。大部分时候她拒绝医治，除非白班护士哈达莎握住她的手，温和地安慰她，她才会接受治疗。从一开始，哈达莎和胡姬就有着亲密的联系，她能读懂胡姬的感受，帮助胡姬克服悲伤情绪。有时候医院联系不上哈达莎，护士们会装作和她在打电话，告诉胡姬哈达莎现在必须要吃饭，所以她请求其他护士给胡姬量血压。

“你必须让她信服。”哈达莎后来说道。这个白班护士个子矮小，深色眼睛，黑发中夹杂着白丝。哈达莎说与胡姬相处的关键是耐心。“你必须跟她解释，必须告诉她谁来了，为了什么来，有时候我们也会碰到困难。”

1950 年 5 月，哈达莎·佩里（原名为姬西拉·特杰达·奥勒罗索，Gicela Tejada Oloroso）出生于菲律宾一个叫萨篇的渔村，家庭政治背景显赫，但家族的人行事怪异。1972 年移民美国前，姬西拉取得了护理学位。起初她在阿肯色州一家医院工作，1980 年搬到了纽约。姬西拉在纽约通过了执照护士考试，然后成为一名注册护士，并开始从事私人值班。1982 年，出生于天主教家庭的姬西拉与以色列移民、纽约出租车司机丹尼尔·佩里结合，并改信了丈夫的犹太正教，开始使用哈达莎·佩里一名，即使一直到 2011 年这个名字都没有法定登记。如今她仍然有些怯于讲英语——事实上她的英语已经相当流利，除了有时候会混淆代词：“夫人喜欢他的鞋子。”

当她被指派为胡姬工作时，佩里一家在布鲁克林已经有了一套公寓。20 世纪 80 年代三个孩子相继出生，成为两儿一女的五口之家。

私人值班护士通常是短期工，她们总希望能收到长期指派任务。请一天假就意味着会有新护士代替，而且后来者可能会取代之前的常规工作。尽管犹太正教禁止周六工作，尽管三个孩子都要上学，多年以来，哈达莎一直坚持每天工作 12 小时，从早上 8 点持续到晚上 8 点，一周 7 天，一年 52 周。早晨孩子们去上学前她已经起床离开，晚上家人已经休息时才回到家。几年后哈达莎才第一次请假。她的薪水是一小时 30 美元，一周 2520 美元，一年 131 040 美元。哈达莎形容自己对胡姬奉献至深：“我把生命都交给了夫人。”

…

私人病房十分普通，一间小房住一个病人，配有病床、躺椅、衣柜、床头柜、小冰箱、电视、收音机、壁橱和小浴室。“她喜欢简单的房间。”哈达莎说。

曾经热爱户外活动的胡姬如今已经不愿再接触阳光。患癌症后，胡姬的眼睑已经无法完全合上。她还画着眼影，虽然也会常常问护士天气如何，但即使是独立日也只是站在窗边观赏焰火。房间没有全被黑暗笼罩，头顶上的灯常亮着，胡姬读书时也会开一盏灯。护士的孩子们或者医生的孙子们画的作品有时会挂在墙上。门通常关着，胡姬只愿意见认识的人。辛格曼医生称这间病房是“茧”，安全又舒适。

辛格曼医生说他曾劝过胡姬去看心理医生，不是因为他觉得胡姬有精神问题，而是希望其他医生能说服她回家。胡姬拒绝讨论，医生和院方都没有再提起此事。

“这个女人是一等怪人，”辛格曼医生说，“但她清楚了解周遭环境，记忆力强……有着像钢夹一般的思维……那时她快乐且满足，不想改变自己的现状……医院的环境对她来说像一张安全的毛毯……我认为心理医生对改变她对如今事物的看法也没有多大帮助……这个女人有时候与人亲近，从来没有表现出思维混乱……我认为她的行为不像是一个心理疾病患者。”据医生说，她至多表现出来的就是“古怪和神经质的行为”，不像是纽约人的特征。

胡姬穿医院的病服，基本不碰从家里带来的衣服。她觉得冷的时候——事实上她常常觉得冷——会穿上一层又一层毛衣，通常是前扣苏格兰羊绒衫，这是唯一能表示出她奢华身份的物件。

…

胡姬的一天从喝下两杯温牛奶开始，夜班护士杰拉尔丁·勒汉·科菲会在前天晚上把牛奶准备好。哈达莎会买一份《纽约时报》带到病房（胡姬像其他老人一样，通常先看讣告，然后关心战争形势和天气状况，发现关于日本和皇家的故事就会很欣喜）。哈达莎问候和亲吻她。胡姬能自己走到浴室，用海绵洗澡。然后，胡姬会吹一下肺活量计，每次深呼吸小塑料管能顶起塑料球，这样做能防治肺炎。胡姬能吹起球五次，有时候能达到八次。她会完成咳嗽和深呼吸练习。然后开始吃早餐：燕麦粥、鸡蛋、浓汤和加热牛奶的法式咖啡（café au lait，牛奶咖啡）。

胡姬大部分饮食都是流质的，进食的时候因为嘴唇有伤口只能用吸管。晚餐通常是哈达莎从家带来的汤，如大葱土豆汤加上鸡蛋以补充维生素。夜间入睡前，她会让护士给热一杯牛奶。餐间小食会喝 Ensure 牌营养饮料。因为胡姬说忍受不了医院的伙食，皮埃尔夫人还给她加餐，从家里带来蒸洋蓟或芦笋蘸着丰富的荷兰酱，用蛋黄和新鲜的黄油做成经典法国风味的食物。

早餐过后是胡姬晨间散步时间，她会在房里来回走三四遍。哈达莎和胡姬戏称为“中央公园一游”。然后就是胡姬的私人时间。她会用发光拨号的“公主”电话[①] 打给皮埃尔夫人，有时甚至一天打 3~5 次。“克拉克夫人喜欢和祖母说法语，”苏珊娜的孙女凯蒂·德斯普雷兹·科鲁兹回忆说，“因为她不想让护士们知道谈话内容。”

胡姬给在加州的卡特莉娜·马什打了电话，她是胡姬艺术作品的合作者，胡姬想给日本城堡做点改动。接着，她先看了《纽约时报》，又关注了 CNN 财经市场。“她会观察股票，”一个叫普里姆罗斯·毛希丁的夜班护士说，“她会对我说：‘啊，纳斯达克又跌了。太可怕了！’”胡姬还特别关注总统或者皇家的新闻。“克林顿总统陷入危机的时候，”助手克里斯·萨特勒说，“她询问我和皮埃尔夫人关于莫妮卡·莱温斯基的事情。胡姬不太清楚，想让我们解释给她听。我们就随便说些什么。”

在窗边的地板上，胡姬放了几个购物袋，里面保存着一些私人物件。里面有通讯录和近期的信件，以及一堆卡片。

辛格曼医生教会了胡姬玩单人纸牌，并且给她带了一本纸牌游戏规则的书，胡姬从中学了许多不一样的玩法。胡姬对个人信息的保护极为严密，辛格曼因为治疗的需要知道了些许消息，但基本不了解胡姬的艺术作品和与法国朋友通信的消息。在辛格曼看来，单人纸牌是胡姬每天的主要活动。“她是个行家，”辛格曼说，“除了赌场里的人，我没见过谁能这么熟练地洗牌。”

后来胡姬不再画画，改成看卡通录像，也研究卡通绘制，也欣赏里面的故事。她喜欢把录像截下来做成静止的图像书，这样她可以在自己手上看动画故事。胡姬喜欢的片子有《摩登原始人》《杰森一家》《蓝精灵》，以及日本系列动画《蜜蜂玛雅》。这些动画片在胡姬和医生或者院方谈话累了后尤为有用。

---

① “公主”电话由 1959 年贝尔公司引进，是一款小型的、适用于卧室的电话，拨号板能亮灯供夜间使用。

她一开始看《蓝精灵》就好像在和别人说："够了，我下定决心了。"

有时胡姬会翻看自己的相册，过往与父亲、母亲和姐姐在一起的日子历历在目。她会让护士和医生们看照片：看，安德莉骑着自行车。胡姬在巴黎城外的小城堡骑马（接着又会告诉他们，德国人把这座城堡烧了）。姐妹俩参观父亲的比尤特铜矿。她第一次吃圣餐，那是父亲在比尤特的第一座豪宅，门廊周围环绕着洋娃娃，露台上种着弯腰的三色紫罗兰。夏天住在康涅狄格的格林威治，安娜坐在公园长椅上微笑。母亲的姐姐阿米莉娅阿姨站在第五大道老克拉克宅的大理石楼梯上。贝洛斯瓜尔多房间精美，花园璀璨。安娜和威廉·安德鲁斯在特鲁维尔的海滩上开怀大笑。小胡姬穿着印度服饰，戴着头巾，抱着自己的父亲。

哈达莎说，胡姬谈的最多是"她亲爱的父亲、母亲、姐姐和阿米莉娅阿姨"。护士们常常听到她回忆起特鲁维尔海滩上度过的夏天，父亲如何建起哥伦比亚公园给比尤特的市民们提供游玩的好去处，卡哈纳莫库公爵把她架在肩膀上去冲浪。有时她也会沉重地对人述说姐姐安德莉在缅因之行中因何去世。"她一谈到这些就很深情，"哈达莎说，"一直谈论她的父母和姐姐。是的，他们留给她的印记太深了。"

虽然胡姬的视力渐渐下降，但戴着眼镜还能阅读，直到百岁后才开始用放大镜。右耳听力不佳，如果有人站在她右边说话，左耳也能听得清晰，她拒绝戴助听器。胡姬不会否认自己听力差，但是她不想听见一些事情，不想跟母亲之前一样戴着老式对讲机。哈达莎买来了一个电话机，拨号数字硕大，音量可调节，但是胡姬不想用，说普通的电话她也能听得到。

医生和护士们都说胡姬是个了解自己想法的人。"她思维十分清晰，"夜间常给胡姬送去温牛奶的一个叫凯伦·戈特利布的楼层护士这么说道，"很清楚自己要什么和不要什么。是就是，不是就不是。"戈特利布说她从来没有见过胡姬有家人来访，似乎真正的家人只有哈达莎。

普通的医院员工很少看到胡姬露面，除了有一次，在2000年，哈达莎因为背部要动手术自己也住进了医院。胡姬把她安排到大厅正下方的房间，离自己只有两三扇门的距离。那时候胡姬去看望哈达莎，穿着休闲服，沿着大厅往下走。她穿着自己最喜欢的丹尼尔·格林鞋[1]。

“有一天楼层里所有的人都差点吓死”，哈达莎说，“他们看见夫人穿着高跟鞋从房里出来。”

…

哈达莎形容胡姬是一位“美丽的女士，非常可爱，值得尊敬，关爱他人，举止优雅，素养很高。还有心灵美——灵魂和心灵都很美好。从不伤害别人。非常非常慷慨，不愧是夫人”。

辛格曼医生说他看到哈达莎和胡姬非常亲密。“哈达莎对她很好，是一个好护士，工作非常认真。”

早上胡姬醒来第一句话就问：“哈达莎什么时候来？”每天晚上她都会给哈达莎打电话，看她是否平安到家，明天是否还来上班。有时候哈达莎一到家铃声就响起，自动答录机会先接起电话。下面是大约 2007 年的一段录音，当时胡姬已经 101 岁高龄。从录音里我们可以听见胡姬声音甜润、说法语声音高亢，哈达莎则带着菲律宾口音，大声喊着话确保胡姬能听见。

哈达莎：夫人，我爱你。

胡姬：我也爱你。祝你晚安。

哈达莎：做个好梦。

胡姬：做个好梦。

哈达莎：谢谢夫人。

胡姬：明天能见到你吗？

哈达莎：是的，夫人。

胡姬：谢谢。

哈达莎：我爱你。

胡姬：我也爱你。

哈达莎：晚安。

胡姬：晚安，哈达莎。

① 美国家居休闲鞋著名品牌。

价钱合理的买卖

近20多年来，胡姬隐藏了自己的行踪，没有把自己住在医院的消息告诉任何亲戚或者她小圈子外的任何人。她所有寄出的信函都显示第五大道907号为收信地址。

胡姬已经不在8W公寓居住，但她还是要改造自己的公寓——不是让它更具现代感，而是要重新装修让它看起来跟12W公寓一样古色古香。胡姬的主要任务是把自己的卧室建成20世纪20年代母亲的老式卧室的样子，那里数十年都未曾变过。

给了五十美元小费后，胡姬很轻易地请门卫把12层楼卧室里的家具搬到8层。不过，这样的话，12W公寓也没有家具了。

于是胡姬找到了一家著名的法国家具公司——裴诺工坊，询问他们能不能找到路易十五时期的原版家具。公司回应说可以找到同样的家具，但是花费估计“贵得惊人”。一件路易十五风格的盒盖书桌得花上1 000万法郎，约等于180万美元。裴诺公司给出了另外一种方案，可能“价钱更加合理”，即制作仿品。胡姬表示同意。

从1991年到1992年的发票可以看出“制作、运送自家家具仿品”的巨大支出。一张路易十五式镶有三个椭圆形镜子的梳妆台、一张三抽屉柜式台、两张床头柜以及一张盒盖写字台，所有家具都是实心橡木，带着华丽的嵌饰和镀金或者花镶嵌木和青铜镶边。最后胡姬·M·克拉克女士支付了2 497 000法郎（445 893美元）。1991年这笔花费相当于如今的80万美元。

然而这仅仅是开始。仿照母亲卧室的模样，胡姬定制了绿色丝绸窗帘以及华丽的绿色丝缎床罩和长枕套，上面画着日本音乐家的图案。这些物件花费了897 000法郎（160 178美元）。12W公寓卧室里的路易十五壁炉架被卸了下来，仿制后又重新安了回去，仿品则安在了8W公寓。

三年以来，胡姬在翻新房子上总共花费430万美元，相当于如今700多万美元。这还不包括翻新浴室和厨房的费用。

近20年来，在12W公寓和8W公寓的卧室里，人们都能俯视第五大道和72街的角落，欣赏同样的橡木家具、同样精致的壁炉架、同样奢华的绿色丝缎床罩。除了门的位置以及收音机架稍有不同，人们常会纳闷自己究竟在哪一层。

这段时间胡姬没有在公寓里住过一晚，两间卧室都没有进去过，只是在医院病房里翻看照片欣赏了房子翻新的成果。

克里斯

对于胡姬来说，只要能用钱买的都能拥有，但她终于发现自己能真正满足的关键之一：拥有一个能协助她完成艺术作品和追求爱好的私人助手。克里斯·萨特勒是胡姬最宝贵的财富。克里斯蓄着椭圆的门环式胡子，有着后卫球员的精壮身材。他有两个女儿，从40多岁到50多岁都在照料着胡姬的洋娃娃。

克里斯出生在一个从事高档绘画和建筑的家庭。20世纪70年代，他第一次参观了胡姬第五大道907号的公寓，作为一名志愿者在房子里帮忙分装300多件圣诞礼物。克里斯说胡姬每年都从“蓝侏儒”那里订好圣诞礼物，然后匿名寄给格林威治村的孤儿院。20世纪90年代中期，胡姬住进医院后，皮埃尔夫人安排克里斯给胡姬公寓做一份财产清册。2000年，胡姬打电话给克里斯，雇他为全职的私人助手。

12年来，每个工作日的早晨，克里斯要走遍胡姬在第五大道907号楼三套公寓里的每一间房。除去浴室，公寓总共有42间房子，这工作确实有些烦人。每天这样的巡视是必需的，特别要关注12层楼的餐厅，那里挂着一幅画，一个花样面颊的女孩穿着条纹衬衫，系着蝴蝶领结，撑着一把阳伞站在画里，这幅作品署名还是“雷诺阿”。它对面挂着一幅莫奈的《睡莲》，自1930年胡姬买下它，也就从公众视野里消失了。壁炉旁边还挂着一幅莫奈关于艾普特河边杨树的作品。餐厅不是放置画作的绝佳场所，因为楼顶上的旧水管常常会漏水。

在2010年，美国新房屋的中等面积是2 169平方英尺。而胡姬把15 000

平方英尺的面积用作艺术作品的仓库和借阅馆。

只有几个房间还保持着胡姬离开时候的样子，家具摆放还和往常一样：两套公寓的餐厅、12W 胡姬母亲的卧室，还有 8W 与胡姬母亲一模一样的卧室。

为了给胡姬的文件排序，克里斯发掘了第三套公寓楼 8E 的新用途。这套公寓购于 1963 年，胡姬买下它是为了确保周边无人居住，这样 8 楼的她就不会有邻居打扰（她准备搬下来住到母亲的老公寓里）。但是这 5 000 平方英尺、相当于一个篮球场大的面积能做什么用呢？克里斯清理了胡姬的财务记录，每一年换一间没人用的仆人卧室来放置文件。

12W 的客厅里安置着詹姆斯一世时的木头墙壁和房梁天花板，从地板到天花板放着几排简朴的木书架，架上堆满了从日本运来的物品。每个书架上都进行了仔细的标记和编号：乐器、和服、假发、头饰、传统的鞋类、扇子、丝绸服装、蝴蝶和艺术书籍。绣着龙和天鹅的三幕日本屏风后藏着一幅硕大的画作，画里一个艺伎戴着蜻蜓发夹款款而立。斯坦威大钢琴旁的桌子上画着一座日本城堡，画里城堡周围的护城河缓缓流淌。

其中有一间卧室被当作胡姬的艺术工作室，里面摆满了画架、画布和框架。卧室里挂着一些画像：描摹日本玩偶的画像，有戴着珍珠项链、金色头发的胡姬自画像，有小丑画像，还有穿木鞋的玩偶和几个裸女的图像。

一间客厅里放有一个文件柜，里面全是胡姬童年的纪念品，旁边摆放的是另外一个柜子，里面放满了 20 世纪 70 年代的银行对账单。架上的盒子都标记着“私人信件”。

雪松壁橱架子上放满了帽盒、缎面短睡衣外套和几十双鞋。鞋子出自同一款式，每一双都稍有变化：这些都是 20 世纪 30 年代到 40 年代胡姬从邦威特·特勒百货公司买回来的时兴品——丹尼尔·格林牌带衬毡的休闲拖鞋。带玻璃前门的白色厨房里陈列着自 20 世纪 20 年代买来的银器和上等瓷器，甚至还有一个黑色的老式加兰六孔火炉。大衣柜里挂满了粉红色的女性家居服和白色羊绒开衫毛衣，包装还未拆，仿佛主人度周末还没回来。

...

克里斯曾在康涅狄格州费尔菲尔德大学取得了历史学和文学学士学位，然而这一份私人助理的工作对于他来说，更像是在胡姬·玛塞尔·克拉克日本历史研究所求学。

每天早晨胡姬都会从医院病房里打电话给克里斯，告诉他当天她的项目需要哪些物品。克里斯为此每天把胡姬的指示写成了日记。他跟胡姬用来通话的电话是一台复古的黑色老式机，旋转拨号盘上还贴着老式的号码牌：BUtterfield 8 1093（巴特菲尔德 8 号—1093）和 BUtterfield 8 3453（巴特菲尔德 8 号—3453）①。

2003 年的一天早晨，97 岁的胡姬一口气跟克里斯说了 6 本关于日本戏剧历史的书籍，每一本都提到了书名。之前两个月，胡姬已经沉浸在她的歌舞伎作品里，想要做出一个剧院模型寄给日本一位老艺术家，这样他能根据胡姬的特定规格造出一具桌摆模型。以下是胡姬给克里斯的指示：

找出所有中等大小的女官。
找出所有穿着便装的皇帝。
找出所有玩牌的宫女。

胡姬让克里斯找遍了几百个盒子里的玩偶和塑像，目的是要找出某个日本历史人物。就像美国人能从高帽子和胡须一眼看出亚伯拉罕·林肯一样，胡姬也能一眼认出德川幕府的人，特别是自 18 世纪 70 年代以后出现的历史人物。

克里斯还需要去核实剧院观众的数量，然后是与之配套的舞台布景。“在歌舞伎剧院这方面我不太擅长，”克里斯说，“我已经尽了全力。”

克里斯认为自己已经找全材料后，会精准地测量舞台布景，把人偶放到胡

① 美国老式电话通过系统交换机与外线电话互通，如 BU8-1234 中，BU 指交换机，置于号码前。二战后的老式黄页中许多电话号码都会写成这种形式。根据交换机的名字可以了解对方所住区域，大城市通常用时髦的、欢快的名字作为交换机代号，如 "CIrcle 8 “和 "STerling 9” 等。可参见电影《巴特菲尔德八号》把此号码用作代号。

姬选出来的 12 或者 14 个不同的戏剧或者故事场景中，然后每个角度都拍下照片，通常量尺寸的尺子也会照进去，最后他把这些照片带到医院给胡姬过目。

胡姬会说："克里斯，这个完全不是我的想法。"这已经是胡姬比较温和的批评了，她在礼貌地指出克里斯的错误。他把幕府将军和大名武士混淆了，而且应该在舞台后端放一个主要角色。

最后，胡姬认可了一组照片，克里斯把整套设计带到医院，它布景精致、人物罕见。胡姬只有这一次花了好几个小时甚至好几天拿着这套模型反复摆弄。"然后，"克里斯回忆说，"她有一段时间要沉浸其中。"医生们认为胡姬好像只是在摆弄着一些洋娃娃。"事实上完全不是。"克里斯说。

最后，克里斯会把整套设计和图片寄给加州的马什夫人，然后由她一路寄到日本。几年后模型完工，花费 5 万 ~8 万美元。胡姬会看一眼，然后这模型就放到了第五大道 907 号公寓的储存室里。到这时候，胡姬又着手设计 6 个艺术作品，每个阶段主题不同，从法国大革命的主题变化到修道院的主题。胡姬让克里斯把圣巴巴拉的豪宅贝洛斯瓜尔多的照片寄给了一个法国设计师，用法国城堡玩具屋的样子制作一个贝洛斯瓜尔多的小模型。

"我从来没见过她不开心的样子，"克里斯说，"她从来不会感到无聊。"

不是所有的艺术项目都高深难懂。胡姬给克里斯制定了严格的规定，指示拍照时该如何摆放公寓里那些昂贵的芭比娃娃。"她喜欢把玩偶摆在某个位置，摆成某种姿势。"于是克里斯只能"以某种方式给她们穿上又脱下衣服，再把家具按照某种方式摆放"。克里斯会给这些场景里的所有玩偶拍下照片。克里斯说如果医院玩偶太多的话就会分不清楚，因此胡姬通常要求他只带照片。

这时候克里斯不说话了，似乎有些保护胡姬的意味，他意识到自己的叙述可能使他人对胡姬产生某种印象。他又试着澄清，说人们可能会认为"胡姬这么喜欢芭比，她可能不正常。但是如果你跟她说过话，就不会这么认为。最重要的事情是人们都尊敬克拉克女士。"

•••

克里斯也会给胡姬带来法国的杂志和报纸：刊有欧洲时闻和名人轶事的

《巴黎竞赛》和欧洲皇室新闻的《观点》杂志。她对皇室的新闻情有独钟，非常喜欢格蕾丝·凯利的老照片，2000年日本天皇王位缺乏男性继承人而引发动乱的时候，她也密切关注，并对法国末代皇后玛丽·安托瓦内特表示惋惜。

每天早晨克里斯会给胡姬带法式的烘焙制品，通常是奶油蛋卷这种用面粉、酵母、鸡蛋、黄油和牛奶做成的经典的甜面包。做奶油蛋卷的菜谱看起来很简单，但事实上很需要诀窍。关键步骤是把油腻的黄油面团冻住，这样它能变得非常有弹性。"相信我，"克里斯说，"纽约很少商场会卖新鲜的奶油蛋卷和玛德琳蛋糕。"

平常公寓里的信件也是由克里斯带来的，包括银行对账单之类，但是胡姬要求看的是古董玩偶的拍卖名录和巴黎"蓝侏儒"玩具商店的新品目录。

对于胡姬来说，拍卖当天就像是"田径场上的一天"，克里斯回忆道。每场拍卖后，律师都会写信给胡姬告诉她已经竞拍成功。跟父亲一样，胡姬也是出价最高的竞标人。一名律师曾经给她竞拍一件日本古代画屏，失败后得出了这个教训，最后他用胡姬的钱从中标人手里以更高的价格买了回来。

然而，这些玩具买回来后她只会欣赏一会儿，常常把它们送给医生的孙子。有些从来没有拆封过。克里斯说："她喜欢参加拍卖会，享受竞拍的刺激。"但其实胡姬已经拥有太多的玩具。

克里斯说有一次他数了一下，公寓里总共有1 157个玩具，其中包括600多件日本古代、400多件法式和德式玩偶，以及数打高价值的机械玩偶：里面有护士、侏儒、小丑、长颈鹿、鹦鹉和牵线木偶。胡姬藏品里有一个19世纪80年代朱莫娃娃公司造的机械人偶，一个19英寸长的金发女孩穿着象牙色的法国连衣裙，拉动其中一条控杆后女孩会自己扇扇子，还能举起一本童话书来读。

胡姬也藏着现代的洋娃娃：从20世纪50年代起收集的芭比少女娃娃，从20世纪90年代收集而来的"家庭角落"各民族娃娃。玩偶的装饰配件被克里斯精心收藏在标号的架子上，这个公寓里的771号架子装满了迷你草坪躺椅和阳伞，而772号架子上放着玩偶屋的卧室衣橱和厨房里的炉子。

克里斯极力保护着胡姬的隐私，只根据她的指示筛出信件。朋友的来信都是直达，其他的会询问胡姬或者寄给她的律师。克里斯也会阻挡访客。有一次，胡姬的一位老朋友开始询问她豪宅的价钱，克里斯直接说："克拉克夫人不喜欢谈这个。"最后这段友谊告终。然而即使是克里斯，有时候也会触犯到胡姬隐私的界限。有一次他用自己的手机在医院里给哈达莎拍照，然后他问能不能拍一张胡姬，后来回忆说："夫人断然拒绝了。"

问及胡姬抛弃奢侈生活留在医院的原因，克里斯说他虽然为胡姬照看了16年的宝贵财产，"但从来没能知道为什么"。

胡姬信任克里斯，给了他钥匙照看她最宝贵的财产：城堡、玩具和书，更别提那些价值数百万美元的珍贵画作和小提琴。克里斯形容自己"得了诚实的病"。胡姬每小时付给他90美元，这是他自己提出来的数字，胡姬也同意了。2006年，克里斯薪水总入187 920美元，加上1.8万美元的健康保险，支付两个女儿在天主学校的学费9 000美元，还有圣诞节礼物6万美元。克里斯带妻子和女儿去医院拜访过一次，胡姬似乎很喜欢和她们聊天。

"她是一个很可爱的人。"克里斯说。

宁塔

胡姬最大的一笔慈善支出的票据是为了纪念她儿时的一段情谊。

她的家庭教师桑德拉夫人有一个女儿叫宁塔，比胡姬只大了六个月。和胡姬一样，宁塔热爱艺术，20世纪20年代师从知名的日本舞蹈家和编舞指导伊藤道夫，在卡内基音乐厅为肖邦伴过舞。宁塔25岁时踏上了百老汇之路，《纽约时报》对她的评论一点都不热切："基本上所有的事情都一瞬即逝，有时候比演出前换装的时间都要短。桑德拉小姐性格讨喜、青春洋溢，但是她还没有具备使自己的作品呈现出与大都市舞蹈界标准一致的能力。"

宁塔之前断断续续地在克拉克家当厨师，之后又去了皇后区法拉盛一所私立学校教舞蹈和法文，最后只身一人前往纽约。80岁的宁塔生活艰苦。住在皇后区阿斯托里亚的时候患上了老年痴呆症，人们常看见她在街边的垃圾箱里翻来倒去。

1987年1月的一个晚上，胡姬还没搬到达可塔斯医院，82岁的宁塔被纽约警方送到贝勒维医疗中心。她随身携带的物件里有胡姬的家庭号码，因此胡姬接到了电话。胡姬致电她的医生迈伦·莱特并安排他为宁塔诊疗。起初胡姬在宁塔家安排了全天护工，然后又给她购置了一套公寓，最后又把宁塔送到了阿姆斯特丹护理中心。从医疗账单到送给宁塔护工的花，胡姬都一手包办。胡姬也资助过其他朋友或者之前的员工，但这次的花费远远超过其他。在长达13年的时间里，胡姬每年支付给宁塔的医疗费用超过20万美元。她甚至还给宁塔买了一套共建公寓，虽然宁塔的身体一直未能康复住进这栋房子里。

林恩·斯特拉什因是安排宁塔治疗事宜的中间人，他是莱特医生的办公经理。胡姬常常打电话给林恩，礼貌有加，持续不懈问他宁塔吃得如何，需要什么衣物。胡姬还给宁塔送去一台电视机和各种法国杂志，其实宁塔早已经丧失了阅读和说话能力。斯特拉什因说胡姬似乎从来不知道宁塔的老年痴呆有多严重。“对于宁塔的生活，克拉克夫人总安排得事无巨细。宁塔的生活毫无品质可言，既享受不了美食，也看不了电视。她一直没剪头发，因为在理发店表现很差。当你把这一切告诉克拉克夫人，她给出的解决方案就是雇更多的人、花更多的钱。她认为所有东西都能用钱买到，付得越多，事情越容易解决。”

斯特拉什因说胡姬对自己状况的认识也同样不切实际。“莱特医生说当胡姬听到母亲去世的消息时表现得非常不理智，他认为这也导致了胡姬越来越喜欢隐居生活。她从没有解决过这个问题。莱特医生多次试过劝她出去走走，她需要阳光和维生素D。她每次都想办法转移话题。也许是不想看见周围丑陋的事物。胡姬总有成千上万种方式来转移话题，‘我现在很忙，一年中就这段时间比较忙，我之后会跟你谈这个。’她这一生都是那个害羞的十岁女孩。”

宁塔·桑德拉于2000年3月去世。胡姬没有出席葬礼弥撒，只寄给林恩·斯特拉什因5万美元。

斯特拉什因说她有一次没有提前通知去了达可塔斯医院拜访胡姬，但哈达莎把她关在了门外。胡姬“像是一个装在袋子里的人。在这个微小、促狭的房间里，拉起帘子挡住一切”。

每月花销 329 000 美元

1991 年 3 月 26 日，胡姬·克拉克入住达可塔斯医院。下列的支出账单出自律师唐·华莱士送给胡姬的定期报告，时长为三年半或者说 43 个月，记录了从 1991 年 5 月到 1994 年 12 月的支出。在 1992 年，每美元的购买力约为今天的 1.7 美元，因此她的月消费相当于 2013 年的 56 万。

消费	总额	月均
医疗费用和工资税	2 226 745 美元	51 785 美元
乐博堡，康涅狄格州	146 377 美元	3 404 美元
贝洛斯瓜尔多，加利福尼亚州	1 725 945 美元	40 138 美元
第五大道公寓仆人工资	12 080 美元	281 美元
第五大道家庭开销	62 167 美元	1 446 美元
第五大道公寓翻新	4 306 121 美元	100 142 美元
员工公寓	605 211 美元	14 075 美元
购买玩偶和城堡	954 277 美元	22 192 美元
保险和保管费	149 746 美元	3 482 美元
联邦和州政府收入税	1 959 851 美元	45 578 美元
联邦赠与税	738 599 美元	17 177 美元
纽约州赠与税偿还额	–274 910 美元	–6 393 美元
康涅狄格不动产税	156 791 美元	3 646 美元
杂项	487 354 美元	11 334 美元
赠与：宁塔·桑德拉的医疗费用	769 580 美元	17 897 美元
赠与：宁塔·桑德拉的公寓	17 504 美元	407 美元
赠与：哈达莎·佩里	455 100 美元	10 584 美元
赠与：贝斯以色列医学中心	285 000 美元	6 628 美元
赠与：博物馆展览信托费用	110 892 美元	2 579 美元
赠与：科科伦艺术馆	50 000 美元	1 163 美元
赠与：音乐协会，圣巴巴拉	10 000 美元	233 美元
转至胡姬私人活期存款账户（大部分为赠与）	1 200 000 美元	27 907 美元
总计	14 167 346 美元	329 473 美元

“妈妈，你最好坐下来”

即使不是胡姬的终生好友或者员工，你也可以得到胡姬的恩惠。事实上，你根本不需要认识她。

1982 年，一个律师神秘地来到格温多林·詹金斯位于皇后区出口的公寓。这位律师说自己有一封信带给她，但只有在她承诺保密后才能拆开。“他让我不要告诉任何人，还让我发了誓。”

詹金斯答应了，虽然她每周日都得去教堂参加礼拜，周三还会去《圣经》研读会，但仍然会保守这个秘密。律师给她的这封信从此改变了她的生活。

57 岁的格温多林是牙买加移民，在医院当护士助手，居住在牙买加大道外的工薪阶层街区里。每天一大早她需要搭乘 Q2 公交和 F 线去下曼哈顿区的格林威治村，单程要花费一个半小时。即使是下雪天，格温多林也要走过最后几个街区，到达第五大道 1 号公寓。这栋带着装饰艺术风格的建筑俯瞰着华盛顿广场公园。她的病人名叫欧文·戈登，是麦迪逊大道一名股票经纪人，不久前死于癌症。

现在这名律师站在门边，他戴着黑框的夜视眼镜，头发梳得一丝不苟。他介绍自己名叫唐·华莱士，说自己并不认识格温多林甚至也不认识她的病人欧文，但是欧文曾为他的客户做过投资。关于格温多林尽心尽力帮助欧文的赞美之词早有耳闻。

“那一晚我告诉女儿，”格温多林夹杂着牙买加口音回忆说，“我无法相信这位女士，在这么大年纪还写给我一张如此精美的卡片和便条。她感谢我照顾了可怜的欧文先生。随信附上一份‘小礼物’——一张 300 美元的支票！我不敢相信。我想去《圣经》研读会的时候把这事告诉大家，我有神佑！”

“然后我女儿说，‘妈妈，你最好先坐下来，我给你读这封信。这张支票上有 3 万美元！”

支票上蓝色签字笔的字迹非常独特，像是艺术家的手稿，每一个小写字母缓缓地又精确地排在同一高度。格温多林不认识这个署名：“从没见过，也没听说过她。”

格温多林用支票里的钱搬去了南方，交首付买下了亚特兰大周围的一套房子作为退休后的去处。她再也不用顶着风雪去乘 Q2 巴士和地铁 F 线了。

30 年后有一位记者问谁还有当年那张 3 万美元支票的副本，格温多林很不情愿地证实了这件事。她仍然记得自己发过誓要保护捐赠人的隐私。

格温多林·詹金斯还把那张感谢卡保存在卧室，藏在放袜子的抽屉里。她永远不会告诉世人寄信人是谁。

这简直不可理喻

虽然律师唐·华莱士从来没有面对面见过胡姬，但他会时不时地写信或者打电话训斥胡姬。

“从你住进医院到现在差不多已经三年了。”他在 1994 年 9 月给胡姬的信中写道，“每一年的总花销都超过了当年的总收入。这简直不可理喻。”他列举了胡姬三套无人居住的房子：康涅狄格州的房子，“从来没有住过人”；贝洛斯瓜尔多“完全是挥霍钱”，40 多年胡姬都没有再回去看过，因此他催促胡姬卖掉所有不动产；寄存在邦威特·特勒百货公司的裙子需要支付保管费；还有那辆没有司机的放在威斯特彻斯特郡的汽车也一样。用华莱士的话来说，“这些支出对你一点好处都没有”。

然而胡姬还是继续大手大脚，很快她又计划建一个小茶馆，给日本的艺术家寄去 87 000 美元，在之后五年里，又陆续赠与这个艺术家总计 29 万美元。

胡姬有一个童话般的支票簿，每次魔法豆用完后总会自己装满。她很小心自己的存款账户，70 岁之后她会平衡她的支票簿，每一笔支票支出后她都会标记账户情况并进行结算。1985 年左右，胡姬已经接近 80 岁，财政开始出现透支。胡姬从不缺钱，只是觉得开出支票还得知会律师或者会计很麻烦。

接下来的 25 年里，胡姬都使用支票。银行会通知她的律师账户已经透支。律师会从另外的账户转账进去，每一笔 5 万或 10 万美元，只能大致预计接下来几周胡姬会花费多少。1979 年，华莱士介绍了注册会计欧文 · 卡姆斯勒负责经营胡姬的财产。卡姆斯勒说胡姬了解每一笔支出的价值，但她觉得不经她同意的支票不能支付。事实也确实如此。这种安排给从来没有见过胡姬的银行经纪人造成了一定困扰，他们从来都不会免费处理她的透支。

胡姬不缺钱，她从来没有穷过。华莱士担心的是胡姬开始动用储蓄。

胡姬大部分收入来自于蓝筹股支付的股息，以及在美国工业的基石公司所持股票，包括 AT & T、美国航空公司、康诺克石油公司、埃克森美孚、通用电气、通用汽车、海湾石油公司、美国无线电公司和德士古。另外还有小额收入，来自父亲的老公司托诺帕银行和克拉克控股公司，但它们都不再支付股息。她没有采用任何避税或其他计划，从卡特持续到里根执政时期每年支付超过收入的 40% 给联邦税收。（1986 年罗纳德 · 里根的《税收改革法》案下调最高收入者所得税税率，胡姬因此每年省下约 100 万美元）。胡姬的收入随股票市场起伏不定，但从纳税申报单上能看出总体在增长：1975 年为 725 734 美元，1979 年 10 000 010 美元，1981 年为 3 092 147 美元，1987 年为 5 827 446 美元。

然而胡姬的消费速度增加得更快，即使在病床里也未见减少。20 世纪 70 年代，胡姬每年赠与约为 3.5 万美元，大部分捐赠给艾蒂安一家。1987 年宁塔 · 桑德拉住进疗养院后，慈善捐赠大幅增加，到 1991 年胡姬自己住进医院后数字更为惊人。到 20 世纪 90 年代中期，她每年赠与费用接近 100 万美元。

每年春天，胡姬的投资顾问都紧紧追着她，想知晓给美国国税局呈报赠与所需的信息。作为赠与者，胡姬需要支付赠与税。而这里存在一个不解之谜。她的律师和会计们能弄清楚她花在财产和医疗上的每一分钱，因为这些由他们经手。而大部分用来支付赠与的钱来自于胡姬的私人账户，他们只能知道账户号码，从银行对账单上能看见列出来的数额。进入 21 世纪，投资顾问完全不知道收款人的名字，因为只有胡姬收到付讫支票，而她不会交出这些支票。

…

虽然身为银行家的女儿，胡姬却对投资自己的资产丝毫不感兴趣。她在新泽西瑞丰银行的闲置账户里存了数百万美元。例如，1997 年 2 月 4 日这个账户的收支单上显示余额为 5 899 133 美元，收益为零。银行家担心他们会因为不作为而遭到起诉，因而反复给胡姬写信，请求她把资产存在一个计息账户里。律师和会计时不时也会要求这样做。胡姬回复说她会加以考虑，但实际上什么都没改变。也许她更倾向把钱存在一个立等可取的账户里。

如果胡姬把这个余额 5 899 133 美元的账户转为一年的定期存单，利率 5%，她将会赚到 294 957 元的利息，这笔钱已经够买下一张路易十六盒盖书桌。

金发和酒窝

1988 年胡姬收到一封求助信，邮戳显示的是一个熟悉的地方——蒙大拿州比尤特，信上写着克拉克。虽然这封来信非常委婉，但也不可避免涉及到一个哲学问题：孩子对父母起家之地有赞助义务吗?

1896 年 3 月，威廉·安德鲁斯最小的儿子弗朗西斯·保罗·克拉克（大家都叫他保罗）去世，年仅 16 岁。他当时在马萨诸塞州安多弗的菲利普学院学习，准备上耶鲁大学。保罗生性内向，喜欢给知名艺术家写信得到亲笔签名。保罗死于丹毒细菌感染，一种叫“圣安东尼之火”的皮疹让他痛苦不堪。威廉·安德鲁斯从巴黎赶回纽约参加葬礼。保罗葬在伍德劳恩公墓，安息在他母亲的旁边。

为了纪念儿子，威廉·安德鲁斯捐赠 5 万美元兴建了比尤特保罗·克拉克之家，1900 年在比尤特开放。比尤特慈善协会在这栋漂亮的三层砖楼里照料孩子。保罗之家位于艾克沙修街，离保罗从小到大居住的克拉克宅邸不到一英里路程。威廉·安德鲁斯在遗嘱里也提到给这个慈善之家 35 万美元捐款。

安娜曾带着安德莉和胡姬来参观过保罗之家，给孩子们买了一架大钢琴。遗嘱里安娜留下 5 000 美元，这是她遗嘱里数额最小的捐赠。

严格来说保罗·克拉克之家不是一所孤儿院，它也接收那些父母健在但没人照顾的孩子。而且，它还为所有比尤特的孩子提供免费医疗以及负责白天看护那些职业妇女的孩子。它的地理位置也不差，街道正对面就是克拉克矿山经理们三套一样的房子。

1988 年，保罗・克拉克之家处在一个十字路口，董事会联系了威廉・安德鲁斯尚存于世的女儿胡姬。保罗去世十年后胡姬才出生。20 世纪 60 年代，保罗之家转变为接收发育障碍的年轻人，当时这些人被州政府移出了公共机构。现在这个克拉克之家遗留下来的组织有了新的任务，因此也有了新的资金需求。根据威廉・安德鲁斯的遗嘱成立的信托会每年只从 6 万美元预算里拨出 2.9 万美元，保罗・克拉克之家的董事会希望能提高到 20 万美元用来翻修。威廉・安德鲁斯遗嘱设定说只要他的孩子和孙子还活着，保罗之家就会继续运营。好吧，如今他的孙辈已全部去世，只有女儿还健在。保罗・克拉克之家的律师问：胡姬希望它继续运营吗？

胡姬通过律师发回信件，问了保罗・克拉克之家的财政情况，但她没有寄钱。

1988 年 12 月，保罗・克拉克之家改为罗纳德・麦当劳之家，为带孩子或是家人住院的家庭提供一个短期的住所，直到现在它还存在。

这栋楼仍然相当舒适，带有阅读室和日光厅。人们在楼上的宿舍里还能看见精致的浴室，小水池排成一排，刚到孩子的高度，男女各 20 个，带编号的小柜子里放着他们的洗浴用品，还有成排的好看的橡木储物柜。

在接下来的几年里，胡姬收到了类似的信件，它们来自洛杉矶的基督教女青年会。威廉・安德鲁斯留下的 2.5 万美元已经不足以维持这个妇女之家的运营。这个慈善之家是为了纪念胡姬的祖母玛丽・安德鲁斯・克拉克。胡姬仍然是提出几个问题但没有寄款。

…

1993 年 5 月 18 日，胡姬在苏富比拍卖会上竞标法国古董人偶。第一件 219 号拍品是朱莫压制陶瓷娃娃，约产于 1875 年，颌上带着酒窝，棕色玻璃镇纸眼睛，打了耳洞，戴着金色马海毛假发，穿着奶白色花边外衣，衣角是淡绿色丝绸，还戴着奶白色花边丝绸帽子。拍品的估价是 1.2 万～1.5 万美元。胡姬授意律师拍出 4.5 万美元的价格，最终以 14 933 美元的价格成交。

第二件 244 号拍品是蒂利耶压制陶瓷娃娃，约产于 1885 年，蓝色玻璃镇纸眼睛，打了耳洞，金色马海毛假发，穿着粉色丝绸裙子和奶白色蕾丝外衣，还配了一顶草帽。这件估价更高，为 1.8 万 ~2.7 万美元，但胡姬对这件更加着迷，最后授意竞价 9 万美元。最终以 14 054 美元的价格成交。

这一天和其他日子并没有太大不同，胡姬花费了 2.9 万美元买下了两个人偶，她是一个幸运的竞拍者。拍卖时她授权律师拍价 13.5 万美元，而这笔钱是保罗·克拉克之家年预算的两倍。

旺达

第二次世界大战期间，胡姬不再跟随塔德·斯台卡学画，斯台卡也忙于自己的婚事。胡姬和塔德以及他的新婚妻子桃瑞丝通信密切。斯台卡一家于 1943 年迎来了他们唯一的女儿旺达·玛格达莱妮·斯台卡，胡姬成了她的教母。和母亲安娜一样，胡姬的关系线代代相传。

旺达常常用法语教母一词“Marraine”来称呼胡姬。“她相当可爱，”胡姬给桃瑞丝的信上写道，“每次见到她，我就越发喜欢。”

有时候旺达的父母去看电影，胡姬就承担起照看旺达的任务。两家人经常交换礼物，打电话聊天。但即使是这些亲密好友，胡姬也很少去看望他们。桃瑞丝在 1948 年 7 月写道：“克拉克夫人，我们已经很长时间没有见到你了。我们真切希望你能来看望我们。但如果你觉得在这种桑拿天气里出行比较冒险的话，我和旺达可以接受你好久之前的提议，找个下午去拜访你，我们可以一起待一会儿？”

胡姬送给旺达一辆婴儿车，又给她买了第一辆自行车和淡褐色羊绒开衫。为了斯台卡一家不被热坏，她还出资买了一台空调。之后胡姬每次都寄去 5 万或 6 万美元的支票。1948 年 8 月，胡姬和安娜送给斯台卡家一台新电视机，这样他们能及时收看周一晚上米尔顿·伯利接班担任《德士古星剧场》常驻主持的节目。那个月胡姬安排过一次来访，并送给旺达一个新娃娃和配套服装。

“你之前和现在对旺达的付出丝毫没有顾虑过自己尊贵的身份，我们满心感激，此情深厚，难以言表。”桃瑞丝信上写道。

塔德于1954年逝世，在这危难之时，胡姬慷慨相助，供养桃瑞丝和旺达，并为教女去一所精英式天主教女子高中继续深造支付了学费。斯台卡一家也开始过古怪的隐居生活，他们住在隐蔽的农舍里，这栋房子建于1837年，位于马萨诸塞州西南部伯克希尔山和塔科尼克岭之间的河谷中。旺达没有兄弟姐妹，也终身未婚。母女二人一起住在山间，就像安娜和胡姬一起住在第五大道一样。

和胡姬经历相似，旺达自小就失去了父亲。母女一直生活在一起。桃瑞丝去世后，旺达独居在山谷里，和亲人很少联系。

旺达和胡姬一样，对艺术有着很敏锐的感知力，且生性谨慎小心。她是一名艺展策划人和档案管理员，会定期给胡姬写信描绘自己平常的工作，她的字迹引人注目又极富想象力，引得胡姬常常向医生们炫耀。在这位艺术家的笔迹里，传达出了她对胡姬真挚的感情，她和教母分享着假日趣事、感慨季节更迭。应胡姬的强烈要求，旺达经常随信附上自己的照片。从照片里我们可以看到，她是一个身材娇小的女人，头发中分往后梳，洋溢着热情的人儿摆着夸张的姿势，站在斯台卡家石阶两侧的牡丹或者黄玫瑰丛里。旺达和教母一样过着与世无争的生活，但不一样的是她的住处风景秀美。

母亲和我给您送去一波又一波最美好的祝福，愿您过一个无比快乐的感恩节……

母亲和我都很喜欢六月，因为这时候气候宜人，花开遍地，但最主要的却是因为您出生在这个美丽时刻……

是没有机会过一个小阳春了，雪花已经降临……

我们最诚挚地祝福您，愿您一直有喜乐和美丽相伴。母亲给您最深切的爱，还有我，亲爱的教母，我也会献上最热忱的爱意……

旺达

胡姬曾和员工们说她“爱”旺达，她对很多人都没有用过这个词。

克里斯·萨特勒建议胡姬邀请旺达来医院，但胡姬说不想让旺达看见她现在的样子，而且在这儿也没法招待好她。

事实上，虽然她们经常通电话，但旺达说她从不知道胡姬住进医院。她只是猜测到胡姬已经不住在第五大道 907 号了。2003 年 9 月母亲去世时，旺达试图接通公寓里巴特菲尔德 8 号电话。无人接听后旺达又打给皮埃尔夫人，请求她转告胡姬她母亲已逝。胡姬给旺达回了电话，安慰她丧母之痛。

随后胡姬又再次致电，急切建议旺达不要独居，说母亲去世后，旺达一个人住在林间小屋里不安全。她坚持要旺达给她寄来一张地图，看看房子周围邻居的分布情况。

旺达一直没有发现胡姬的住处。皮埃尔夫人说她可以透露胡姬的地址，但有些担心胡姬不希望她这么做。旺达之后回复说：“那就不要告诉我了。”她表示不需要知晓，“我教母很保护自己的隐私，我一直尊重这一点。”

旺达时不时会来曼哈顿，也会告诉胡姬她的行程，但从来不会催促胡姬邀请她去拜访。她说不想给胡姬施加压力。

根据旺达的说法，最后一次见到胡姬还是在父亲的工作室里，那是 1954 年父亲去世的时候。胡姬当时 48 岁，旺达只有 11 岁。接下来大半个世纪里，她和教母还保持着联系。“如果世界上曾有人只因为胡姬的爱而回报以爱，”克里斯·萨特勒说，“那一定是这位女士。”

像雪球一样越滚越大

胡姬住进达可塔斯医院后，给哈达莎的捐赠也立马开始。

第一笔大的开支出现在 1993 年 9 月，当时佩里家居住的楼房地下室被洪水淹没。哈达莎跟胡姬提到过三个孩子都患上了哮喘。哈达莎回忆说胡姬第二天就建议他们搬家。佩里一家用胡姬给的 45 万美元在附近的海滨大道买下了一套公寓，之前的房子也没有出售。

那一年胡姬的会计欧文·卡姆斯勒对律师唐·华莱士提到了自己的担忧，觉得胡姬“很容易受周围人的影响，比如对护士和他们的家人数目惊人的赠与”。任何骗取同情的故事都会让她向自己的账本伸手。

胡姬开始在圣诞节给佩里一家派发礼物，哈达莎和丈夫每人 4 万美元。哈达莎说自己会告诉她：“夫人，您给的太多了。”胡姬对其他员工也很慷慨，但给哈达莎的增长很快。20 年来她为佩里一家三个孩子支付学费，从幼儿园到弗莱布许的犹太法典高中，然后又从大学到研究生院。胡姬还支付他们的医疗、钢琴课、小提琴课、希伯来语课以及他们在纽约州北部的篮球营和夏令营的费用。甚至于佩里家无力交纳退缴税，胡姬也一并支付。

胡姬住院 20 多年来，给哈达莎写了 300 多张支票。哈达莎说其中有一些不是给她而是送给其他员工，为了保护隐私胡姬只是通过哈达莎给别人赠与。比如说，胡姬曾给过露丝·格雷 2.5 万美元的支票，此人曾在医院厨房工作，给胡姬送过餐。有时候，胡姬会在一天内给哈达莎两张支票——早上 4.5 万美元，下午 1 万美元。

“有时候我会说，您今天已经给过我支票了。她会说：‘你有很多地方需要花钱，你用得着的。’我收下支票是因为我们需要付很多账单。夫人很大方，我们也没有强迫她给我们支票——我们从不开口要。这就是她的为人，非常慷慨，不仅对我如此，对千千万万人都是如此。”

胡姬的慈善赠与

以下是胡姬在 1991 年的赠与情况，列在联邦赠与税回单上：

支出	总计
宁塔·桑德拉，疗养院治疗	223 510 美元
朱尔斯·皮埃尔医生和苏珊娜·皮埃尔夫人	114 000 美元
索特雷奥先生及夫人（法国好友）	60 000 美元
伊丽莎白·德维勒蒙特（艾蒂安遗孀）	29 000 美元

玛丽·克里斯汀（艾蒂安女儿）	10 000 美元
哈达莎·佩里（白班护士）	32 000 美元
杰拉尔丁·勒汉·科菲（夜班护士）	18 000 美元
桃瑞丝和旺达·斯台卡（朋友，教女）	22 000 美元
安娜 E. 拉夏贝尔（表亲）	10 000 美元
沃尔特·阿姆斯特朗夫人（司机遗孀）	16 000 美元
其他前任员工及他们的子女	68 000 美元
总计	602 510 美元

…

胡姬不断给佩里家买房子。

1999 年 8 月：149 589 美元。在布鲁克林老房子里买下第二套公寓，第一套已遭水灾。佩里的大儿子亚伯拉罕（阿维）住在这里。

2000 年：775 000 美元，布鲁克林另一套房子，方便哈达莎的哥哥一家来访时有地可住。如今价值 170 万美元。而后哥哥一家搬到加州，这套房子买下后一直空着。

是的，胡姬的护士都有了自己的闲置房屋了。

然而，胡姬的慷慨仍在继续。

2000 年 12 月：885 000 美元。为哈达莎的孩子在盖茨比买下一套房子，这套房子是战前建筑，位于曼哈顿东 96 街。

2001 年 8 月：1 475 097 美元。在盖茨比买下第二套房子，因为胡姬说哈达莎从这里可以看见中央公园更美丽的景色。

最终，2002 年 8 月：599 000 美元。在新泽西海岸朗布兰奇附近买下一套房子，这样哈达莎一家既能来这儿度假，恐怖袭击的时候又能把这里当避难所，就像胡姬当时买下康涅狄格州的避难房一样。

佩里这一个 5 口之家现在拥有 7 处住所，除了第一套为自己所购，其他都由胡姬买单，这些房产总价值为 430 万美元。其中一些钱标明为借贷，但胡姬从来没有要求偿还。

“我跟夫人说我已经有很多房子了，”哈达莎说，“光是维护这些房子都得花上好多钱。”胡姬的回复往往是把公寓里平常的开支和房产税也包在自己身上。

…

佩里一家经常给胡姬写感谢信，“致我们亲爱的克拉克夫人”，说在他们眼里胡姬就像是自己的祖母或者仙女教母。

“如果不是您精神上和物质上的帮助，我和我的家人拥有的这一切奢华都不能成为现实。”佩里家在 1998 年 3 月的一张卡片上写道：“我永远不会忘记您和我们分享的那些美好。我向上帝祈祷您的善心将会回报给您健康的身体和长寿的生命。尊敬且感激的丹尼尔、哈达莎、阿维、大卫和格拉·佩里。”

另一张便条上，孩子们告诉胡姬学杂费又涨了。

胡姬还给佩里家买了一辆二手的道奇大篷车，之后又换成了一辆五十铃。从佩里家收到的支票上看，他们还买了一系列的新车，每一辆都比上一辆的价格翻了一倍：1998 年 4.8 万美元买下林肯领航者豪华版 SUV，1999 年 9.1 万美元买下一辆悍马，最后 2001 年买下一辆宾利——还不是普通宾利，而是全世界只有 150 辆的勒芒，他们支付了 21 万美元。这些车都是现金购买。以前的出租车司机丹尼尔·佩里现在开着宾利了。

哈达莎说宾利对他们家是个负担。这辆世界上跑得最快的四轮轿车在布鲁克林不实用。“实话告诉你，我们从来没有享受过这辆车。维修费太贵了，总会担心什么东西会撞上它。这真见鬼。我都不敢开。孩子们也不喜欢。你得担心有人会偷走它。我都不知道我们为什么要买这件蠢东西。”哈达莎说她更喜欢开那辆林肯。

拥有这些车还不够。2001 年 17 岁的亚伯拉罕在给胡姬的生日卡片上委婉地表达了自己想要一辆新车的愿望：

亲爱的夫人：我想从心底感谢您对我们的帮助。从小时候到如今长大成人，我生命中过去的17年来没有您的关心、爱护和支持，人生都不可能完整。6月10日，也就是这个星期天我将从高中毕业，然后在秋天进入纽约大学学习。我很骄傲地告诉您我已经到了能开车的年纪了。去纽约大学参加迎新报告会的时候我只能开我妈的车，因为我的货车被偷了。这么大一个家只有一台车，出行真是不方便。

胡姬给他回了一张5 000美元的支票。

佩里家的孩子们常给胡姬跑腿，去找胡姬需要的日本艺术书籍，或者去阿甘的圣弗朗西斯科[①] 预订珠宝——胡姬喜欢把这些珠宝分给医生或者护士的孩子。胡姬按时给佩里家的孩子们支票；从1996年至2011年，亚伯拉罕得到628 250美元；妹妹格拉得到621 250美元；弟弟大卫得到706 550美元。

哈达莎和胡姬偶尔也会拌嘴。2004年末她们俩发生了激烈的争执，哈达莎最后告修了一段时间。胡姬和她圈子里的人讨论过很久，她是否应该辞退哈达莎，但是不久后哈达莎又回到了医院。

胡姬对哈达莎家出现的问题表示极大关心。她给哈达莎的大儿子支付了3.5万美元医疗账单。给哈达莎找不到工作的哥哥一笔钱，为她哥哥的女儿支付乳腺癌治疗费用。美国国税局审查佩里家时，胡姬还支付了30万美元的账单。

某一年里胡姬给佩里一家的赠与

仅在2003年一年内，胡姬给哈达莎一家开出了35张支票，总计955 200美元，远高于哈达莎的薪水。

1月3日	45 000美元（儿子大卫）
1月13日	45 000美元
1月13日	10 000美元

① 美国著名的珠宝、家具品店。

1月13日	8 000美元
1月13日	40 000美元（儿子亚伯拉罕，或阿维）
1月13日	20 000美元（女儿格拉）
1月14日	35 000美元（大卫）
2月4日	30 000美元
2月4日	8 000美元
2月4日	40 000美元
3月5日	35 000美元
3月13日	8 000美元
4月15日	35 000美元
5月3日	15 000美元（大卫）
5月3日	15 000美元（格拉）
5月9日	30 000美元
5月9日	30 000美元
5月12日	25 000美元
7月8日	75 000美元
7月18日	25 000美元
7月25日	35 000美元
8月5日	40 000美元
8月5日	6 000美元
9月8日	20 000美元（亚伯拉罕）
9月8日	20 000美元（大卫）
9月8日	15 000美元（格拉）
9月14日	7 000美元
9月24日	35 000美元
10月1日	15 000美元
10月27日	10 000美元
11月3日	45 000美元
12月1日	8 200美元
12月3日	35 000美元
12月21日	45 000美元
12月21日	45 000美元（丈夫丹尼尔）

…

皮埃尔夫人很保护胡姬，觉得胡姬对哈达莎和其他人太过慷慨，和孙女表示过她的担忧。“我奶奶觉得克拉克夫人周围每个和她有联系的人都对她提过要求，”凯蒂·德斯普雷兹·科鲁兹说道，“每个人都对她哭诉他们的悲惨故事。”但苏珊娜从来不和胡姬提她的担心，卡蒂说奶奶觉得这样不太礼貌。

皮埃尔一家也是胡姬慷慨赠与的受益人。胡姬定期给苏珊娜寄去2万~5万美元的支票作为礼物，这些汇款都是以秘书服务的酬劳为名义。90岁后，胡姬又提高了这些赠与的数额。

胡姬见过苏珊娜的曾孙，她说自己从小因为害怕被绑架，只能在克拉克宅里长大，所以对苏珊娜说这个小男孩太可爱了，担心有人会绑架他。胡姬说他和母亲住在上东区公寓的第二层不太安全，于是她坚持他们换到一个更高楼层的公寓，为此支付了61万美元的差价。

那一天胡姬在这栋大厦还买了两套公寓，一套给白班护士哈达莎，另一套给夜班护士杰尔拉丁·勒汉·科菲，这样他们的住处离医院更近一些。杰尔拉丁是爱尔兰移民、注册护士，在照顾胡姬的这些年里收到了100万多一点的赠与。“我很尊重她，她也尊重我，”杰尔拉丁说道，“我觉得她非常敏捷、坚强、聪明，而且游历甚广。她是一位很善良的女士。”杰尔拉丁一周工作七个晚上，从晚上十一点至早上七点，和哈达莎酬劳相同：131 040美元。她说胡姬能自己理发、洗澡，身体健康，平常都不需要给她量体温。“不需要怎么看护”。

胡姬的慷慨引起了财产顾问、会计欧文·卡姆斯勒和新律师沃利·博克（老律师唐·华莱士1997年突发心脏病后，他接管了这份工作。华莱士逝于2002年）的关注。虽然他们很担忧，但他们只是顾问而已，在谈话和信件里还是一副恭顺的样子。“克拉克夫人的有些问题不应该问，也不要去揣测她的动机，”博克说，“她知道自己想要做什么，一旦决定要做的事情，一般情况下无论如何你都改变不了她的想法，如果你坚持的话，她还会生气。”而且，他认为哈达莎对胡姬很忠诚、尽心，而且看起来胡姬不像是被她纠缠要礼物，反而是想抓住每次机会来布施她的爱心。

博克解释道：

有些人会走进病房，说："天啊，我的姐妹需要动手术，但我付不起手术费。"胡姬会说："没事，我来付。"

我和她讨论这个问题，她会问："我能付得起吧？"

我说能。"但是您为什么不把财产放进遗嘱里，而是现在就分发出去呢？"

胡姬说："我想看见人们享受收礼物的快乐，这让我觉得自己还生活在世上。"克拉克夫人非常精明，有自己的主见，能在自己决定的时间去做想做的事。她从来不征求别人同意。

哈达莎说她从来没有要求过胡姬给她赠与。她说自己只会提到女儿读研究生院的学费太贵，胡姬就坚持要帮她支付。"有时候她给你支票，你会觉得很惊奇，这根本不是自己想要的数目，而是比这要多得多。这种事情发生过很多很多次。这就是夫人的为人……她坚持要我们收下……我没向她请求。"

哈达莎接着反驳说，跟胡姬提家里出现的情况不是她向胡姬索取的方式。"20 年来待在房间里你能干什么？我们总是谈谈生活琐事，要知道，我们无事不谈，而且她总会问到我家人……这显然是日常的谈话，就像是在家里一样。我是夫人的护士，又正好是他们[①]的朋友，我的一生都奉献给了夫人。14年来，我在夫人病房里待的时间比在家里还要长，每天工作 12 小时……我工作的时候丈夫又当爸又当妈。孩子们长大了，我却总是错过家庭度假。因为夫人不希望我请假。她跟别人相处不太愉快。我为了她奉献了全部的自己。"

哈达莎丈夫丹尼尔从胡姬那里得到了 1 503 813 美元。有时候胡姬会派他出门，一周七天妻子工作的时候，他在家看孩子。丹尼尔说妻子的收入纳税等级太高。"想了想，我还是得放弃工作，因为怎么做都得纳税，就是如此。"

卡姆斯勒和博克反复提醒胡姬过分慷慨带来的隐患，指出这些赠与都需要缴纳联邦赠与税。在一封信里博克警告胡姬：她已经"不太明白自己一直以来的行为带来怎样的后果"。但博克很少见到胡姬。和这位客户交流像是孩子

① 此处指她的，哈达莎为菲律宾移民，英语代词有时会混淆。

们的捉鱼游戏，钓鱼的人抛出一根挂在窗帘衣架上的渔线。通常博克拉上来这条鱼线，胡姬却没有上钩，或者她又会推脱：让我想想。

…

1992 年，朱尔斯·皮埃尔去世之前，给他以前的病人胡姬写了一封私信，他用法语概述了自己的财政状况。朱尔斯说因为托管财产和社会保险日益减少，收入微薄，不久他去世后，妻子苏珊娜可能无力维持这套公园大道的公寓。他问胡姬能否借钱给苏珊娜，卖掉公寓后再还给她。

"请您相信，提出这个请求的时候我很清醒，我能预想到妻子接下来要面临的严重困难，"皮埃尔医生写道，"亲爱的夫人，请接纳我——您的挚友充满感情的想法。您忠诚的朋友感谢您为我们所做的一切。皮埃尔。"

1999 年，皮埃尔去世七年之后，他的请求才得到回复。胡姬让律师去苏富比卖掉了两幅画以帮助她的朋友。其中一副是莫奈的《灰霾天气里的三株杨树》，它卖出了 1 000 万美元，胡姬把这笔钱赠给了皮埃尔夫人。

2010 年一个星期六的下午，我们在皮埃尔夫人的公寓里谈起胡姬。夫人总会分心瞟一眼电视，谈话断断续续。然而当她看到胡姬的照片，脸上会散发出光芒。看护工在厨房里跟我们说，皮埃尔夫人患上了阿兹海默症，随后她儿子也证实了这一点。

因为有了胡姬的慷慨捐赠，苏珊娜·皮埃尔能请钟点护工照料，直到 2011 年 2 月去世，享年 89 岁。因为有了胡姬，苏珊娜在临终时仍然能够留在自己的房子里。

…

胡姬把第二幅画——塞尚的《陶壶》送给了哈达莎。她的护士说自己留着这古画没什么用处，于是胡姬在 1999 年苏富比拍卖会上卖掉了这幅画，总价 1 500 万美元，胡姬说她想把这些钱全送给哈达莎。

胡姬的律师和会计惊愕了。这幅画光是税额就十分惊人。赠给哈达莎和皮埃尔夫人的 2 500 万美元需要胡姬另付 2 800 万美元税款。博克和卡姆斯勒告诉胡姬她只能卖掉其他资产来支付赠与税，胡姬因此临时改变了赠与方式。

她立即给了哈达莎两张500万美元的支票，第三张是一张借据以支票的形式赠与，同样为500万美元，没有限期。

“夫人让我拿着。”哈达莎说。之后康涅狄格州的房子被出售。博克和卡姆斯勒对第三张支票并不知情，哈达莎在医疗记录上做了特别标记，指出500万美元是“胡姬许诺的”。

胡姬也可能在这次交易中获了利。她不喜欢雇用新员工。一个员工持有一张几近磨损、不限期的500万支票，她是不可能会去找其他工作的。

…

胡姬的助手克里斯·萨特勒也陆续收到了礼物。他说胡姬吩咐打开12W公寓的步入安全柜里的大保险箱。为此他还请了一个锁匠钻孔开锁。胡姬在这个保险箱里存放着日常首饰。克里斯把这些卡地亚和梵克雅宝的盒子装进购物袋带到医院。胡姬把它们都欣赏了一遍，然后给了克里斯一件。接着胡姬又送给哈达莎一件，“这些赠与像雪球一样越滚越大。”克里斯说。

克里斯是天主教徒，胡姬给了他一个十字架，上面镶着价值7 000美元的卡地亚古钻，红宝石十字架挂在艺术装饰风格的钻石和铂金链上。她还给了其他一些首饰，总价值为2.7万美元。克里斯说他没有想过拒绝这些礼物，它们都通过了估价，胡姬的律师有文件记录。

胡姬给了哈达莎84件珠宝，估价在667 300美元左右，还包括两架古老的羽管键琴、一架翼琴和15个古董玩偶。

胡姬给哈达莎的小儿子大卫准备了更贵重的礼物。大卫开始上学的时候常在胡姬房间里为她演奏小提琴。“夫人说，‘哪天我要送你件东西，但是现在你还太小，’”哈达莎说，“‘当你长大到能够拥有它的时候，我再把它送给你。’”第三把最好的斯特拉迪瓦里提琴送给了大卫，价值120万美元。

“我告诉过夫人大卫已经不拉小提琴了。”哈达莎说，“但她坚持要大卫重新学习……我记得有一次夫人告诉过我她学了 21 年小提琴，但是从来没有真正喜欢过，只是因为母亲坚持才学。”

算上所有的礼物，胡姬去世前，哈达莎一家至少得到了 31 906 074.81 美元现金及财物。

当然，这个数额可以用不同的角度来看。如果胡姬乐意一直出售她的财产，这些钱可以买下十个哈达莎的赠与。

有人质疑哈达莎从病人手里接受巨额赠与是否有违职业道德。哈达莎丝毫不觉得羞愧或怀疑，她拿得理直气壮，说自己不知道有这样的规定，而且她作为医院独立的合同工，又不是它的员工。“我不记得有哪份文件上写着我不能接受这样的赠与。”

那么她可曾考虑过作为护工的职业道德呢？

“从没想过。”

把坏人都挡在外边

是时候该坚持立场了。2001 年 10 月 26 日，胡姬的财产顾问纷纷给她写信，口径一致地警告她过分慷慨可能造成的后果。过去一年里，胡姬赠送了巨额的礼物，耗尽了她的现金流，胡姬已经入不敷出。

“您需要认真考虑，”律师博克写道，“卖掉其他资产以筹集现金来满足这些赠与的需求。”

五天后，博克也给胡姬写信，请求赠与。

华莱士·“沃利”·博克出生于 1932 年，美籍犹太裔，具有正宗犹太血统，家族和以色列渊源较深，历史可追溯于早在以色列国家成立以前。第一次世界大战前，博克的父母和其他成员一同创立了米兹腊希宗教组织[①]，致力于在美国建立犹太政权。博克的母亲是当时运动的世界领袖的私人秘书。博克的哥哥因

① 1902 年建立的宗教正统的犹太复国主义组织，1956 年与米兹腊希工人党合并成全国宗教党。

帮助运送犹太移民到巴勒斯坦而被英国政府逮捕。

如今博克的女儿和女婿正打算回以色列（希伯来语，aliyah，“上升之路”）。他们和沃利的孙子及曾孙住在一个叫埃弗拉特的以色列移民小镇里，此地位于纷争不断的约旦河西岸的犹太山下，耶路撒冷的正南方。该镇现在在筹集资金以建造一个复杂的、国内最先进的安全系统，包括技术监测可疑车辆和入侵预警。

博克从未见过他这位客户，虽然胡姬会常常打电话给他发布指令。每次胡姬在 CNN 或者《纽约时报》上看见中东动乱的消息，她都会打电话给博克询问他的家人是否安好。

博克给胡姬寄去了他们城镇安保系统建设的集资手册，说城里已经出现了好几起袭击案，有一所犹太教堂已经被亵渎。“正如您所知，”博克写道，“我从未向您寻求帮助，无论是以我个人的名义或是因为其他任何与我有关的原因。但是考虑到您也关注以色列的现状以及我家人的情况，我在此冒昧请求您能支持我们这项工程。当然，如果您愿意作出贡献，我会请求您自己裁定这个数额。”

胡姬给她之前的律师赠送过礼物。她给了唐·华莱士价值 13 万美元的法国机械玩偶，数量颇多，华莱士在自家房子里加了几个架子才放置好。华莱士的秘书给胡姬写信，说她准备去欧洲开始自己的歌唱事业，胡姬也寄去了 1 万美元的支票。但博克除了收到过给他孙女的玩具屋，从来没有得到过胡姬的礼物。后来博克说他预期希望胡姬能捐赠 5 000 或者 10 000 美元。

胡姬在这封请求信的第二页填上了一个数额，签下她的名字并寄给了博克。胡姬给的这笔钱是整座镇子集资的数目：185 万美元。

在接下来的三年里，博克把这笔钱分批次、慢慢地寄了过去，支票寄给城镇主办单位以色列中央基金和以色列美国友好新社区协会。博克说他必须防范城镇里有些心怀叵测的人把这钱用作其他用途。

2008 年，博克去了埃弗拉特，在埃弗拉特应急指挥和救援中心落成典礼的演说上，他对聚众说道：“当时是这样，我这个正统的犹太人，向一位非犹太裔的百万女富豪寻求捐助，请求她支援安保系统建设工程，以保卫这个叫埃弗拉特的地方。她从未听说过这个地方，这个叫以色列的国度她也只是从报纸上读到过，但不熟知。幸运的是，她知道我有一个女儿住在以色列，每次听说有恐怖袭击她都会给我打电话，确保我的家人不受影响。”

一块牌匾上写着：“因为有胡姬·M·克拉克夫人的慷慨捐赠，埃弗拉特的安保系统才得以建成。愿主保佑她身体康健、万寿无疆。”博克说起初胡姬坚持要匿名捐赠，正如她一直以来的做派，但随着典礼仪式将近，胡姬不再坚持。

克里斯·萨特勒说，胡姬对埃弗拉特的捐赠表露过自豪的情绪，“她说她建好了篱笆，这样坏人都挡在了外边”。

…

2001年9月11日，美国世贸中心遭受恐怖分子袭击，造成近3 000人死亡，胡姬离世贸大厦只有两英里。死者中有一位和胡姬有些私人关联——美国航空公司77号航班的飞机被劫撞向五角大楼，胡姬加州律师的女婿在这次袭击中丧生。虽然胡姬从未跟这位律师小詹姆斯·H·“吉姆”·赫尔利说过话，在过去的35年里，他一直在帮胡姬料理着圣巴巴拉的事务，胡姬给他寄去了慰问信。

9月11日之后，新闻报道了大量知名人士收到致命炭疽和其他粉状物体的邮包，胡姬坚持不再通过邮件接收任何东西。从那时起，仅有的几个知道胡姬住在医院的人都无法直接给她邮寄信件或者包裹。所有的邮件都寄到了第五大道907号，克里斯·萨特勒负责拆开和运送，或者由博克办公室的送信人带来。博克说胡姬常常因每天的新闻而感到恐慌。

虽然胡姬对自己颇为担忧，但在“9·11”恐怖袭击两天后，95岁的胡姬仍然心系他人。她给在马萨诸塞州的教女旺达打电话，确保她在纽约的时候安全无虞。在电话里他们讨论了这次恐怖事件，胡姬对旺达说她感到十分欣慰，因为大部分时候她都拉好了病房里的帘子。

现金支出

为了能有更多现金来支付日益增加的赠与，胡姬只能卖掉部分收藏品和财产。

2001年，胡姬卖掉了最好的一把斯特拉迪瓦里小提琴“纯洁少女”，这把琴购于1955年，一直被人精心照料着。

2003年4月，她又卖掉了雷诺阿的《玫瑰丛中》，这幅画曾经是美国第一幅雷诺阿藏品。画里一位股票经理人的妻子穿着低领上衣坐在玫瑰园里的长凳上。拉斯维加斯赌场巨头史蒂夫·韦恩[①]以2 350万美元拍下这幅作品。雷诺阿的这幅画自从1937年克拉克家族拥有以来，就再也没有公开展出过。

与胡姬的对话

2003年11月，胡姬出乎意料地给我打来一个电话。显然是想给其他人打却拨错号码了，是对方付费叫号电话。她一时间有些疑惑，不过后来她意识到接电话的是我，我们聊了大约5分钟。对这通错拨的电话我并不吃惊，因为自己也曾有过类似经历。但是直到今天我仍然心存疑虑：胡姬是这个世界上最富裕的女人之一，她为什么要给人打一个对方付费的电话？

2005年，胡姬出售自己在康涅狄格州的避难所乐博堡。根据文件记载，胡姬很清楚每一笔交易的数额，授权甚至指挥她的顾问们该以什么样的价格卖掉“纯洁少女”。

从20世纪80年代开始，伦敦的小提琴专家和交易商查尔斯·比尔给胡姬写过许多信询问“纯洁少女”的情况。最终在2001年，沃利·博克告诉他

① 史蒂夫·韦恩（Steve Wynn，1942—），美国商业巨头，在上世纪90年代拉斯维加斯大道的复兴扩展过程中起到了关键作用。

胡姬同意出售。起初博克计划把这把琴放在苏富比拍卖行售出，价格估计在200万~300万美元。胡姬坚持让博克通过经销商交易，因为这种乐器在私人交易中价格更高。

这个交易有一个难处：胡姬拒绝把“纯洁少女”带出公寓给有意向的买家观看。她没有说明原因，这把琴的出售因此有一些难度。

然而比尔有一个老顾客，他知道该怎么说服他。比尔打电话给大卫·富尔顿——一位西雅图地区的软件业百万富翁。富尔顿是一个前乐团首席提琴手，把自己的Fox软件数据库公司并入微软后，他开始用这笔财富收集世界上最好的小提琴。

比尔记得自己是这么跟富尔顿说的：“我手里有一把绝佳的斯特拉迪瓦里可以提供给你，基本可以确定是世界上除了博物馆外最好的琴，而且也是保存最完好的。这是你最后一次机会可以得到这么好的一把琴了。你感兴趣吗？”

富尔顿当时无法动身去纽约，但他同意以出价买下这把“纯洁少女”，买前没有验货。

这场交易还有另一个难处。比尔说博克提出的保密协定限制繁多，不仅禁止他透露卖家身份甚至是性别，也不允许比尔对人透露他曾拥有过这把琴，他不能在任何人面前用这把琴演奏，时间限期是永远。

富尔顿回应问原主人到底愿不愿意出售这把琴。最后双方达成了一份限制较少的条款：富尔顿同意十年内不得透露琴的原主人身份。

比尔去第五大道907号为富尔顿取这把小提琴。经同意他走过了侧边的服务入口，搭乘货梯到达胡姬的厨房。在那里有一张一尘不染的钢台，上面有一个皮箱，里面放的正是“纯洁少女”，前片上刻有圣女贞德。克里斯·萨特勒还给比尔看了那把胡姬称作“旅行者”的旧斯特拉迪瓦里琴，说胡姬从来没有让人碰过“纯洁少女”。

“纯洁少女”的确是一件精美绝伦的乐器，著名的小提琴手詹姆斯·海涅斯[1] 评论道。2007 年这把琴的第一次录音正是海涅斯，他演奏了一曲悲伤又甜美的曲子，这首曲子有一个法语名字“爱的礼赞”。“它的音质纯净得让人惊艳，”海涅斯说，“但这纯净的音域也广阔得让人难以置信。我认为它就像一束耀眼又宽广的光……我从来没有见过第二把这样的佳品。”

胡姬对琴的出售价格比较失望。之前她说可以卖到 1 000 万美元。1955 年买下“纯洁少女”花去了 49 500 美元，以 2001 年美元通胀后计算相当于 32.7 万美元。但是不把它放在拍卖行出售的决定显然是正确的。胡姬得到了 600 万美元，是当时斯特拉迪瓦里琴售出的最高价，是她投资价格的 18 倍。

① 詹姆斯·海涅斯（James Ehnes），1976 年出生于加拿大，4 岁开始学习小提琴。在 9 岁的时候成为著名的加拿大小提琴家。Francis Chaplin 的得意门生，1997 年毕业于朱莉亚音乐学院。在年轻一代的小提琴家中，海涅斯是崛起最迅速的一位。

第 11 章

Empty Mansions
The Mysterious Life of HUGUETTE CLARK and the Spending of a Great American Fortune

贝斯以色列医疗中心

勒索

对于依赖于筹资的非营利性医院来说，这位性情古怪的病人多么具有吸引力！这个 90 多岁、拥有至少 3 亿美元身家的女人现在就住在他们医院里。

医院的医生和管理人员本可以在这位病人治疗后把她送回家，接着可以请求捐赠。但是他们准许胡姬待在医院 20 年，持续不断地向胡姬请求数额越来越大的捐赠。他们很清楚住在这间幽暗病房里的人是谁：她是那个能纺草成金的女孩。

胡姬住进医院一个月后，辛格曼医生警告达可塔斯医院爱发布消息的人，说他的病人“非常富有，是铜业千万富翁的后代”。辛格曼医生曾和胡姬说粉刷自己的房子需要花费 2 万美元，几天后胡姬给了他一张 2 万美元的支票。辛格曼在意大利摔断了臀部，被救护车送回美国花费了 6.5 万美元，胡姬也帮他支付了。辛格曼建议以“恰当的培养途径”来寻求捐赠。他给胡姬介绍从发展部门（或者干脆说集资部门）来的女人，说她是“公共关系”部门的员工。

1991 年，达可塔斯医院成为贝斯以色列医疗中心的一部分，也就是人们口中熟知的贝斯以色列北区。医院董事长罗伯特·纽曼医生主持了内部讨论会，讨论关于如何说服胡姬捐赠出一部分她显然不需要使用的财产。从集资部门的一份备忘录上看，董事长很直白地说："你们知道的，夫人是我们医院里最富有的、最有可能捐赠的人。"纽曼医生是戒毒专家，因建立美沙酮诊室而闻名，他从胡姬住院后三个月以来每天都会来看望。

医院开始对胡姬做工作，首先从经典的捐助者——开发剧本开始。

第一步：调研。

官员们先去纽约公共图书馆调查了威廉·安德鲁斯·克拉克，试图估计胡姬从父亲那儿继承了多少财产。咨询过她的顾问后，医院了解到胡姬还没有签署过任何遗嘱。

剧本第二步：有策略的培养。让捐助者知道你认识且关心她。

纽曼医生给胡姬送了羊绒毛衣、气球和从巴黎带来的可口巧克力。他在日本住过三年，因此和胡姬有许多话题可聊。纽曼的妻子是日本人，也来拜访过胡姬几次。他向胡姬介绍自己的母亲，她已经年过 90，在法国住过多年。纽曼的母亲也给胡姬写信，还亲自来医院看望过胡姬。她们一起看电视上的滑冰比赛，胡姬向她解释了奥林匹克花样滑冰的公主服饰背后有怎样的故事。胡姬还和她分享了一集蓝精灵电视特辑。"我不骗你，"纽曼医生给同事的信上写道，"我母亲花了 30 分钟看蓝精灵庆祝圣诞节，她应该得到奖励。"

1994 年 1 月，纽曼医生写信给胡姬说道：

> 亲爱的胡姬夫人：我冒昧请求您给我身在尼斯的母亲寄去一份温暖的节日问候卡片。她常常问起您的情况。我的母亲是一位狂热的笔迹学业余爱好者，我想跟您分享下她对于您手稿的看法。"这真是最出色、最值得称赞的书写！这种强烈的意志、清晰的逻辑和有序的思维深深打动了我。真让人惊奇。"显然我有一些小偏袒，但依我愚见，母亲很少出错。当然我全然同意母亲这番特别的评论。祝您一切安好，罗伯特·纽曼。

胡姬似乎很喜欢医院的职工来看望她，还坚持让他们寄来自己孩子和孙子的照片。她能记住这些人的名字，会问他们最近在做什么。

医院的官员们在胡姬背后取笑她爱好卡通和玩偶。他们建议每个恳求她的人把关注点放在捐赠上，“即使她把话题转向蓝精灵或者摩登原始人”。胡姬曾抱怨说医院不应该把她放在捐赠者名单上，这样揭穿了她的隐私，一位官员讽刺说他们应该给胡姬“一集蓝精灵作为补偿。”

捐赠剧本第三步：恳求。根据捐赠者的兴趣制定特殊的请求。胡姬似乎最喜欢以赠送礼物的方式来奖励医生。胡姬捐出 30 万美元修建心脏实验室，医院把辛格曼医生的名字也放在感谢词中，以感激他从病人手中成功拿到集资。胡姬给医院捐赠了 8 万美元以表达对辛格曼医生和主治外科医生杰克·鲁迪克的感激之情。胡姬在医院的头十年里共捐赠了 94 万美元。

医院领导向鲁迪克医生征求意见，之前他催促医院向胡姬提出数额更大、更加具体的请求，因为“她没有‘钱’这个概念”。

鲁迪克医生按照自己的建议向胡姬借了 100 万美元。虽然鲁迪克签署了借据，同意支付本金和利息，但后来根本没有偿还。鲁迪克又向胡姬请求捐助 50 万美元，说不给的话就不能继续当她的主治医生。胡姬的律师博克把这种行为称作“基本上就是敲诈”。他警告胡姬，鲁迪克医生口头上说他需要这笔钱在纽约开一家诊室，其实他已经接近退休。胡姬没有不满，仍然签署了文件完全免除了他的债务。鲁迪克医生否认了这种说法，说自己从来没有误导胡姬甚至是向她索要钱财。他说自己和胡姬从一开始就达成了协议，胡姬支付 100 万美元作为赠与，虽然在文件中描述为借款。

护士哈达莎·佩里鼓励胡姬给医院进行捐助。后来哈达莎背部动手术时医院还给她减免了部分费用。

医院的管理层说他们对胡姬给医生和护士的捐赠毫不知情。而医院内部邮件曾显示，在 1998 年员工们曾在董事会主席——造船业巨头莫顿·海曼的办公室召开会议，讨论哈达莎作为非医院员工接受病人馈赠一事。

医院内部信件显示管理层对结果比较失望。“考虑到她可以支付的数额，考虑到其他人得到的数额……”纽曼医生说，“我认为她对我院的捐赠相当微薄。”在发给集资部门的邮件中，他写道：“除去她之前的赠与，之前的期待基本上没有实现。”

…

医院管理层咨询过胡姬的财产顾问，发现胡姬没有签署过任何遗嘱。纽曼医生催促胡姬立一份遗嘱，然后把母亲带到医院跟胡姬分享“设立遗嘱的巨大乐趣和精神满足”。

医院管理层考虑让法律部门研究一下胡姬去世时没有遗嘱将会发生哪些事情。然而这里有一个问题。有一个人在备忘录里表达了自己的担心，说如果院方向自己的律师寻求建议，“他们会提出胡姬是否应该住在医院这个问题”。

事实上，根据之前在达可塔斯医院工作过的一位护士和一位社工的说法，胡姬藏在医院巡视员看不见的地方。给医院授权的医疗卫生机构认证联合委员会定期要来贝斯以色列考察，确保医院各项达标。其中一项标准调查手段就是选择一个病人“跟踪者”，把这个病人所有的文件检查一遍，以此评估每个部门在这个病人治疗上所完成的工作。久住医院的病人或许更吸引他们的关注，胡姬至少碰见过一次这种情况。胡姬的医疗记录有两万多页，可以成为最佳“跟踪者”。但护士和社工说胡姬的名字不在日常病人审查名单上，上级告诉他们巡视员检查的时候把胡姬的记录藏起来。之后医疗记录表上每翻一页都需要印上一个特许日期：2003 年 1 月 1 日，这时候离胡姬实际入院的时间已经接近 12 年。一位集资部的员工在文件中写明：“如果我们强行‘驱逐’她，我们肯定得不到任何资助。”

因为经历了几次备受瞩目的产科医疗事故，贝斯以色列医疗中心遇到了财政困难。1995 年穆迪投资者服务公司降低了其债券评级，2000 年因流动资产降至“极低水平”债权评级再次降低，医院只有能支撑六天的流动现金。1997 年贝斯以色列被医疗业巨头公司连续健康伴侣兼并，纽曼医生成为贝斯以色列的首席执行官，此外，还同时监管圣卢克·罗斯福医院以及纽约眼耳医院。

胡姬拯救了贝斯以色列。2000 年，海曼请求她捐赠，胡姬决定捐出爱德华·马奈的画作《瓶中牡丹》。苏富比拍卖行给这幅画估价 600 万美元，胡姬派克里斯·萨特勒把画送到纽曼的公寓，如往常一样，这样的捐赠必须以匿名形式进行。然而医院这次又失败了。2000 年 11 月在克里斯蒂拍卖行这幅画最终竞价 350 万美元，还包括支付拍卖行的佣金。医院拒绝以这个价格出售这幅画。

在病房里，纽曼医生和胡姬谈论这幅画该怎么办。此时是 2000 年 11 月中旬，这时美国正经历颇受争议的总统选举，乔治・W・布什和阿尔・戈尔的前路疑云重重。胡姬抱怨说“政治局势真是让人困惑”，她对纽曼医生说自己强烈支持戈尔（胡姬和父亲一样是民主党人士，虽然在接下来几年里共和党和民主党在每个政治问题上都会转变立场）。胡姬也提到股市形势动荡，大幅下跌，导致艺术品拍卖价普遍不高。近来一幅毕加索的作品卖到了 5 000 万美元，胡姬跟纽曼说，这幅画“真丑”。纽曼又强调了一下医院急需用马奈这幅画换钱，胡姬要求他等到政治局势稳定，观望市场形势后再做决定。纽曼说如果艺术品价格持续下跌，那么等待只会使医院损失更多的钱。

为了让胡姬觉得高兴，医院还是在等待时机。第二年夏天，这幅画又重新拍卖，最后拍出的价格与之前的竞价相同——350 万美元，支付佣金后有 310 万美元收入囊中。胡姬对于市场的预测还不算太差：虽然价格没有上升，但至少没有下跌。

…

是时候让贝斯以色列医院大赚一笔了。

2004 年 3 月，纽曼医生向胡姬提议，让她转移 1.06 亿美元财产给医院。他高声强调胡姬将会成为受益人，余生每个月内都能得到 100 万“无条件的、有保障的现金报酬”。这个数字似乎引起了胡姬的关注，她说自己会考虑。

显然，胡姬需要移交自己所有的股票、债权、康涅狄格州的房产，或许还需要一些画作。纽曼医生强调这种赠与是多大的幸事，能“把你从自己安排财产售卖这巨大的压力中解放出来”。

贝斯以色列提出的这种合同叫作“慈善捐赠年金”，多为大学或者其他营利性机构招徕捐赠的方式，有时候都不会全盘指出其中的陷阱。胡姬当时已经年近 98 岁，根据保险统计表（而不是就医记录）估算，她的预期寿命只剩 2.9 年。从医院向胡姬提出的建议来看，胡姬每投给医院 100 万美元，每年将会收到 10 万美元的收益，在余下的 2.9 年内总计 310 750 美元。胡姬剩余的钱还会有一个 718 010 美元的慈善性支出扣除。

这场交易划算吗？弊大于利。

这笔年金能让胡姬继续赞助贝斯以色列，也能给她带来一些收入、减免一些税收。但对胡姬这样高龄的人来说，支付年金的方式非常罕见，而且对于胡姬这种高净值人士来说，慈善捐赠年金更像是一个钝器。这并不是解决医院捐赠和自己的现金流问题最灵活的方法。对于支付给医院的资产，胡姬将没有任何发言权，只要医院愿意就能出售。

而且这场交易不能撤销。医院已经陷入了财政危机，如果还申请破产，胡姬将不能收回任何资产。如果今后对医院对待她的方式不满意，情况将变得十分糟糕，医院可能早已占有她的财产。一旦胡姬去世，医院可以获益不再支付酬金，把自己的健康护理交给这样的机构，这投资本身就存在风险。

胡姬没有上这个提议的当。

医院其实应该稍感欣慰，胡姬没有欣然接受这个提议。事实上，胡姬颠覆了保险报表的预期，多活了 7.2 年。这段时间里，胡姬每给医院 100 万，医院将要支付她接近 80 万，捐赠将逐渐减少。

•••

一场危机给医院再次提供了一次机会来打动克拉克铜业大王的女儿。2004 年初，有流言称达可塔斯医院大楼将被关闭。一个开发商想要买下医院，拆毁后建一个高端的住宅楼。纽曼医生向医院董事会主席海曼建议说，医院应该利用这个机会去争取从胡姬那里得到“超级大礼”。

2004 年 5 月 11 日，纽曼和海曼拜访了胡姬。纽曼记录了他这次来访。他对胡姬说贝斯以色列几近肯定要卖掉这栋大楼，院方已经收到议价。医院还没有挂牌出售，也没有让人挑选，但是这些提价实在是太过丰厚，他们无法不予理睬。贝斯以色列只好卖掉医院大楼，这里的病人只能离开。

胡姬要求看一份医院财务报表。她说自己不想搬离。

海曼对胡姬说有一种方法可以让胡姬留在这里，“捐赠 1.25 亿美元买下周边，这样医院就不必出售。”

第二天，辛格曼医生在胡姬的病历记录表上写道："她对自己要离开病房表示了担忧。"哈达莎解释了胡姬的不安："她不喜欢变化。她已经习惯了这个地方，爱上了这个地方。这间病房很舒适，她认识这儿所有人、所有的护士，在这里她非常开心。"

海曼和纽曼医生给胡姬提供的选择非常清晰：如果胡姬什么都不做，她必须要离开。如果胡姬给医院捐赠 1.25 亿，或者以这个价格买下医院，就能留下。

这就是勒索。在大街上收这种钱就叫保护费。在非营利性医院的管理制度下，这叫作巨额捐献开发。

…

贝斯以色列医院的员工从看门人到医生，每年都会收到医院有关利益纠纷的政策通告。病人的赠与是严格禁止的，拿病人的小费就意味着职业的终结。然而胡姬的医生和护工们接受了她数以百万计的支票，现在医院领导们又挟持着他们最脆弱的病人索要 1.25 亿美元。

贝斯以色列的官员们不会回答医院是如何千方百计从胡姬手里获取钱财，或者他们如何同意让一个健康的女人在医院住上 20 年。律师马文·韦克斯勒提供了一份综述，里面谈到医院是为了这位病人的最佳利益而行动的。确实，胡姬在医院的日子比前几年在家的时候更加精神焕发。"事实毫无疑问，贝斯以色列把克拉克夫人从独居和极其不健康且威胁生命的状态中拯救了出来。"韦克斯勒说道，"然后医院给她提供了一个多人照看的家，她在这里能安全度日，保持相对健康和舒适的状态，而且能享受与人为伴的乐趣。"

对于这个 1.25 亿美元的请求，胡姬的答复是"这笔钱太多了"。海曼和纽曼保证医院"绝不会抛弃她，如果她需要，能帮助她在连续医药集团找到一个去处"。胡姬对纽曼说，她需要和自己的律师谈谈，会考虑一下他们的建议。

胡姬的回答燃起了医院的希望。纽曼写信给员工，说自己得到了一个跟上次要求她捐赠一幅画时同样的答案："她成功给了我们马奈，这次也让我们拭目以待。"

胡姬确实考虑过这个提议。两天后她致电博克问是否能卖掉康涅狄格州的房产然后“买下贝斯以色列”。博克说房产大约价值 2 000 万美元，不够买下医院。

胡姬本可以筹集更多钱，她的股票、债券、画作、珠宝和现金还能集齐 1.5 亿多美元，而且不动产还值 1.5 亿美元以上。但是胡姬经受住了医院的压力。这次勒索失败了。虽然胡姬急切地想要留在医院，留在这间病房，但她还是同意离开。

事实上，除去留在遗嘱上的钱，胡姬最后一次给贝斯以色列捐赠是在 2002 年。生命中的最后 9 年中她一直在拒绝这些请求。2003 年，纽曼医生给她写信请求胡姬捐赠年金，她没有回应。2004 年，医院又请求她买下这栋大楼，胡姬也没有回应。2007 年，医院新董事会主席上任，给她写信请求捐赠 255 000 美元，胡姬仍然没有回应。贝斯以色列的领导层竭尽全力想要打动胡姬・克拉克，但是这位威廉・安德鲁斯・克拉克的女儿纹丝不动。

•••

所以胡姬必须要搬走。可是去哪儿呢?

胡姬第一条规定：不要疗养院。她对纽曼医生说，自己不想搬去城中心的贝斯以色列主区。她更愿意离上东区的皮埃尔夫人住得近一些。胡姬让律师和会计在纽约找到其他医院。贝斯以色列的官员们按照胡姬的指示联系了其他医院，看能否给她安排一间病房。胡姬考虑搬到西奈山，母亲安娜在那里去世，而且这间医院离得近，位处自己公寓所在的第五大道。但是，如果胡姬搬去那里，她必须要更换看护人员。辛格曼医生说如果胡姬搬去西奈山，将“无法继续照看她”——离他家太远了，辛格曼说。事实上，西奈山和达可塔斯医院一样也在上东区，离辛格曼在苏荷的家只多了 5 分钟路程。

哈达莎也给出同样的答复：如果胡姬搬到西奈山，她需要找一个新的团队。

第二天，胡姬妥协了，她答应搬到贝斯以色列医院主区。当年 7 月份在达可塔斯医院关门前，她离开了原来的病房。第二年医院被拆毁，一栋多层分户公寓大楼建在了原址上。

从病历记录上看，随着搬迁将近，胡姬的情绪非常不安，但哈达莎跟她聊天，消除了她的紧张。

户外清晨

医院病房旁边有个公园，20 年来，胡姬没有去那里散过步，即使有轮椅，胡姬也没去过。哈达莎说：“我们跟她说过应该去外面呼吸新鲜空气……我们给你备好了轮椅。她拒绝了。”朋友皮埃尔夫人也要求过胡姬出门走走，但胡姬总是转移话题。

胡姬只走出过医院几次去看医生或者牙医，且只是刚住进医院那几年。后来她的身体情况极佳，在医院内部也能清洗牙齿。

达可塔斯医院关门那一天是胡姬有生之年最后一次出门，医院关门后她只能转到贝斯以色列主院。2004 年 7 月 27 日，一个星期二的早晨，克里斯·萨特勒帮着胡姬上了救护车，从上东区出发开始了 5 英里的旅途。胡姬只匆匆瞥了一眼克拉克宅邸旧址、第五大道公寓和斯宾塞学校。帝国大厦和中央公园都没有吸引她的视线，在这 15 分钟旅途中，胡姬直接忽视了纽约城的风景。克里斯说整个旅途胡姬的眼睛都盖着眼科手术后戴的贴片。

…

转院那天的记录表上，辛格曼医生代表贝斯以色列员工总结了胡姬的特点：“她极度缺乏安全感，病房就是她的家，她住进去后就不会离开，”他又加上了另一句，“目前病人对于新环境不太适应，正考虑搬走。”

胡姬没有搬走，现在有六个护士照看着她。哈达莎的工作量减到了 8 小时轮班，因此需要更多护士工作。但胡姬不太容易融入新的人群——“她必须先了解你”，哈达莎说——护士又增加了一倍，一次轮班要两名护士，这样如果其中一位需要早退或者告假，胡姬也总能见到一张熟悉的面孔。

这个新病房的窗外看不到河流的景致，只能看见外面的公寓大楼。胡姬常谈起以前达可塔斯医院的病房的好处，即使大部分时间她都拉上了病房里的帘子。新房间比原来的大，一间双人房只住着胡姬一个病人。这间叫林斯基的房间位于医院主圆形大楼的第十层。10L04 病房是标准的世纪末医院，全部是黑棕色的装饰：廉价的层压板制成的木衣柜、瓷砖地面、水槽、浴室、带帘子的医用标准病床，校舍墙上的挂钟、现代扶手椅、三抽屉床头柜和荧光灯照明。

从达可塔斯医院搬到贝斯以色列后，胡姬的病房越加门可罗雀了。皮埃尔夫人的公寓离得更远了，她只能隔四周到八周才来看胡姬一次。虽然她们仍然每天保持电话来往，但从 2005 年开始，皮埃尔夫人表现出阿兹海默症的前兆，她们之间的对话也越来越短。

随着访客越来越少，这些年里，胡姬更容易接触并且亲近陌生人。2006 年，胡姬度过百岁生辰后，她开始更频繁地打开自己的病房门。胡姬准许律师博克来访，而之前唐·华莱士从来没有机会走进她的房间。胡姬会跟护士和其他员工一起分享法式糕点或者童年趣事。

“她开始走出自己的壳，”克里斯说，“在新医院的日子，克拉克夫人重回社交，不再像以前一样隐居在自己的世界里。”她甚至还交了新朋友，常常去拜访楼下的一位女病人。克里斯说胡姬“在 50 年里第一次享受到与人交流的乐趣”。

每年过生日，胡姬也会准许这个楼层的医生和护士到病房里为她举行小型的庆祝会。2006 年 6 月 9 日，胡姬百岁生辰上的宾客有律师博克、会计卡姆斯勒、克里斯·萨特勒和皮埃尔夫人。

有人带来一个穿方形裤子的海绵宝宝气球。医院送了一个大蛋糕。胡姬给护士开支票作为生日回物。一周后，胡姬问护士能不能给气球充点气。

保护隐私的代价

胡姬似乎最怕一件事：公之于众。这一点她更像母亲，而不是父亲。

从追求、结婚到组成家庭这段时间，威廉·安德鲁斯·克拉克送给安娜许多珠宝首饰，它们都被女儿胡姬托管至纽约第一国民银行[①]，克拉克家是这家银行 50 多年的老主顾。

20 世纪 80 年代，安娜的一颗蓝色钻石和其他几件珠宝从花旗银行（如今人们都这么称呼）的保险箱里不翼而飞，丢失或者被盗。银行的威胁更切中要害：如果她坚持不动用伦敦劳合社的保险，银行方的赔偿不能超过 300 万美元，这么大的损失可能会尽人皆知。1991 年，胡姬接受了 300 万美元和解，远小于那些珠宝的估价。

1994 年，胡姬住进达可塔斯医院后，花旗银行又发生了同样的事件。安娜剩下的那些珠宝保存在第 883 号保险箱中。银行信托部支付保险箱的费用，但因为局间地址改变，支付账单一再拖欠。银行部门截开了保险箱，把里面的珠宝当作委付财产，以最低价卖给了资产清算人。

安娜婚礼用过的金戒指丢了。两个金盒子、镶有 320 颗钻石的玳瑁梳子、带有 7 克拉的钻石别针的卡地亚双链珍珠项链、卡地亚 3 链人工养殖珍珠、带 4 克拉钻石的玉石项链、镶有 36 颗蓝宝石和 126 颗小钻的手镯、5 条小金手链、镶有 64 颗钻石的卡地亚钻石和水晶的发卡、3 颗钻的钻戒、珍珠耳环、内置 5 颗绿宝石的 18 克拉金网钱包以及配套的金网零钱包、30 克拉钻石的卡地亚金表、22 克拉钻石的卡地亚手镯、60 克拉钻石和 40 克拉绿宝石的卡地亚项链、20 颗金扣针和 30 件其他物品，都不见了。

这损失“是一场大灾难”，唐·华莱士给花旗银行的信里写道，这引起了胡姬的“不安和痛苦”。这次胡姬不知道该如何是好。起初她想拿回母亲所有的珠宝。花旗银行从一个欧洲交易商那儿追踪到了珠宝的下落，但它们已经全部售出。银行又提出了同样奏效的威胁：继续追踪这批珠宝会引起公众关注。

胡姬没有起诉，她不想让自己的名字出现在报纸里。她把自己的隐私看得比钱财重要，这就是短板。虽然她抗议说自己的珠宝总价值超过 1 000 万美元，但还是做了让步，要求得到 600 万美元的赔偿。

---

① 纽约第一国民银行（First National City Bank），1955 年与花旗银行合并，改名为纽约第一花旗银行，1976 年 3 月 1 日改为现名，即下文的“花旗银行”。

银行董事会主席约翰·S·里德给胡姬写了一封道歉信，但协商说只能赔偿不超过350万的金额，胡姬接受了。支付前花旗银行坚持让胡姬的独立医生写一份陈述，证明她当时具有精神上的行为能力，这样以后胡姬无法撤销这次交易。几个月后，银行收到了胡姬私人医生辛格曼的陈述文件。

这一次，胡姬和律师没有采取任何行动，也没有报警，和1991年11月胡姬住院后有人偷走她将近25万美元那次情况一样。根据银行报告，有人从一个旧的未使用过的账户里兑过支票，拿走了23万美元，另外那张65万美元的支票兑现被银行拒绝。律师华莱士没有报警，只是悄悄地注销了银行账户。

…

胡姬有一幅美丽的女芭蕾舞者画像，那是和她母亲在1929年买下的爱德加·德加的《舞者画点》，这幅画搁置在公寓里，在1992年或者1993年被盗。因为不想被公之于众，胡姬要求律师不要申报损失。她既没有要求保险赔偿也没有报警，但是公寓经理还是报告了这次盗窃案，联邦调查局的探员一行人冲进了胡姬的病房，和她进行了亲切交谈。华莱士震惊了：联邦调查局花了整整一个小时和他的客户交谈，这比他和胡姬待过的所有时间都要长。

2005年，盗窃案发生12年后，联邦调查局发现胡姬的德加作品挂在了堪萨斯的米申山一户人家中，房主是著名的收藏家亨利·布洛赫，H&R布洛克税务筹划公司的“H”指的就是这个亨利。在不知情的情况下，他和妻子玛丽恩从曼哈顿一个艺术品经销商手里买下了这幅画。画失窃不久后，有一位衣着考究、带着欧洲口音的人走进了一家小画廊，说德加的芭蕾舞者画作在自家放了多年。画廊主人没有多问，买下了它。然后布洛赫家听说了这幅画，让一位博物馆经理朋友鉴定了起源后，这幅画被运到了堪萨斯。

胡姬当然想要回这幅画。布洛赫家没有要求经销商退钱并把画还给他，而是声称即使这幅画是偷来的，也算是无主资产，因为胡姬从来没有尝试找过它。而且，布洛赫一家还许诺在他们死后把自己收藏的全部印象画派作品捐赠给堪萨斯城的纳尔逊—艾金斯美术馆。布洛赫是这家美术馆的董事会主席，美术馆甚至还加建了一座布洛赫楼来纪念这位长期捐赠者。胡姬不想起诉。被偷走的德加画作会引起轩然大波，她不想让自己的生活公之于众。

为了避免任何一方引起让人不悦的公众影响，律师经过多年讨论后达成了一个非同寻常的解决方案。胡姬签署了一份契据，把这幅画捐赠给堪萨斯美术馆。胡姬一向不是一个美国税务专家，从这幅价值 1 000 万美元的画里能得到慈善减税。美术馆为了确保 102 岁高龄的胡姬有能力做出这个决定，让辛格曼医生又写了一份陈述，证明胡姬具备行为能力。

为了让律师把这事情办利索，这幅画必须要转手。2008 年 10 月某一天，在布洛赫家外面，德加的芭蕾舞者画作成为了烫手山芋。它被人从墙上摘下来，交到了胡姬律师沃利・博克手中。博克由一位前联邦调查局探员护送到车道，美术馆主任马克・威尔逊等在一辆豪车外。

博克把这幅画交给马克，这是胡姬送给美术馆的礼物。

然后马克把这幅画带到布洛赫家，放回到沙发上边，摆到修拉和土鲁兹・罗特列克作品中间，这是它原来的位置。美术馆的执行委员会同意把这幅画借给布洛赫。虽然他们家墙上的这幅画被人发现是偷来的，但布洛赫夫妇还是把它要了回来，并且只要他们还在世就能继续欣赏。这次交易极为秘密，博物馆策展人和大部分主管都不知道他们现在有了一幅德加作品。美术馆同意考虑在接下来的 25 年内把这幅画分两次送到胡姬最喜欢的华盛顿科科伦美术馆展览。

当然，这次交易对胡姬的影响就是她不再拥有芭蕾舞者这幅佳作了。胡姬让堪萨斯城博物馆给她拍了一张全尺寸的照片，这样每当看到这张照片，她还能记起这幅德加作品。

两份遗嘱

克里斯・萨特勒致电律师博克，告诉他一个令人不安的消息：“克拉克夫人的情况似乎恶化了。”那是 2005 年 2 月 15 日，胡姬感染风寒后转为肺炎。就在那天，哈达莎也以自己的名义给博克打了电话，要求支付 500 万美元“欠着的礼物”。哈达莎指的是还未到手的卖掉塞尚作品的 500 万美元，这笔钱一直存在未限期的支票里。胡姬告诉博克她想立刻给哈达莎这500万美元。

胡姬这时98岁，患着肺炎，还没有立过遗嘱。她的律师等了40年，终于要开始了。

…

年轻时期胡姬签署过两份遗嘱，把所有资产都留给母亲。最后一份签于1929年，当时她还是高尔夫人。

安娜死后，克拉克，卡尔 & 埃利斯这家老铁路公司的律师重新催促胡姬立遗嘱。1964年，他们给胡姬送去了一份遗嘱草案，把贝洛斯瓜尔多留给圣巴巴拉基金会以支持艺术事业，在其他遗产中有100万美元给朋友艾蒂安·德·维尔蒙特。

每次律师谈到这个问题，胡姬会说："我们等到假期过后再说吧。"她似乎根本就不想立遗嘱，至少是"当时"不想立。或许她觉得这件事太过阴郁，也或许她怀疑自己的签字会放弃自己的权威，因为她已经多次拒绝过签署任何有效力的法律文件。

一个又一个律师试图说服她。他们说因为父母规划得当，胡姬才能保持这么好的经济状况。律师说胡姬有太多朋友仰仗她的慷慨施舍，她以后将留不下任何东西。

律师的信上说，他们认为胡姬是一位接受过良好教育、聪明伶俐的人，知道自己想要什么，毕竟她是威廉·安德鲁斯·克拉克的女儿。这些信件条理清晰、说明详细且充满了敬意，把决定权留给了胡姬。

唐·华莱士提醒胡姬说，不设立遗嘱，她所有的钱将会归父亲第一次婚姻的亲属所有。华莱士写道："你从来没有对他们任何人继承你的遗产表现出兴趣。"然而胡姬没有签字，也没有说明原因。

…

到1985年，唐·华莱士已经厌倦了他的客户。十年多时间里，华莱士替胡姬去拍卖会上买玩偶、送匿名礼物，完成了一切在法学院不会学到的小事。

20世纪80年代，一位律师同行提醒华莱士参加一个会议，中途被胡娅的四次电话打断，每次他的结束语都是“是的，克拉克夫人。好的，夫人。好的，我会处理，夫人。”

华莱士学会了说服胡娅丢掉她的怪癖，但是他没有成功地让胡娅签署遗嘱。

1985年3月，华莱士在一封“私人绝密”的信里向胡娅总结了自己的愤怒，他提到了胡娅之前的律师，他们给过她同样的建议。

在不久的将来，我个人将负责处理您的事务，班纳曼先生去世已经快9年了。虽然我乐意帮助处理您的复杂事情或者个人私事，我可以很诚实地说自己从来没有觉得无趣，但同时这也是我最挫败的经历之一。

从1942年开始直到今日，几乎每年您都会收到我们的建议，然后无视或者逃避，我们已经列出所有的原因让您知道立一份最新的、最贴近现实状况的遗嘱是多么必要。我知道自己在这过去的九年里一直徒劳无功。就我个人所知，班纳曼先生、温思洛先生、斯托克斯先生、埃利斯先生和其他人都给过相似的建议。在劝说您立一份最新的遗嘱这件事情上，这些已故的人们和我一样失败。或许他们的失败能稍微减轻我的沮丧，但是事实并非如此。

如果今年您允许我实现一个愿望，那么我希望您能接受提议，让我着手准备遗嘱以表达您对于财产分配的想法。

华莱士的心愿没有实现。接下来的17年里，他持续给胡娅写请求信，还是没有实现，直到华莱士去世这个心愿仍未完成。2002年唐·华莱士去世之时仍然没有说服胡娅签下遗嘱，甚至于26年来都没有见过这位客户。华莱士只是通过电话或者在紧闭的门外和胡娅交流过。接任华莱士的沃利·博克给胡娅的信里也在请求这件事。博克在2000年请求道：“我再一次恳请，您不要再‘考虑’遗嘱的事了，而是真正做点什么吧。”

胡娅的律师时不时地会让她修改受益人名单，这也反映了胡娅当时的友情排位顺序。在2001年的名单上，除去给员工和朋友的特殊遗产后，房产的30%给护士哈达莎，30%给教女旺达，15%给艾蒂安的女儿玛丽·克里斯汀，

15% 用于城里贝洛斯瓜尔多基金会发展圣巴巴拉艺术事业，10% 给皮埃尔夫人，但胡姬没有签字。

在 21 世纪初的下午，通常博克和卡姆斯勒会聚在前者的办公室里。博克会给欧文倒一杯伏特加，给自己一杯 2 盎司苏格兰酒，又开始起草另一份遗嘱。

胡姬说假期过后她会很乐意聊聊这件事。

…

然而现在她染上了肺炎，身体状况堪忧，哈达莎又不停纠缠，索要之前许诺的 500 万美元，最终胡姬说她会签署这份遗嘱。

2005 年 2 月 28 日，胡姬生病两周后，博克和卡姆斯勒把草拟遗嘱带到病房。但胡姬不想等到死后才付给哈达莎那 500 万美元，于是在这天，她同意出售康涅狄格州的房产。然而，胡姬对于卖掉这栋房产的态度不明，即使她从来没有在里面住过一晚。接下来的几周内，胡姬改变了几次主意，甚至提议说让哈达莎当房产经纪人，这样她还能收取佣金，但顾问们说这方式不可行。接着胡姬又提议说把康涅狄格州的房子给哈达莎，但卡姆斯勒说这样会造成“经济灾难”，因为哈达莎还需要支付高额的赠与税。

贝斯以色列的行政官们听说胡姬正在准备立遗嘱，纽曼医生在全场紧逼下，在那一个月内拜访了胡姬三次。

…

3 月 7 日，胡姬肺炎治愈康复后，在一份短短 3 页的简洁遗嘱上签下了自己的名字。主要受益人的名字从来未提过：父亲第一次婚姻的后代。遗嘱显示胡姬把自己的房产留给“未留遗嘱的遗产分配受益人”。换另一种说法，如果胡姬没有立遗嘱，财产仍然归同样的继承人。根据纽约律法，如果胡姬没有子嗣、亲属，母亲也没有其他活着的子女，那么整栋房产归父亲的后代所有（母亲安娜也没有其他后代）。从这个角度看，这份遗嘱什么都没有改变。

然而这份遗嘱也达成了两个目的：第一，如果哈达莎暂未得到康涅狄格州房产出售的500万美元，那么遗嘱里将会留给哈达莎；第二，博克和卡姆斯勒被命名为遗嘱执行者，根据州法律这两个人将自动得到佣金，大约每人310万美元。有人可能会得到620万美元，现在看来可能是胡姬的长期顾问，这种情况不在少数。

如果胡姬不想把财产留给亲属，那么她为什么要签署只有这项规定的遗嘱？后来博克和卡姆斯勒解释说这份遗嘱只是为了让这件事情能办起来，胡姬要求要越简单越好，这样她能轻松地确定哈达莎能拿到这500万美元。胡姬和财产顾问们同意，之后将处理更困难的任务，更新受益人名单。博克说第一份遗嘱只是一个“垫脚石”。

3月23日，卡姆斯勒给胡姬送去一份基于之前名单的合理受益人名册。4月12日，和胡姬碰面后又修改了这份名册，加上复选标记或者X记号，改变了胡姬朋友未来的受益情况。我们可以发现早前名单中有两人的名字明显缺席。一个是皮埃尔夫人，之前已经收到莫奈作品卖出的1 000万美元。另一个是艾蒂安的女儿玛丽·克里斯汀，近年来和胡姬交往甚少。而哈达莎的受益钱数却翻了一倍。4月15日，博克派送信人给胡姬送来遗嘱草案，卡姆斯勒说他去了病房，把遗嘱读给胡姬听，并解释了每一项内容。

四天后，也就是4月19日，离签署第一份遗嘱只过去了六周，胡姬签下了第二份遗嘱。多位医生和护士在病历表上写下记录，表明胡姬在这整个过程中意识清晰、敏锐。记录表上还显示胡姬能和人愉快地交谈，阅读法国杂志，在无人帮扶的情况下行动自如，能坐在椅子上把自己的脚浸在肥皂水里，给人写信授意说如果她那本中世纪《祷告书》价格能达到10万美元，可以把它托给苏富比拍卖。当她回忆起自己有多么喜欢老的达可塔斯医院时，写下了9万美元的支票给哈达莎和她的家人，又给了5万美元给杰克·鲁迪克医生，一次又一次地透支自己的活期账户，跟来拜访她的皮埃尔夫人愉快交流，甚至还给自己剪了头发。

除了听力减弱，胡姬没有其他病症。3月21日和25日，胡姬拒绝佩戴助听器，但是她还能听见广播里的节目。值班的医生中有一些没有参与胡姬的治疗也没有从任何一份遗嘱中获益，据他们之后所说，胡姬似乎具备精神能力，能恰当地回答他们的问题，但是她故意拒绝助听器。胡姬的视觉也在变差，在卡片和支票上签字的时候得使用放大镜（她开始在赠与支票上把哈达莎的名字写成“H. 佩里”)。3 月 28 日，记录显示胡姬体重 85 磅，包含病服、拖鞋和六层羊绒衫的重量。

4 月 12 日，医院的天主教牧师在巡视时想要拜访胡姬。虽然胡姬常常收到朋友的祷告卡片，入睡前会念主祷文（如果那个拉美裔清洁女工在场的话就用西班牙语)，但她拒绝见这位牧师。

•••

贝斯以色列林斯基区大厅内的一位男护工正在前往第四病房的路上，他接到哈达莎・佩里的电话，让他去帮助一位病人处理气切插管。人们需要他一分钟的时间来见证一份文件的签署。2005 年 4 月 19 日，铜业大王的女儿正准备签署最后一份遗嘱。

如果一位老师正在法学院的课堂上教授不动产和信托法，需要展示怎样处理让一位身家百万的老年客户签订遗嘱，胡姬这时的情形能拿来做案例。

除了大厅里的这位护工，其他见证人还有律师博克的秘书。整个过程最多持续了五分钟。胡姬坐在床的一侧。博克律师所的另一位律师主持了这场仪式，他要求胡姬确认这是否是她意向签署的最后一份遗嘱。博克的秘书回忆说，哈达莎帮胡姬握住笔，带着她找到签名处，但没有表现出任何悲伤或者被人胁迫的迹象。其他证人说他们不记得是哈达莎帮胡姬握的笔。

这一份文件比之前的要完善得多，总共有 7 页。以下是关键的一段：

我自愿在这份最后的遗嘱中不为任何家庭成员设立任何条款，无论是我父亲或者母亲一系的亲属，多年以来交往甚少。在此名单中所列出的遗产受益人员或者机构是我财产赠与的真正对象。

遗嘱指示成立一个贝洛斯瓜尔多基金会，这个慈善机构主要目的是培养和促进艺术事业。数十年来，律师们一直致力于这个提议，圣巴巴拉市长希拉·洛奇在1993年和1997年也向胡姬建议过。这个基金会将得到胡姬在圣巴巴拉的豪宅，也能拥有胡姬所有的画作（除去赠给哈达莎的一幅），其中包括胡姬自己的作品和藏有的大师杰作，以及所有的书籍和乐器。遗嘱中写明基金会的委托人还是博克和卡姆斯勒，第三个委托人是胡姬的加州律师吉姆·赫尔利。这三人能全权自行支付永续薪金。

接下来是给胡姬最亲密的人们的具体馈赠：10万美元留给亨利·辛格曼；50万美元留给私人助手克里斯·萨特勒；付给贝洛斯瓜尔多经理人约翰·道格拉斯两年薪酬；付给乐博堡照料者托尼·鲁杰罗一年薪酬；2.5万美元留给第五大道公寓的杂物工马丁·冈萨雷斯（后来他先于胡姬去世）；50万美元留给会计卡姆斯勒；50万美元留给律师博克（根据合伙契约，他将会拿出80%给律所）；玩偶和玩具屋全留给“我的护士、朋友和忠诚的伙伴”哈达莎·佩里。

科科伦美术馆得到了一幅画，即胡姬在离婚前买下的莫奈的睡莲系列。虽然这不是莫奈里程碑式的作品之一，但估计也达到了2 500万美元。

剩余的财产，胡姬分给哈达莎60%，给旺达·斯台卡25%，贝洛斯瓜尔多基金会得到15%。

胡姬用签字笔在每一页签上了自己的首字母，在末页草书了自己的名字，人们一看到就能认出这个字迹的主人还是那位姑娘，她曾在1916年继兄威尔的莫维兹小屋里用同样的字迹在通讯簿上写下名字，如今的笔迹只是稍微颤抖些罢了。

贝斯以色列曾千方百计想得到几千万甚至几亿财产并对此寄予厚望，但遗嘱只给它留下了100万美元。不到两个月后，胡姬被告知能观看风景的房间不能再给她居住，她被迫搬到了3楼。医院的官员说他们根本不知道贝斯以色列也在胡姬的遗嘱名单上，这次换病房只是因为楼层要翻新。

胡姬新房间的隔壁叫作“卡帕斯3号”，这块令人沮丧的空间是从走廊伸出来的多余地段，通常提供给做躯体康复的病人居住。然后胡姬又搬了一次病房，还是在这片区域。最后定居的病房3K01处在走廊的尽头，隔壁就是守卫的寝室和急诊出口。这是一间双人房，22英尺宽，14英尺长，两人间只住胡姬一个病人。

胡姬本可以恣意欣赏这个世界，饱览从巴黎到太平洋的胜景，但如今她连一棵树都看不见。她完全看不到天空，只能从后面医院隔壁翼楼的黑褐色砖墙上，从前面迷宫般的工业压缩机和水阀旁，瞥见冰冷的、布满了空调机的21世纪城市风景。

你可以说这已经不重要了：胡姬在她度过的第二个世纪里视力渐渐衰弱，而且她还坚持要在房里装上特制的遮阳帘，这样阳光没法透进来。但是这对胡姬很重要。她常常跟员工提到在达可塔斯医院的病房可以看到多么美好的景色，往窗户下面看还能欣赏河流和市长的宅邸。

据博克的秘书叙述，签完遗嘱后，博克和卡姆斯勒去了街区的一家餐厅，他们喝酒庆祝了这次胜利。

第 12 章

伍德劳恩公墓

亲爱的胡姬阿姨

克拉克家人记得最后一次见到亲爱的胡姬阿姨是在 1968 年的 3 月。

第五大道圣托马斯教堂的金色祭坛画前，61 岁的胡姬在葬礼弥撒后安慰着周围人。1919 年，姐姐安德莉的葬礼也是在这个教堂举行。这次的逝者是她继姐的女儿凯瑟琳·莫里斯·霍尔，1924 年，胡姬曾在这个圣坛上当过她的伴娘。庄严的一刻过去后，胡姬悄悄地离开了教堂，年轻的亲属们还没来得及认识她。

也就是说这是克拉克家族的人最后一次见到尚在人世的胡姬。

40 多年过后，2009 年，两个亲人突然到访，出现在胡姬病房里。他们发现了这位 102 岁的阿姨不知道的事情：她的会计是一个重罪犯。

随着亲人们开始更深入的调查，他们有充足理由怀疑胡姬的财产被偷，甚至怀疑她是否尚存人世。

…

克拉克家从科科伦美术馆发现了问题的第一条线索，这间美术馆藏有威廉·安德鲁斯·克拉克的艺术珍品，1929年，胡姬也在这儿展览过自己的画作。胡姬每年定期给美术馆捐赠5~10万美元，一直支持与克拉克家相关的项目。威廉·安德鲁斯·克拉克收藏展75周年纪念的时候，胡姬捐赠过20万美元，也作为主要资助者支持了修复金色沙龙的工程，这是她童年时期的家——第五大道962号克拉克宅邸里的镀金法式房间。

科科伦是华盛顿区最大的美术馆，因其资金来源于私人赞助，它永远处于财政紧张状况，在史密森尼学会的19个博物馆和美术馆中显得相形见绌。史密森尼入场免费，而且得到联邦政府数百万资金支持。1989年，科科伦美术馆展出了罗伯特·梅普尔索普的《完美时刻》（这位已故摄影师的作品包括同性恋和性虐待内容）后声誉日下，艺术家们纷纷取消作品展出，捐赠者也从中撤资。接下来的十年内，美术馆长期处于财政赤字。

1999年，科科伦宣布了一项大胆的计划，意图扭转颓败趋势。它将集资2亿美元扩建馆区，由知名建筑师弗兰克·盖里[①] 设计。盖里曾设计过一些知名建筑，这些作品大大提升了委托机构的知名度，比如西班牙毕尔巴鄂古根海姆博物馆。盖里提议说要提升科科伦的形象，就要加上以流动金属板为特色的附楼，看起来像巨大的翻滚的船帆或者银色缎带的海洋。这栋附楼将成为1897年科科伦美术大楼的装饰，隔着77街，它的对面就是白宫南院草坪和椭圆办公室，盛彩装饰的国家圣诞树就位于此处。盖里的设计将从根本上改变周边的景色。科科伦向胡姬请求巨额捐赠，数额为1 000万美元，胡姬分毫未给。

几年后，在2003年，报纸登载胡姬以2 350万美元卖出雷诺阿的《玫瑰丛中》，科科伦美术馆的主管看到这则消息深感震惊。他们联系了胡姬的助手克里斯·萨特勒，了解到胡姬花销巨大，因为需要现金出售了这幅画。胡姬·克拉克为什么会破产？

科科伦美术馆主席和馆长大卫·C·莱维写信给胡姬继姐的曾孙女卡拉·霍尔·弗里德曼，在信中他们表示了担忧。自从20世纪90年代捐赠了

① 弗兰克·盖里（Frank Owen Gehry，1929—），生于加拿大多伦多的一个犹太人家庭，17岁后移民美国加利福尼亚，成为当代著名的解构主义建筑师，以设计具有奇特不规则曲线造型雕塑般外观的建筑而著称。

100万美元后，胡姬对对科科伦的援助戛然而止。2003年，她的捐赠数目为1 000美元。卡拉是胡姬的继姐凯瑟琳的曾孙女，是科科伦委员会成员以及威廉·安德鲁斯·克拉克收藏的非正式倡导者。虽然卡拉也住在曼哈顿，但她从来没见过胡姬，但彼此知道对方的存在。胡姬曾给她的祖母做过伴娘，20世纪70年代给卡拉寄过新婚礼金，当然卡拉也回寄了感谢信。卡拉给胡姬寄过圣诞贺卡，她母亲埃丽卡·霍尔跟胡姬通过电话，也会在圣诞节给胡姬送去鲜花。

除了对科科伦捐赠日益减少，胡姬的亲属开始担忧更多。侄女艾格尼丝·阿尔伯特在2002年去世前告诉孩子们，说律师博克曾粗暴地告诉她不准再直接联系胡姬。据艾格尼丝的孩子们说，她和胡姬以及安娜保持了这么多年的友好往来，听到这种说法非常震惊。艾格尼丝警告说胡姬肯定是“在坏人手里”。博克说他不记得自己有过此番言论，但是胡姬的指示从来没有变过：不要给亲人电话号码，不要说出她在哪里，无论谁打电话过来都要记录。

同样地，小保罗·纽厄尔跟胡姬的联系也突然中断。2004年3月，胡姬邀请他私人拜访贝洛斯瓜尔多，自此之后他再也没有收到胡姬的消息。他们最后的谈话和往常一样友好，保罗说听起来胡姬身体健康、精神充足。他像往常一样打给博克，让胡姬回电话。什么消息都没收到。保罗开始怀疑，认为胡姬或许是病了，或许是有人阻断了他们的联系。博克的实时记录显示他还在传递纽厄尔的消息。

博克否认自己阻止了任何人。胡姬从病房里可以随意拨出自己想打的电话。他说自己只是和亲属说胡姬现在处于隐居阶段，她回电话的次数似乎变少了。博克推测胡姬是因为自己听力变差而觉得难堪，97岁高龄的她通电话时也不太舒服。这个阶段也是胡姬内心挣扎的时期，她需要做出决定从贝斯以色列北区搬到南区，但显然亲属们都不了解这些。他们甚至不知道胡姬住院。

科科伦的馆长莱维写信给卡拉，提醒说可能是律师阻止了胡姬的捐赠。科科伦的员工和胡姬的亲属们都不知道胡姬无节制捐赠资助个人的行为已经使自己陷入了现金流缺失的处境。莱维秘密地警告说，有一些“阴险的”事情也许正在进行。卡拉决定帮助科科伦美术馆。虽然她曾向家人提到过，她觉得盖里的翻新计划令人吃惊，但还是决定写信给胡姬谈论这件事情，强调一下她的帮助能给父亲的艺术展览事业带来多大的裨益。卡拉对莱维推测说，老阿姨胡姬可能“不太理解”盖里的后结构主义设计。

> 胡姬告诉我她研究过盖里的设计，但是不太满意，它的设计方式和科科伦旧楼以及克拉克翼楼有冲突。胡姬说：“我觉得它有些浮夸。”

盖里的建筑计划难以实施。“没有一位带着 1 亿美元的天使出现，”《华盛顿邮报》报道称，“看样子科科伦美术馆的盖里梦不太可能实现。”胡姬不会是这个天使。2005 年科科伦董事会否决了盖里计划，莱维请辞。因为每年流失数百万资金，美术馆只能裁员，一周内关闭两天，而且开始出售威廉·安德鲁斯·克拉克的部分藏品，其中包括他珍藏的马略尔卡陶器和波斯地毯，以及胡姬童年时期家中的其他珍品。

…

科科伦的新馆长保罗·格林哈尔希想出了一个新主意来拉近和克拉克家族的关系。他提出举行一次克拉克家族聚会。在这次聚会中，胡姬的亲人们发现了她的会计师的犯罪指控。

2008 年 10 月，超过 75 个家族成员汇集在科科伦美术馆，其中不仅有参议员的后代，也包括他兄弟姐妹的后嗣。与其说这是家庭聚会，不如说这是场介绍会：大多数远系亲属从来没见过面。他们从法国、英国、加州和纽约而来，其中有共和党、民主党和无党派议员，有新教徒、天主教徒、犹太教徒、佛教徒和无神论者。有两位曾是预科学校的同班同学，但他们从来不知道对方居然是同辈的亲戚。

这场家族聚会是件盛事。克拉克家族的人组团参观了金色沙龙，研究了从威廉·安德鲁斯的台球室搬来的布瓦尔·德·蒙维尔作品——六幅圣女贞德的画像，在威廉·梅里特·蔡斯[①] 给威廉·安德鲁斯画的肖像前合照。

一行人还听了一场演讲，演讲者是一位亲克拉克派的毕业生，他的硕士论文以历史歪曲了威廉·安德鲁斯的名望为题。这位学者向克拉克家人强调说参议员威廉·安德鲁斯从来没有被判有罪，不是被参议院扫地出门而是自己辞职——完全正确，但避开了故事里不太愉快的部分。他接着告诉克拉克的亲属，威廉·安德鲁斯在参议院的庭审是对正义和法理的拙劣模仿。学者确信，克拉克的声誉遭受损失是因为对罗马天主教的热情歪曲了历史学家的记载，他们站在了爱尔兰天主教徒马库斯·戴利的一边来反对苏格兰—爱尔兰长老教徒克拉克。不仅如此，这名学者还说边界地区的选举都匪夷所思。这场演讲主要是粉饰而不是审视克拉克家族的遗产。

亲人们常常提到胡姬的名字。卡拉曾通过律师博克写信给胡姬，请求她支付聚会的 2.2 万美元花销，胡姬寄来 1 万美元支付了牛排晚宴，得到了卡拉洋溢赞美之词。人们也展示了胡姬和安德莉的巨幅照片，很多亲属在寄给她的卡片上签名。

“亲爱的胡姬阿姨，”曾侄孙伊恩·克拉克·迪瓦恩写道，“感谢您资助大家族的第一次聚会。祝有个愉快的周末。谢谢（法语）。”

对于出席这次聚会的胡姬的受邀代表——会计欧文·卡姆斯勒来说，这些举动还不够。他当众大吵大闹，对卡拉抱怨说胡姬作为年长的家庭成员，这样的关注度还不够多。他给大家留下的印象颇深。

聚会第二天后，有一个人把卡姆斯勒的名字输进谷歌后找到了一个标题，她把这内容发给了其他亲人：“色情的刺挠着神庙主席的心”。

2007 年 9 月 6 日，欧文·H·卡姆斯勒在纽约州纳苏县被逮捕，他之前任职于布朗克斯富庶的河谷社区，被捕后他辞去了改革犹太会堂主席一职。针对卡姆斯勒的 15 项指控宣称在 2005 和 2007 年的 5 个不同的日子里，卡姆斯

① 威廉·梅里特·蔡斯（William Merritt Chase，1849 — 1916），生于美国印第安纳州威廉斯堡。蔡斯的画风特点为色彩强烈而奔放，广泛吸收欧洲写实画派的长处，无论肖像还是风景，都充满着生命的活力，在美国创立了一种色彩鲜明和透明水彩的画法。

勒在他 58~60 岁时试图通过 AOL（美国在线）即时消息引诱一个 13 岁和两个 15 岁的女孩，他描述了性行为并且说想要和这些女孩见面并发生关系。在 AOL 上卡姆斯勒的名字是 Taxirv 和 IRV1040（IRV 来自他的姓“欧文”，1040 为会计常用的美国国税局所得税表单）。

IRV1040 之后才发现这个 13 岁的姑娘不是一个想跟年逾花甲的会计们约会的初中生，而是一个成年人，而且是防止虐待儿童协会长岛分会的调查志愿者。那两个 15 岁的姑娘也是成年人，来自纳苏县地检办公室。

卡姆斯勒被指控犯有六项尝试向未成年人散发淫秽材料的重罪记录，以及九项试图危害儿童幸福的轻罪记录。他向警方承认自己是 IRV1040 且谈论过性行为，但是他说自己以为是在成人聊天室里，而且只是“假装”和女孩聊天。虽然起初卡姆斯勒不承认有罪，但在 2008 年 9 月 29 日，他变更了诉讼请求，承认自己犯罪。这时候离他代表胡姬出席克拉克家族聚会不到一个月，卡姆斯勒还在等待判决。

…

另外一个亲人在网上发现了其他事情。一位来自新泽西的房产律师在博客上贴出了一张来自朋友欧文·卡姆斯勒的信。这时候税收法还在不断变化，如果没有国会介入，房产税计划将在 2009 年到期。全国每一位从事地产行业的人都在讨论这件事：如果一个人在 2008 或者 2009 年死亡，他的房产税最高将达到 45%。但是如果这个人能撑过 2010 年，可能不需要支付任何税费。于是就有了这个笑话，2010 年将会是最佳去世年。从网上贴出的这封信看，卡姆斯勒似乎有主意把这个笑话变成事实。这位房产律师写道：

第二天，我这位杰出的注册会计师朋友欧文·卡姆斯勒在信中跟我分享了他替一位客户处理房产交易的现有想法……这位注册会计师朋友建议说随着这个计划部分推进，这个客户应该修订事前医疗护理指示 / 生前遗嘱来保证能用必要的人工手段使他存活在世……因此尽可能确保增值资产不包括在遗产中。随着朋友和我继续聊天，我们有了这样的想法：2010 年可以咨询客户，让他们在当前的事前医疗护理指示中使用同样的话，用各种可能的方法保证能在 2010 年 1 月 1 日后去世（或者为了保险起见，再多加上几天）。如果这个客户不会在 2010 年前去世，这样能有效地帮助客户获得最多的遗产节税。

克拉克家族的人们陷入了不安。什么样的财产顾问会提出这种策略？威廉·安德鲁斯·克拉克如果知道她最小的女儿现在由这样的人替她处理事务会怎么想？

他们刚把签名卡片寄给了亲爱的、102 岁高龄的胡姬阿姨。但是他们现在担心，如果胡姬已经脑死亡，只能靠机器维持生存来“获得最多的遗产节税”，这该怎么办？

我们不需要道歉

克拉克家族开始采取行动。有些人咨询律师关于虐待老人的案子，有些人查阅了资产记录。他们发现胡姬康涅狄格州的房子已经在出售。卡拉写道：“我觉得我们都在探寻线索。”

他们反复拜访胡姬的律师，轮流询问情况，但博克仍坚持要保守隐私。博克告诉他们胡姬身体健康且头脑清醒，即使 102 岁了，仍然状态“极佳”。他告诉来访的人们可以让他转交信件或者照片，或者如果他们愿意，可以写信寄到第五大道的公寓地址。

博克的实时记录证明了他在履行胡姬的意愿。“11/26/08：来自 HMC（胡姬·克拉克夫人首字母缩写，译者注）的电话，回复：卡拉·霍尔来信。不要打给卡拉。不想和家人有联系。尽可能处理好此事。哈达莎和克里斯证实。”

这一次克拉克家族的人已经推测出胡姬住在贝斯以色列医院，但他们不知道胡姬之前是因为患上了癌症导致住院。甥外孙女安德莉·贝延斯从皮埃尔夫人那儿听说胡姬住在达可塔斯医院，而后这家医院被贝斯以色列兼并。他们打电话给贝斯以色列主区，被告知胡姬住在第三层楼。事情似乎没有想象中的那么隐秘。

卡拉很清楚去医院是一件冒险的事。12 月 6 日，她给科科伦美术馆的馆长（卡拉一直向他汇报进展）写信道："我觉得维持自己和博克的关系非常重要，因为我们交流得越多，透露出来的信息就越多。现在就跟他正面对峙不利于我们的调查，还会疏远胡姬。"

…

然而第二天卡拉还是径直去了贝斯以色列，同行的还有表弟伊恩·迪瓦恩。虽然他们同为市场营销专家，为同样的集团客户共事多年，甚至他们的孩子上的也是同一所学校，但最近他们才发现彼此是表亲。伊恩的住所离胡姬只有一英里远，但他从来没有见过胡姬：在人潮拥挤的曼哈顿，一英里距离太长了。伊恩记得自己在 20 世纪 70 年代给胡姬寄过几张节日贺卡，但是没有收到任何回复。他是一个收入颇丰的管理顾问，说自己的专长就是帮助家庭"准备财富的职责"、"构建下一辈人的联系"、"建立可持续的交流合作式家庭结构"。

到了贝斯以色列，这两位业余侦探首先想当然地在"豪华护理单元"中找胡姬的名字，病人们可以花高价在这里享受奢华套房和丰盛佳肴。这个 VIP 区域以董事会主席、轮船制造业大王莫顿·海曼命名，此人曾和胡姬见过面寻求她的捐助。可胡姬不住在这里。护士把他们带到楼下的灰褐色卡帕斯 3 号房。

周末值班护士克里斯蒂·伊斯特告诉卡拉和伊恩，胡姬正在睡觉。卡拉请求能给胡姬做祷告，护士准许他们进入了这间暗黑的房间。卡拉和伊恩站在胡姬的床前，窗帘拉起，透过幽暗的灯光可以看见一棵小圣诞树。他们没有发现任何机器或者人工维持生命设备，一切都很寻常——除了他们这位富有的阿姨睡在这个空旷的房间里。卡拉回忆说："她在床上很平静地睡着。"一分钟后他们离开病房。

在医院走廊上，护士克里斯蒂告诉他们胡姬还很灵敏，精神状态和对话能力都正常，身体健康，没人协助也能自己行走。克里斯蒂说胡姬还能处理自己的事务，也知道这次家庭聚会的消息，但不想让任何人知道她住在这家医院。如果还想找到更多信息，他们需要第二天再来，那时候哈达莎会在场，克里斯蒂告诉他们。

第二天，伊恩和卡拉带着花来到病房，在走廊上他们碰到了怒气冲天的哈达莎·佩里。她要求他们立刻离开，说胡姬打电话给哈达莎，说了些他们无法听懂的要求。哈达莎坚持要二人离开，他们也只能照做。

虽然他们没有和胡姬直接对话，但卡拉和伊恩说这次的行动成功了。伊恩在给家人的信中写道：

> 我们的印象是胡姬阿姨跟预想中的102岁老人的健康程度差不多。她似乎得到了充分的医疗护理……总之，我们认为胡姬阿姨状态不错，根据她的护工说，她表现出这个年纪的老人该有的精神状态和对话能力……这些陪护似乎都乐于交流、诚实可靠，而且像是真心关心克拉克夫人……跟护工聊过后，我们相信胡姬阿姨精神健全，有能力做出自己的选择……胡姬似乎是自己选择不想和亲人们保持联系。她跟护工、律师和会计相处愉快，不愿意和别人联系。

根据护士在病历表上的记载，他们第一次来访的头天晚上，胡姬“反应灵敏，回答迅速”。听说他们到访后，胡姬“焦虑不安且时间概念紊乱”，一直询问是不是到了睡觉时间。辛格曼医生打电话来订了安必恩（一种安眠药）。第二天一早，第二次来访前，胡姬再次表现出局促不安，意识不清醒（可能是安必恩的副作用），人们扶着她去浴室的时候，她坐在房间地板上，显然是认为自己已经到了浴室。

哈达莎在表中记载说，他们来访后，胡姬给苏珊娜·皮埃尔打了两次电话，“强调说要尊重她的隐私，不要向她的家人泄露任何信息，这些人她一生中从来没有见过。而如今他们千方百计想要亲近夫人，她对这些请求感到非常烦乱。”

哈达莎和胡姬都打电话给博克抱怨这次来访。博克的实时记录上写道：“来自克拉克夫人的电话，确保她的钱不留给任何家庭成员。想要确认哈达莎是否得到之前许诺的500万美元。”在胡姬病房里的人看来，家人来访不是表达关心，而是试图谋取她的钱财。

博克在信里严厉警告卡拉要远离胡姬：“她和我都不清楚你出于什么原因想和她会面。无论是什么原因，她都要求你或者其他‘好意的’家人不要再来。如果还出现这样的行为，她指示我安排医院管理方采取进一步的措施，入侵者将交由安保处理。”之后，卡拉见到了博克，博克再次向卡拉保证胡姬接受着精心的照顾。卡拉在博克的办公室里写了一封道歉信给胡姬，由博克转交给她。

伊恩·迪瓦恩打消了表姐的疑虑，关于这次拜访“我们不需要道歉”。“这不仅仅是出于对她的爱和关心，我们的家族也有义务去亲自确认她是否健康、幸福。”

一天以后，哈达莎在表中写道：“胡姬心情放松，情绪良好，询问我的家人，以及现在的天气状况。”

…

克拉克家族的人还在担心卡姆斯勒，他正在等待审判。博克向他们保证卡姆斯勒不会和胡姬单独在一起。家属仍催促博克让卡姆斯勒辞职，不再担任胡姬的会计。博克说卡姆斯勒的雇主是胡姬，他无权决定。

2009 年 1 月，卡姆斯勒与检察官达成了认罪协议，承认了一条重罪：试图向未成年人传播不雅信息。卡姆斯勒不需监禁，面临 5 年缓刑，罚金 5 000 美元，100 小时社区服务，并且列入了国家性犯罪记录名单。

犯了这一条重罪的卡姆斯勒仍然能够继续从事注册会计师的工作。起初长岛的法官在法庭上宣布定重罪后将吊销卡姆斯勒的执照。但是他的律师声称这不是经济犯罪，他可以继续以此谋生。这是卡姆斯勒第一次接触刑事司法系统，法官指派了一位专门从事性疗法的临床社工给他提供治疗。律师还向法官陈述说，卡姆斯勒没有被指控与少女们见面这一点非常重要，虽然有记录显示他的确提出要和这些少女会面。地方检察官没有表明支持或者反对卡姆斯勒的请求，法官准许他“不必剥夺公民权利”，州政府官员以此认为足够让卡姆斯勒在两年缓刑、服务三个月和缴纳 2 500 美元后，保留其注册会计师执照。

卡姆斯勒在法庭上被要求陈述悔意，其声明全文只有寥寥数语：“我只想因为自己的所作所为，以及所犯下的罪行向法庭、我妻子和家人道歉，并深深感谢法庭各方在这件案子中给予的考虑和协助。”

卡姆斯勒认罪一个月后，由于克拉克家族的亲人一直在催促博克，卡姆斯勒与胡姬会面并给她写了一封信：

亲爱的克拉克夫人：前些日子拜访过您，跟您讲过我现在的法律问题，我承认犯下一条重罪，通过电脑试图与未成年人联系，但她们事实上并不是未成年人，而是警方的密探。虽然我相信自己没有犯罪，但我接受了这次认罪抗辩，只为了让这件事情早日过去，让我的家人不用经历审判的危险和痛苦，以及避免诉讼产生的高额费用。法官认为这种情况不会影响我继续服务客户的能力，准许我继续从事自己的执业会计师工作。因此他批准给我免除剥夺公民权利证书。

您曾表示想让我继续当您的会计和代表，在您决定的事务中继续担任执行者和委托人之一。您如果表示同意，请在下面签字。

这位年老的客户去世后，卡姆斯勒将得到超过300万美元的资产。他拖了一年又五个月才告诉胡姬自己因为性犯罪被捕，甚至在信中都没有阐明自己确实和那些声称是未成年的少女们有过含有性内容的对话，或者说自己曾引诱她们见面，或者多年以来自己曾因多重犯罪受过起诉，或者说自己经历了性治疗，或者说他在性犯罪记录上登记在案。

为了安抚胡姬的亲人，博克给他们寄去了这封信的复印件，里面签有胡姬的名字。他极力为同为遗产执行者的卡姆斯勒辩护，说这名会计在性治疗下"已经洗心革面"，他是警方诱捕圈套的"受害者"，听起来像是卡姆斯勒被警察下了圈套，做了自己本意之外的事情。

亲人们的怒火远没有平息。受害人卡姆斯勒！他们讨论了胡姬是否真的理解这件事情，但是他们毫无办法。他们担心博克不能保护胡姬远离卡姆斯勒，但也考虑到博克可能在保护她免受变化，他们根据胡姬处理贝洛斯瓜尔多的方式推测，胡姬似乎十分害怕变化。

其中有一个亲人，继兄的孙子保罗·阿尔伯特是一位律师，他叮嘱家族要小心：

胡姬没有要求我们介入处理她的财产事务。她选择了隐居终生，切断了和家族的联系。可以预见一个后果，胡姬会把自己陷入被人利用的危险境地。但这是她自己的选择，只要她自己还有行为能力，我觉得最好不要介入此事。她有权保护隐私……有可能博克确实是出于为她考虑在做着正确的事。我们不太清楚。

…

2009 年初，胡姬的视力变得十分模糊，她已经停止使用那本有魔力的无底支票簿了。她请求博克完成自己的诺言，把出售塞尚作品的钱给哈达莎。当年 2 月份，博克写了第三张 500 万美元的支票给哈达莎。为了支付这张支票胡姬只能借钱。虽然就总资产而言，胡姬离破产还很远，但她已经没有足够的现金了。博克和卡姆斯勒在摩根大通银行替她申请了信用额度。

作为这张“好心的”500 万美元支票的交换，哈达莎交给博克胡姬写下的不限期 500 万支票借据。

随着那个“浮夸的”科科伦美术馆盖里改造计划已无法执行，新馆长保证给威廉·安德鲁斯·克拉克藏品采取“新方法”，2009 年，胡姬许诺分期四次给美术馆捐赠 100 万美元。会计欧文·卡姆斯勒亲自把第一次分期款送到科科伦周年晚宴上，这时候他的案件刚结束审判。

地方检察官

助理地方检察官来到胡姬的病房，拉住她的手说你好，并用法语问候了她。

这是在 2010 年夏末的贝斯以色列医院，美国广播公司新闻网的报道引起了人们对胡姬无人居住的豪宅、替她打理钱财的顾问、斯特拉迪瓦里小提琴以及给哈达莎的巨额礼物的关注。胡姬 1928 年以来拍摄的照片出现在小报和《今日》节目上。为了保护胡姬免受窥探，博克律师给她安排了一间带假号的房间，病历表也打上了化名“哈丽雅特·蔡斯”。

这位助理地方检察官叫伊丽莎白·洛伊，是曼哈顿地方检察官办公室虐待老人组组长。2009年，洛伊曾成功起诉了布鲁克·阿斯特[1]的儿子和律师，以伪造文件罪和大宗盗窃罪控告了二人。现在洛伊着手处理胡姬·克拉克的事务，克拉克夫人的财产有阿斯特夫人三倍之多。

病历表显示，104岁高龄的胡姬仍然能够自行走动、进食，基本所有的时候她都很清醒。但自从2007年年初，胡姬偶尔会出现幻觉，每年得犯几次。有一次是在晚上突然惊醒，像是重演了圣女贞德痛苦的死亡过程。那是101岁的某天晚上，胡姬声称纸巾盒在病房里飞来飞去，她不敢下床，因为盒子会飞向她。她又再次谈起贞德的悲惨死法——圣女被钉在木桩上活活烧死。

这些幻觉发生的第二天，胡姬又能和往常一样与人亲近。医生说这可能是老年人常见的脱水症状，但现在她又恢复了精神矍铄的状态，还对新闻事件发表自己的评论。胡姬101岁的时候，纽约州长艾略特·斯皮策给应召女郎付费时被抓而引咎辞职，胡姬说她觉得州长的妻子很可怜。

几乎在助理地方检察官来访的同时，也就是2010年9月，公众对胡姬的关注达到了顶点，贝斯以色列安排了精神科医生去看望胡姬，这是胡姬住院20年后第一次接受精神诊断。医生评估了胡姬的精神能力以采取对策，在表上记录说胡姬很虚弱，患有“阵发性精神错乱”，这种幻觉来去突然。

洛伊来医院拜访了胡姬三次，没有看出痴呆的迹象，但她注意到了胡姬很虚弱。胡姬一点也不害怕，她积极回答问题，态度友好。虽然这时胡姬已几近失明，但听力仍然很好，能理解洛伊的话，回答问题时表述也很清晰。但是文件上必须要说明胡姬的财政事务是否真按自己所愿来处理。

…

两名警探和一名法务会计师开始检查胡姬的账户，比如出售雷诺阿作品和斯特拉迪瓦里“纯洁少女”。新闻报道的故事里有一点最吸引洛伊的关注，律师博克和会计卡姆斯勒从前一任客户手中得到财产这件事让人怀疑。这位年

① 布鲁克·阿斯特（Brooke Astor），被誉为“慈善女王”的纽约著名女慈善家，享年105岁。其一生的慷慨捐赠达到了近2亿美元。

老的客户是胡姬的旧识：唐·华莱士，胡姬多年的律师，他2002年去世，享年76岁。

沃利·博克是华莱士的合伙人和律师，后来又接任了胡姬律师的工作。卡姆斯勒是华莱士的会计，也担任了胡姬多年的会计。

华莱士的教女朱迪丝·斯隆说，华莱士自从1997年患心脏病后，晚年痴呆严重。华莱士没有子女，朱迪丝说他早先版本的遗嘱把房产大部分留给了她和哥哥（同为华莱士的教子）。房产包括两部分：一个是价值150万美元、面积14英亩的周末度假房，位于纽约达奇斯县的马场，华莱士把胡姬送的玩偶放在了这里；另一个是一套高档公寓，位于曼哈顿东57街多切斯特。

1997年3月，华莱士从医院回到家一个月后，他签署了一份新遗嘱，加上了两个新的受益人，每人得到5万美元——也就是博克和卡姆斯勒。1999年又修改了遗嘱，这两人的金额加了一倍，每人10万美元，同时卡姆斯勒将得到华莱士的1995年生产的梅赛德斯奔驰E300D轿车。按照法律规定，作为400万美元遗产的执行人，这两人能得到总价36.8万美元的执行佣金。教子女说律师通知他们在1997年参加了一个会议，卡姆斯勒和博克很粗暴地说只有乡间房子归属于他们，纽约城的公寓属于博克和卡姆斯勒。

如果起草遗嘱的律师将从这份遗嘱中获益，根据纽约州法律，这种情况将自动归为涉嫌不正当影响。遗嘱检验法庭有权质疑这一切，但没有人怀疑华莱士的遗嘱。2002年5月，华莱士去世后，博克向法庭呈请了一份誓词，说自己和华莱士不仅是合伙律师而且是好友关系。华莱士对待他25年的会计卡姆斯勒"就像他从未有过的儿子一样"。卡姆斯勒说他曾去医院拜访华莱士，替他安排了家庭护理，就像一个孩子对待父亲一样。

据博克说："我告诉过他，他为人过于慷慨，这些年来赠与我的礼物已经足够。但他坚称遗嘱里所列的受益人都是'他的家人'，这样做是自己的本意。"至于华莱士可能患有痴呆症，博克写道，虽然他自从1997年1月肺炎导致冠状动脉受损以来就无法工作，"一直以来，虽然身体行动能力多有限制，精神的敏锐度从来没有减少。"

如今，在2010年，离华莱士去世已经过去八年，公众对于胡姬的空宅和财产出售十分关注，也把博克和卡姆斯勒推到了地方检察官的侦查下。如果这两人从前一任客户中得到遗产，他们会不会也从下一个客户手里获益？胡姬卖画和小提琴背后有什么样的故事？博克告诉胡姬，警方正调查他们处理其事务的事情，胡姬签署了另一份声明，同意替他们支付刑事辩护律师费用。

2010 年 9 月，听到检察官正着手调查的消息，3 名胡姬的亲属受到鼓舞，他们走上法庭，要求指定监护人来监管胡姬的经济事务。这三位是卡拉·霍尔·弗里德曼、伊恩·迪瓦恩以及卡琳·麦考尔，他们分别代表威廉·安德鲁斯·克拉克子嗣的三支。卡琳说他们坚信博克和卡姆斯勒正利用胡姬，但是这些亲属缺乏控告经济犯罪的实证。法官在没有举行听证会的情况下拒绝了他们的请求。想要清楚地了解胡姬的状况，亲人们只能把希望寄托于地方检察官办公室。

谢谢你为我做的一切

在过去的 43 年里，胡姬每周都安排人送去鲜花摆在伍德劳恩公墓陵墓的铜门前，缅怀父亲、母亲和姐姐。1963 年，最后一个墓穴安置了母亲。胡姬生前拥有众多房子，根本住不过来，还花费这么多时间建造玩偶屋，死后却没有一个安身之所。

2006 年，克拉克家人修缮腐蚀的陵墓时，律师就意识到了这个问题，这时候胡姬刚过 100 周岁。威廉·安德鲁斯的其他后代想维修陵墓，因此要征得胡姬的同意。此外还需要增加父亲留给公墓的小额捐款，胡姬同意提供全部费用 14.7 万美元。翻新完工后，家族在公墓参议员大理石纪念碑旁边的草地上举行了野餐活动。当然，胡姬没有出席。

这一事件让博克注意到胡姬没有地方安葬。之前他从来没有想过这一点。公墓的工作人员建议胡姬的遗体火化，但胡姬对这个提议不太高兴，坚持自己要跟父母和姐姐埋在一起。公墓提议说她可以安葬在陵墓旁的空地上。不要！胡姬抗议说，要放在里面！

法律规定陵墓的任何改变都需要每位在世的威廉·安德鲁斯·克拉克亲属同意。事出紧急，博克只好奔走在世界各地寻求家属签名，第一次了解到这些亲人的名字和现状。征得同意后，工程师在 2010 年提出了方案：可以在陵墓里建造一个新墓穴。

终于，胡姬在 103 岁的时候有了自己的安身之处。

胡姬安息在布朗克斯伍德劳恩公墓的克拉克陵园内，同父亲、母亲、姐姐以及父亲第一次婚姻中的其他亲属安置在一起。1963 年后这片区域已经没有空地，胡姬等到了百岁以后，终于在母亲的墓下开辟了自己的安息之处。

胡姬数十年来，至少从 1989 年以来，拒绝签署生前遗嘱或者不予急救医嘱，或是任何会限制采取急救措施的文件。"她想要尽可能地活得久一些。"夜班护士杰拉尔丁说。胡姬曾指定会计欧文·卡姆斯勒作为自己的医疗代理人来和院方沟通。卡姆斯勒每隔两至三周来拜访胡姬一次 。

2010 年末，胡姬变得越来越虚弱。医生发现她已经无法做出决定，卡姆斯勒告诉他们遵循她之前的意愿，继续所有的救生治疗。

2011 年春天，卡姆斯勒接到电话，胡姬心脏衰竭，已经转移到重症监护室。

胡姬生命中的最后几周和大多数老人一样，只能通过食管进食，忍受着静脉注射和 CT 扫描。

克里斯·萨特勒说，见胡姬最后一次面时，她还能说话。“我说，‘谢谢您为我做的一切。’她回答说，‘不，克里斯，我要谢谢你。’”

2011 年 5 月 24 日清晨，还差两周 105 岁的胡姬阖然长逝。哈达莎在她临终时守候在床前。胡姬一直以来都说自己不想举行葬礼、不需要牧师，但逝世前那天深夜，哈达莎——这个从罗马天主教改信正统犹太教的信徒请来一位牧师给胡姬做了临终祈祷。

胡姬在幽暗中度过了一生，新闻报道又把她推到了镁光灯下。和父亲一样，胡姬的讣告登载在《纽约时报》的头版。

她的职业正如死亡证明上所写的一样，是一位“艺术家”。

…

克拉克家族的亲属催促博克通知他们葬礼或者何时下葬的消息，但律师说胡姬的心愿是不举行任何仪式。

人们运送胡姬的骨灰盒走上伍德劳恩克拉克陵园的石梯，打开铜门，把她葬在父亲、母亲和姐姐的身旁。骨灰盒放在母亲墓穴下的架子上。胡姬和母亲共用一个墓标。为了逃避亲人和媒体，下葬仪式在陵园开门之前就已经完成。参加者只有殡仪馆和公墓的工作人员。这次没有人读《死亡随想》，胡姬不再能听到这段篇章：倘若你躺下，在阒无声息中 / 你离开了活人，没有朋友留意你的离去，那会怎样？

几周后，加利福尼亚州贝洛斯瓜尔多旁边一个罗马天主教堂里，故友和亲人聚集在一起举行了一个简单的纪念仪式。在贝洛斯瓜尔多大门内，工作仍在继续，园艺工人和男仆准备着克拉克宅的另一个夏季假期。

第 13 章

Empty Mansions
The Mysterious Life of HUGUETTE CLARK
and the Spending of a Great
American Fortune

代理法庭

正义

19 位胡姬的克拉克家族近亲在 2012 年走上法庭，否决胡姬最后的遗嘱。如果这份遗嘱被推翻，他们将继承胡姬全部的财产，总价值超过 3 亿美元。

这 19 位亲人包括威廉·安德鲁斯的曾孙和玄孙，其中 11 位是胡姬继兄和继姐的孙子，8位是再隔代的亲属[1]。你可以说他们已经从威廉·安德鲁斯·克拉克的铜矿产业里得到了自己的份额。父亲的数百万财产平均分配给五位在世的子女：胡姬和她的四位继兄、继姐们。1925 年威廉·安德鲁斯去世后，五个成年子女中每人分得五分之一：梅、凯瑟琳、查理、威尔和胡姬一人一份。胡姬拿了几年的津贴，最后得到额外的遗产：从母亲婚前协议中继承了贝洛斯瓜尔多、珠宝和现金。但是威廉·安德鲁斯的计划似乎是平等对待每一个孩子。

① 这 19 位包括威廉·安德鲁斯女儿玛丽·“梅”·克拉克·卡尔弗的后裔：伊迪丝·麦克格威尔、罗德尼·迪瓦恩、马洛里·迪瓦恩·顾威以及伊恩·迪瓦恩；威廉·安德鲁斯儿子查理·克拉克的 9 位后裔：安德莉·贝延斯、帕特里克·贝延斯、杰奎琳·贝延斯—柯乐特、杰瑞·格雷、西莉亚·格雷·卡明斯、爱丽丝·格雷·科埃略、保罗·弗朗西斯阿尔伯特、卡琳·阿尔伯特·麦考尔和克里斯托弗·克拉克；女儿凯瑟琳·克拉克·莫里斯的 6 位后裔：刘易斯·霍尔、杰克·霍尔、卡拉·霍尔·弗莱德曼、基普·贝利、威廉·贝利和丽莎·贝利·刘易斯，见族谱。

根据法律这些都不重要。如果这19位亲属能说服遗嘱代理法庭的法官或者陪审员来推翻这份遗嘱，他们将授权出售贝洛斯瓜尔多、藏画、胡姬的城堡和玩偶。护士哈达莎·佩里、助手克里斯·萨特勒、教女旺达·斯台卡、科科伦美术馆或者贝斯以色列医院——这些胡姬生前就资助过的人或者机构都不能得到任何财产。律师沃利·博克和会计欧文·卡姆斯勒不仅得不到50万美元遗产，也得不到作为执行人的300万美元佣金，更不可能作为新贝洛斯瓜尔多基金会的委托人收取资费。

19位亲属以诈骗罪起诉律师、会计和护士，把贝斯以色列形容成胡姬的监狱，它把一位恐惧的、脆弱的老人关起来图谋她的财产。亲属声称，医生和院方治疗了胡姬的癌症，但没有治疗胡姬的潜在精神疾病，胡姬起初待在家不愿治疗癌症，也是出于这个病因。19位亲属团的律师约翰·R·莫肯给他的委托人写信，说他们不是为了夺取财产，而是为了确保“胡姬的真实意愿得到尊重，正义得以伸张”。

其中14位在法庭文件中承认他们从来没有见过胡姬。另外5位最后一次见到她分别在1957、1954、1952、1951年和“二战期间”。有一些说他们在1968年胡姬继姐女儿的葬礼上见过胡姬一面。有一些和胡姬有过为数不多的联系。有8位说他们在20世纪40年代、50年代或者60年代到过贝洛斯瓜尔多，通常是安娜和胡姬不在家的情况下。他们对贝洛斯瓜尔多的风景赞叹不已，在那儿打了网球，有时候也窥见了一眼豪宅内景。

有10位说他们在圣诞节或者生日时给胡姬寄过卡片或者信件，有4位收到了某种意义上的回复。这些亲人们比胡姬要年轻许多。胡姬出生于1906年，他们出生于1921年至1964年间，因此，在某些情况下，他们的父母寄过圣诞卡片或者百合花给胡姬，或者在2000年后接到过胡姬的节日问候电话。胡姬在电话里对他们的家庭总是很感兴趣，能叫上这些孩子和孙子的名字。

但在过去的这半个多世纪里，这些亲人们只能偶尔联系到这位老阿姨，她也不主动联系他们。2001年“9·11”恐怖袭击后，胡姬没有给她的亲人打电话，但打给了教女旺达，确保她是否安全无虞。

在这19位亲属中和胡姬最亲近的是继兄的甥外孙安德里·贝延斯。他是一位优雅的法国人，时任法国驻美国纽约总领事，其父亲也担任过这一职位。20 世纪 90 年代末，安德里在领事馆一次活动中结识了皮埃尔夫人，通过她联系到胡姬。那个时候，安德里正在写一本关于参议员克拉克的法语书。胡姬和安德里很快熟络起来，21 世纪初，胡姬在病房里给他打了 10~12 次电话，虽然也同往常一样不会告诉他电话号码，也不告诉他自己住在医院。他会给皮埃尔夫人打电话，然后胡姬会回电话过来。他们从未谋面。安德里于 2005 年完成了这本书，在这本家庭回忆录里深情怀念了"热爱法国的参议员"。他给胡姬寄去这本书，但没有收到她任何回复。

胡姬一直很尽心地在经济上帮助她的一位表亲，不过是母亲拉夏贝尔家的亲戚，跟克拉克家族没有丝毫联系。胡姬资助了这位在加州的表亲安妮，后者一直用胡姬早年的绰号"雨果"称呼她。胡姬为拉夏贝尔一族最亲近的亲人安妮设立了信托金，替她支付账单，直到 1995 年安妮去世。因此，没有拉夏贝尔族的后代来争夺胡姬的财产。

克拉克家族的亲属说他们一直很尊重胡姬保护隐私和尊严的强烈愿望，不会去刺破胡姬的茧，除非他们觉得非常必要。2003 年 8 月，纽约全城停电三天，人们忍受着酷暑煎熬的时候，离她一英里远的亲人也没有贸然拜访。几年后，一位亲人通过律师致电胡姬的律师：外甥女卡琳 · 麦考尔在 2008 年电话咨询她是否在胡姬的遗嘱名单里。卡琳说自己当时正从英国移居，需要这个信息以准备税收和财产规划。卡琳在小时候见过胡姬，但从来没有跟她联系过，说自己对胡姬的印象一直是"精神迟缓"。卡琳说当被告知自己不会从胡姬那里继承任何克拉克遗产时非常震惊。

在这 19 位追踪胡姬财产的克拉克亲属中，有一位是国际酷刑受害者人权活动家，一位是为艾滋病人提供法律援助组织的领导人，还有一位是受人尊敬的法国驻韩国外交官。大部分克拉克家族成员都乐于资助交响乐团或者博物馆。近年来家族中有几位投身于环保事业，比如反对水力压裂运动（一种提取天然气的方法，环保组织说会污染地下水）。这样克拉克的后代把家产用于保护环境，以避免采矿造成的环境破坏。

虽然威廉 · 安德鲁斯的子孙中有一些因为赛马或者离婚大肆挥霍钱财，

但大部分还是勤勤恳恳，在华尔街或者医院默默作出自己的贡献。有些在写童话书或者翻译藏族诗歌，有些在圈养赛马或者游艇航行。

克拉克家族以“参议员克拉克”为荣，但同时他们也意识到自己的家族至少有一部分机能失常：数代人酗酒、长期接受精神病院治疗、滥用毒品、性虐待（一名信任有加的家仆所为）以及众多自杀企图。所有人都在维护表面的和平，在家一切安好。有一个威廉·安德鲁斯的后代说：这栋豪宅的所有绚丽光彩看起来如此正常，以至于“我不相信那些事实上住在这么小的房子里的人们能点缀这豪宅的边饰”。

有一位后人描述了这继承财产喜忧参半的一面：“我认为拥有这笔财富会导致人们缺乏自我价值，因为自己不会去发展赚钱的职业，甚至连自己的潜力都投入了进去。身处在周围人比自己贫穷的情况下，拥有过量的财富会让人滋生不安全感，因为他们会怀疑这些潜在的伙伴甚至是朋友只是觊觎他们的财产才接近自己。拥有过量财富的好心人会觉得焦虑，因为他们支持的慈善事业总是不能尽善尽美，或者意识到自己虽然是有能力的赞助人，他们仍然无力消除苦痛——但同时也清楚他们花费在自己身上的一小笔钱能足够改变他人甚至是挽救他人的生命。财富会导致罪恶感，财富的所有者会为那些不停为他们工作的人感到不公，而这些工作的人也从未真正融入他们的家族。总而言之，拥有大量财富会导致一个人觉得孤独，也会造成自己不同于他人的错觉。”

…

2012 年 4 月，大部分亲人第一次参观了胡姬在第五大道的公寓，房产管理人准许他们在此游览。他们惊叹于中央公园的景色、华丽的木工以及过时的浴室。

胡姬的公寓没人居住，可以让房产经纪人来观看了。她唯一的家当，除了几件家具和一架斯坦威钢琴，就剩下几幅她的画作，代理人把它们挂在公寓以展示胡姬的个性。亲人们走近并且端详了画中的日本女人，她戴着蜻蜓别针，吸着烟，还有一个女人在切花。这些画都留有胡姬的签名。

参观过后，有几位亲人评论说这些画不会是出自胡姬阿姨之手。他们说这不可能。这些肯定是绘画老师的作品。

失礼的行为

有两位亲人没有加入到这场遗产的争夺。一个是联系不上，另一个说她不想要这笔钱。

胡姬父亲的第20个后代是蒂莫西·格雷，他的人生阐释了从贫穷到富有，再到贫穷又重回富有的大起大落。蒂莫西出生于1952年，小时候住过几个寄养家庭，5岁的时候被查理·克拉克的女儿和医生丈夫收养，成为胡姬事实上的甥外孙。蒂姆（蒂莫西简称）有个困扰的童年，行为不良，1990年母亲帕特赛的葬礼举行不久后，他最后一次见到他的家人。

21年后，胡姬去世了，是时候通知所有亲属她设立的遗嘱。私家侦探找不到蒂姆。如果家族成功地推翻这份遗嘱，蒂姆将得到胡姬遗产的6.25%。他的份额大约为1 900万美元，除去所有税费和房产消费大约为600万美元。

2012年12月末，铜业大王和铁路大王威廉·安德鲁斯·克拉克家收养的外孙蒂姆·格雷被人发现冻死在怀俄明州荒凉的采矿和牧场小镇埃文斯顿联合太平洋铁路高架桥下。两个滑雪橇的孩子发现了他的尸体。蒂姆穿着一件薄夹克，没有穿鞋，而那一周的气温降到接近零度。他只有一百磅左右，看起来像是无家可归。血液测试显示他没有酗酒或者吸毒。验尸官写明的原因是冻僵而死。

在蒂姆的口袋里找出一个1905年的印第安头像铜币，这是哥哥杰瑞在17岁收养他那年送给他的，蒂姆随身带了多年。钱包里有一张2003年的支票，来自祖母留下的信托金，这笔钱是发放给他的十一分之一份额。这张未兑现支票金额为54 160美元。

虽然蒂姆已经去世，但他仍然是胡姬财产的潜在继承人，因为胡姬先于蒂姆死亡。如果亲人们打赢或者解决这场官司，蒂姆将得到一份财产且可以传给他的继承人。如果蒂姆没有伴侣或者孩子，也没有留下遗嘱，他三个兄弟姐妹将平分这份财产。

蒂姆并不是无家可归。他在埃文斯顿待了15年，当人们不想被人找到的时候才会来这样的镇子。他拥有一套公寓，并在城中心租了一间办公室，在这里从事电脑软件工程以及声音识别软件开发——虽然他没有网络或者电话。蒂姆一向独来独往，既不亲近人也不冒犯人，工作时间颠倒，一个人去城中心的梅妈厨房吃饭，一个人参加匿名戒酒会。

公寓大楼的主人说蒂姆只从收到的投资支票里拿出自己需要的花费，大部分钱捐给了慈善机构，他赞助了危地马拉的孩子们，会把现金递给周围需要的人手里。蒂姆曾写信给政客，反对21世纪初布什的减税政策，认为这是富人的不正当交易。他对公寓大楼经理说自己很讨厌克拉克家族的亲人，说他们没有好好利用遗产。

大约在去世前一年，蒂姆似乎从人间蒸发。他不再支付犹他州的车位费。公寓大楼的主人了解蒂姆有能力支付租金，因此没有租出他的公寓。蒂姆瞄上了高架桥下一个绝佳的地方供自己睡觉——泥潭里有个角落很合他心意，他和周围人把这个地方称之为“3号套房”。没有任何迹象表明蒂姆认识老阿姨胡姬或者他将要继承她的遗产。

蒂姆·格雷留下了一套公寓，里面从地板到天花板堆满了他囤积的废金属：生锈的手锯刀片、汽车排气管、电线，最多的是铝和铜。

…

胡姬第21位亲属说她没有理由反对老阿姨胡姬的遗嘱。

甥外孙女克莱尔·阿尔伯特出生于1947年，她告诉律师，博克和卡姆斯勒看起来非常不可信，她希望这两人不会用任何方法从遗产中获利。然而，克莱尔之后说自己不愿意加入家族的起诉，没有找到足够证据能证明老阿姨胡姬的遗嘱无效，或者胡姬缺乏行为能力。“事实上我相信，”克莱尔说，“胡姬阿姨很清楚自己分配财产的方式，她最后的遗嘱表达了自己的意愿。”

她继续说：“在我看来，亲人们掏空贝洛斯瓜尔多基金会的钱，使它资金枯竭，又剥夺科科伦的睡莲画系列完全是浪费。胡姬阿姨把大部分钱财捐给了慈善，如今这笔钱又要支付巨额的遗产税，亲人们还得从中给自己的律师支付巨额佣金。家族里每一位成员的收益跟这些支持艺术事业的慈善机构相比会小得多。”

最后她总结说：“总之，我认为推翻胡姬阿姨的遗嘱是不尊重她的真实意愿，这种失礼的行为和我的价值观不相符。”

税单

胡姬去世时欠国税局 8 200 万美元赠与税，加上罚款和利息这张税单每天上涨 9 000 美元。

这张税单是法官决定给博克和卡姆斯勒加上监护人的时候发现的。考虑到铺天盖地的新闻报道，法官拒绝了他们独自监管胡姬资产的请求，指派了第三位金融监管者，这名官员是纽约州知名的公定遗产管理人。这名管理人的律师很快发现胡姬还没为她无节制的慷慨行为买单，欠有数百万的赠与税。根据国税局的记录，这笔税费将吞掉胡姬四分之一的财产。

赠与税由赠与人而不是受益人支付。从 1997 年至 2003 年，胡姬没有申报任何赠与税，这段时间她给出了将近 5 600 万美元。有些礼物还需要缴纳另一种税——隔代转移税，当受益人比捐赠者年轻许多的情况下必须交付。这些年所有的欠税达到 3 400 万美元，但这仅仅是开始。加上 1 600 万美元的罚金和 3 200 万美元的利息，她的总负债达到 8 200 万美元。

卡姆斯勒负责财政事务，作为会计，他每个月拿到 5 000 美元的薪资。有记录显示他反复提醒过胡姬停止捐赠，因为她缺乏足够的流动资产来支付赠与税。但他从来没有提到过有隔代转移税，而这笔税从胡姬给哈达莎和其他人分钱的时候就已经开始生效。公定管理人的律师同时还发现卡姆斯勒准备了伪造的报税单，声称之前的申报税已经记录在案，他对美国国税局撒谎称自己不知道胡姬给过哈达莎 500 万美元。

博克说国税局的通知发过来后，他寄给了卡姆斯勒，但是博克对这笔税费也负有责任。他每月收入发票为 1.5 万美元，上面列出的工作职责包括申报遗产和赠与税。2000 年经博克请求，胡姬给约旦河西岸的安保系统捐赠了 185 万美元，他并没有告知胡姬当年她已经欠下了超过 500 万美元的赠与税，而且从 1997 至 1999 年也没有申报过任何税费。博克说卡姆斯勒保证自己会处理延迟申报，他也听信了卡姆斯勒的说法。

财富大幅减少

胡姬的遗产总价值大约为税前 3.08 亿美元。下面是资产清单，以及根据遗嘱如何分配这笔财产。

胡姬最大部分的资产：

· 8 450 万美元：圣巴巴拉贝洛斯瓜尔多；

· 5 450 万美元：纽约第五大道 907 号三套公寓；

· 1 430 万美元：康涅狄格州新迦南乐博堡；

· 7 930 万美元：股票、债券、现金、信托，包括活期储蓄账户 400 万美元和纽约州无人认领资金 4 039 美元；

· 7 540 万美元：个人资产，包括价值 2 500 万美元的莫奈《睡莲》画作、1 420 万美元珠宝和家具、170 万美元玩偶及城堡、3 450 万美元画作、书籍及其他财产。

这 3.08 亿美元将很快大幅削减。如果按照胡姬签署的遗嘱执行，财产瓜分预计将是以下情形：

· 790 万美元：支付摩根大通银行信用额度；

· 6 630 万美元：赠与税，前提是公共管理人能够与国税局达成协议免除罚金；

· 630 万美元：执行佣金，支付给律师博克和会计卡姆斯勒；

· 300 万美元：法庭上三年房产营业税；

· 2 100 万美元：预计支付代表公共管理人的律师、遗嘱执行律师（即博克和卡姆斯勒）和其他人员的服务费；

· 2 360 万美元：遗产税；

· 540 万美元：隔代转移税（赠与年轻受益人产生的一笔费用）。

这样税后大约有 1.75 亿美元分给遗产受益人。如果胡姬最后的遗嘱判决，大概会以如下方式分发：

- 贝洛斯瓜尔多基金会：123 751 465 美元[①]（70.94%）；
- 科科伦美术馆：25 000 000 美元（14.33%）；
- 护士哈达莎・佩里：15 287 554[②]（8.76%）；
- 教女旺达・斯台卡：7 897 430 美元（4.53%）；
- 贝斯以色列医疗中心：1 000 000 美元（0.57%）；
- 律师沃利・博克：500 000 美元（0.29%）；
- 助手克里斯托弗・萨特勒：370 370 美元（0.21%）；
- 会计欧文・卡姆斯勒：370 370 美元（0.21%）；
- 贝洛斯瓜尔多房产经理人约翰・道格拉斯：162 924 美元（0.09%）；
- 医生亨利・辛格曼：100 000 美元（0.06%）；
- 乐博堡房产经理人托尼・鲁杰罗：12 444 美元（0.01%）。

① 包括 8 450 万美元房产、3 450 万美元艺术品、书籍和乐器；以及 470 万美元现金。

② 包括估价 170 万美元玩偶。

卡姆斯勒被传召到法庭为遗产宣誓证词，他无法回答有关赠与税的问题，使用了 192 次美国宪法修正案第五条的权利来对抗自认犯罪。他说自己从来没有欺骗过胡姬，也没有盗窃过她的财产。

博克和卡姆斯勒面临更大的麻烦。公定遗产管理人提请了控告，控诉二人在代理胡姬遗产时玩忽职守，法官暂停了他们作为遗嘱初步执行人的权利。2005 年，他们在餐厅举杯庆祝的发薪日和 600 万美元代理费，消失无影了。

…

公定遗产管理人继续积极跟踪这些赠与，要求胡姬遗产需要申报 4 000 多万美元，其中大半部分数额给了哈达莎。如果管理人此举成功，将会减少赠与税：如果没有赠与，就没有应缴税款。管理人没有试图收回赠给皮埃尔夫人和其家人、旺达·斯台卡或者克里斯·萨特勒的赠与，而是专注于那些财政或者医疗事务中与胡姬有保密联系的角色[①]。在纽约现行法律下，在保密关系中，个人收到的馈赠被认为是不正当影响的结果。受益人面临压力去证实馈赠为正当所得。公定遗产管理办公室认为，胡姬最亲密的监护工利用自己的职能对病人产生影响以及控制胡姬，事实上掠夺了她的财产。

公定遗产管理人也面临着一个问题，这些赠与年数已久，胡姬自己赠出了这些礼物，她不停地开支票，直到自己视力衰竭才停止。博克的律师约翰·D·达达基斯在辩护胡姬遗嘱时说，这些法律的质疑是对胡姬的侮辱。"认为这些赠与不是出自克拉克夫人的善心，是在诋毁赠与人和遗嘱的受益人，他们都是用自己的爱关怀着克拉克夫人，"达达基斯写道，"所有记录都显示克拉克夫人很享受乐善好施的过程，她完全明白自己给出的是什么。"

挥金如土

克拉克家族的人有三次机会来赢得胡姬的财产，他们得像一个信心满满的青少年一样，在嘉年华上扔出三个棒球击倒一沓牛奶瓶，最终能赢得一个填充熊猫玩具。

首先，如果家族能证明两份遗嘱都没有合法签署并执行，他们能继承所有财产。如果推翻了最后一份遗嘱，他们能接着从第一份遗嘱着手起诉，然而似乎没人能找到这份原件，遗嘱的复印件通常没有效力。如果克拉克家人推翻了第二份遗嘱但无法推翻第一份，除了给哈达莎的 500 万美元，剩下的基本都归家族所有。

遗嘱的签署仪式无疑是错误的，尤其是考虑到接下来胡姬的远亲将质疑这份遗嘱的情况，这个签署过程更加显得不合理。遗嘱本身也有许多缺陷。起

① 这里也有一个令人迷惑的悖论。退一步讲，赠给哈达莎的 1 000 万美元减少了遗产 2 000 万美元税金、利息和罚金。谁会得到那 3 000 万美元？遗嘱把它归于"剩余"，是特殊馈赠后剩下的部分，而这就意味着这笔钱有 60% 将归回哈达莎。

草人博克也是受益人之一，另一位受益人会计卡姆斯勒是唯一一个和胡姬讨论过她意愿的人，而卡姆斯勒是重罪犯。至少其中一位受益人哈达莎在场，而且据另一位目击者叙述，她帮助胡姬握笔。签字仪式没有录像或者照相。虽然这位病人年岁较高、视力较弱，但这份遗嘱的签名还是正常字体。博克的同事监督了签署过程，但他说自己没有读过文件，也不知道博克也要继承遗产。没有任何独立的医生检查过胡姬的精神状况以证明其具备行为能力。没有人讨论过遗嘱的条款，或者之前那份遗嘱的存在，或者执行人将要得到的费用。见证人无法得知胡姬是否知道遗嘱的内容，甚至签字的是不是胡姬，会不会是冒充者，这些都不得而知。

除了过程马虎，遗嘱的执行标准也很低，一份处理不当的文件也能达到法定执行的最低标准。

其次，克拉克家人可以试图证实胡姬受到护工的不正当影响，因而遗嘱没有反映她的真实意愿。亲人们认为胡姬非常害怕回到自己的公寓，非常依赖护士和财产顾问，因此她无法抵抗他们影响自己的决定。

然而不是所有的影响都是不正当的。根据纽约州法律，要证明不正当影响，克拉克家人必须拿出确凿证据证明，存在“道德胁迫，强有力的不能抵抗的道德力量”剥夺了当事人行使自由意志的权利。如果有事实证据证明遗嘱与胡姬意愿相同——能表明她热爱护士和教女，希望保存贝洛斯瓜尔多，而且慷慨好施——要分辨出这些意愿是出于不正当影响还是胡姬极度古怪的性格比较困难。

即使家族能证明胡姬受到不正当影响，他们也无法得到任何财产。陪审团可能会完全否决这份遗嘱，这对克拉克家人来说是有利的；另外一种情况——虽然极少发生，陪审团也会判定遗嘱指定受益人正利用职业信任获利，这些人可能是护士、医生、会计或者医院。如果人们声称需要评估教女旺达对胡姬的不正当影响，评估过程很难实现，因为自 1954 年起她就没有见过胡姬或者贝洛斯瓜尔多基金会，这个基金会直到胡姬签署遗嘱时才成立。如果剔除了其他受益人，旺达和基金会的份额将会增加，克拉克家人则得不到。

再次，克拉克家人可以试图证明胡姬没有行为能力，她缺乏签署遗嘱的精神能力。如果胡姬没有行为能力，克拉克家人将得到所有财产。19位亲属在法庭上说，虽然在这过去的40多年里他们当中没有人见过胡姬，但他们确信胡姬“心智或者记忆不健全，不具备设立遗嘱的精神能力”。

其中有一位亲人给胡姬安排了一次特殊的诊断。甥外孙杰瑞·格雷是一名精神治疗医师，具有临床社会工作者执照，还是一个全球范围非营利性组织的创始人。这个组织帮助那些政治迫害的幸存者重伸正义。杰瑞只见过胡姬一次，还是在二战期间家庭聚会上瞟过一眼，那时候他才9岁，胡姬37岁。他说胡姬盯着他看，什么都没说。如今，他在阅读过媒体和法庭文件后，给老阿姨安排了诊断，克拉克家人说这个证据将很有说服力。

“胡姬患有分裂型人格障碍。”杰瑞证实说，他指的是人长期与世隔绝、对人漠不关心的精神状态，“可能后期因为偏执变得更加复杂”。杰瑞说这样一来，胡姬“受精神疾病驱使因而把自己隔离起来”。他在诊断手册里勾出这些标准，说这次诊断非常符合，因为胡姬“选择一生中独自和玩偶相处，显然没有过性伴侣，没有像我们重视友谊、拥有亲密的朋友，似乎也不需要人际关系”。杰瑞声称，胡姬“就算有一些爱好，也非常少”，而且显然不清楚自己拥有的财产，从“有大笔财富和5个可以居住的寓所，却在医院隐居”这一点可以看出来。杰瑞总结道，胡姬“有不理智的行为方式，只想挥金如土”。

要证明胡姬缺乏行为能力困难重重。如法庭所说，签署遗嘱的人被认为有法律能力，“不能因为表现出一些孤立的行为、弱点、特质，以及道德或者精神不规律或者偏离常规就推翻，除非他们是直接经受了设立和签署遗嘱的压力和影响”。即使克拉克家人证明了胡姬有某种精神疾病，这不能阻止她签署一份有效遗嘱（据推测六个美国人中就有一个至少患有一种人格障碍）。精神疾病患者也能在清醒时段签遗嘱。根据纽约法律，签署遗嘱时，胡姬需要了解的所有事情就是她拥有的财产，和受益人的关系，以及这些财产在她死后将交给这些受益人。法律对于签署遗嘱要求的证明行为能力的证据比签订合同要少得多。

亲人们列出了胡姬的玩偶和玩具屋、蓝精灵和海绵宝宝、空宅的奢侈花费、赠给哈达莎的数百万资产和自我放逐到贝斯以色列的行为。但这些能足够证明胡姬没有行为能力吗?

胡姬签署任何一份遗嘱前的病历记录上都没有表现出精神错乱或者痴呆。从记录表上能看出，胡姬数十年来都没有屈从于律师、医院或者科科伦美术馆的请求。

这些受益人还有认识胡姬的证人，而且这些证人没有从遗嘱中获利，他们能证明胡姬即使在签署遗嘱数年后仍然精神敏锐、记忆清晰。比如，这些证人中就有一位神经学专家。

像派一样可爱

2005 年 10 月 25 日，距胡姬签订遗嘱已经过去六个月。这个周二的清晨，人们在医疗记录表上写道，胡姬处于“急性精神错乱状态”——神智昏迷、焦虑不安。她当时在听钢琴曲，有可能是中风。医生很快叫来一位专家。

胡姬住进贝斯以色列医疗中心这十多年来，露易丝 · 科里班诺夫医生一直听人提起过这位“个子娇小、住在医院的老人家”。现在她终于见到了胡姬。

这位神经学专家把 99 岁的胡姬从晨间小憩中推醒。胡姬睁开了钢蓝色的眼睛，看见一张不认识的脸。“走开。”胡姬生气地用高亢的法国语音说道，又闭上了眼睛。

医生浏览了病历，又仔细端详了这位白头发的女人。胡姬顶多 85 磅的样子，身穿家居外套和三件白色的羊绒衫，令人吃惊的是她的皮肤仍然柔软如少女，脸颊红润。科里班诺夫医生在哄老年病人方面很有经验，她温和地劝说胡姬醒来完成精神能力测验。科里班诺夫胳肢了胡姬来测试感官反应，接着下达简单指令：闭上眼睛、举起手、摆动手指。

胡姬照着做了，医生继续下达更复杂的要求。拍三次手，然后伸出舌头。

“走开！”胡姬大喊，从头上拉下面罩。

这只龟不愿意爬出自己的壳，科里班诺夫医生说她明天再来。

第二天早上，胡姬认出了笑意盈盈的医生，脸上立刻露出喜色。她坐在床上，很放松地一步步完成了测验。胡姬清楚自己是谁、在哪里、现在是什么时候。虽然听得很费劲，但胡姬还是很专注。她话语清晰、反应灵敏。实验数据和 X 光胸透也显示没有问题。胡姬各项神经都正常。

“她好像派一样可爱，”之后科里班诺夫医生说，“似乎非常满足。”

病历显示胡姬只患过一次伤风，之后脱水引起暂时性电解质紊乱，因此胡姬会出现意识模糊或者幻觉。体液恢复正常后，胡姬又好了。

医生继续和胡姬聊了二十分钟。胡姬带领她参观了自己从日本运来的桌面城堡模型，里面还有锦缎织成的内衬。之后又展示了自己的相册：这张是亲爱的母亲，她穿着优雅的夏裙羞涩地微笑；这张是亲爱的父亲，铜业大王身着时髦的白色西装，看起来非常骄傲；这张照片是亲爱的姐姐在巴黎城外的夏季庄园里骑着自行车。胡姬还给医生看了自己的加州豪宅，这是太平洋沿岸峭壁上的宫殿，还有父亲的房子，这是纽约城最大的房子，里面有塔楼和 121 间房，还有一间是用金子装饰的。

聊到这一切，医生不能完全确认这些金矿、铜矿、国王和城堡的故事有多少是真的，这能反映这个病人的精神状况吗？

科里班诺夫医生转向护士哈达莎，故意高声耳语问道：这些事情是真的吗？

哦，是的，哈达莎回答，都是真的。

…

关于胡姬遗产的纠纷协商开始于 2012 年末。协商的目的是提出一个处理遗产的解决办法，可以不经过陪审团审判，也可以清除所有的枝节问题，包括收回胡姬的 4 000 万美元的赠与，还有针对博克和卡姆斯勒玩忽职守的控告。协商中有两方对立的队伍，至少纸面上他们是对立的。一方是克拉克家族，另一方是其他人：哈达莎、旺达、克里斯、贝斯以色列、科科伦、博克、卡姆斯勒、房产经理人，以及其中最大的受益方——刚成立的组织贝洛斯瓜尔多基金会。

一开始所有人只能稍作让步。克拉克家族在谈判开始要求得到 75% 的财产。谈判桌上另一方（甚至是表面上站在哈达莎一方的人）表明说护士已经得到了超过 3 000 万美元，这个数目不太合理。如果哈达莎能从遗嘱分给她的税后数额中拿出 1 500 万美元左右，这笔钱能多少促进克拉克家族的协商提议。哈达莎说不行。她的律师称如果她能留下已经得到的赠与，哈达莎可以放弃一半遗产。她的决心在飓风桑迪后变得更强硬，2012 年 11 月这次飓风席卷了东海岸，哈达莎至少有一处住所和她的宾利都遭受了水灾。

谈判桌上新加入了一个人，他是来自纽约州总检察长办公室的艾瑞克·施奈德曼。理论上他在这个案件里的职责是保护慈善机构能从遗嘱中获益：也就是科科伦美术馆、贝斯以色列医疗中心以及新成立的贝洛斯瓜尔多基金会。出于这层考虑总检察长站在了遗嘱争夺的一方。但在协商谈判中，总检察长的助手似乎更关注哈达莎得到的巨额财产。这层关注也让总检察长一方处在一个进退两难的境地：如果它承认这份遗嘱，哈达莎将会得到更多遗产。2013 年夏天，总检察长开始推动协商进展，总体承认这份遗嘱，尊重胡姬的意愿，但收回了护士和其他处于保密关系中的人收到的赠与。这个解决方案将给亲人带来数百万收入。

科科伦美术馆站在了反对方，把这次账目清算变得更加复杂。虽然胡姬遗嘱把总价值 2 500 万美元的莫奈的《睡莲》系列画作留给了美术馆，科科伦仍然反对这份遗嘱，站在了克拉克家族一边，声称胡姬“不具备精神行为能力”，她签署这份遗嘱只是出于博克、卡姆斯勒和哈达莎·佩里的影响。

这个情况最反常。科科伦美术馆现在急需现金，甚至在考虑从华盛顿搬到郊区，它为什么会反对长久捐赠人给它留下莫奈的遗嘱？一个可能的好处是科科伦美术馆要站在克拉克家族后人一边，他们其中有些人现在还是其捐赠人。克拉克家族从协商或者陪审审判中拿到越多，今后捐给科科伦的可能越多。克拉克家人在证词中发誓说他们从来没有听说过与科科伦美术馆有秘密交易，但美术馆的工作人员说过他们很确信美术馆不会在遗嘱协商时失去莫奈的画作。

科科伦美术馆的领导人说他们没有其他选择，只能反对这份遗嘱，因为他们不能确信胡姬在 2005 年是否有能力签署它。或许无行为能力只是暂时性情况。2005 年后，美术馆没有归还胡姬捐赠的 50 万美元，这笔钱是之前胡姬许诺捐赠 100 万先付的一半。他们也没有怀疑之前翻新金色沙龙时胡姬资助的 50 万美元，威廉·安德鲁斯这间金色的房间现在由科科伦出租给集团客户，每晚租金为 2.5 万美元。

…

克拉克家人和遗嘱受益人都有理由想和解。在审判中掷骰子可能意味着失去一切。双方在审判前调查和请律师过程中都花费巨大。审判的过程也会耗尽心力，对每个人来说，持续几周或者几个月的过程代价太大。

另外一个想和解的原因是大部分关键证人都无法在庭审中充分做证。根据纽约州法律习俗“死者条例”①，遗嘱受益人禁止把自己跟胡姬的交流内容作为证词。这条法律以习惯法为开端，认为不应该鼓励一个有经济利益的人通过证明死者生前所说来做伪证。因此审判不应该加上太多相关的证词，比如哈达莎·佩里、克里斯·萨特勒或者辛格曼医生。有一个选择是律师博克和会计卡姆斯勒放弃继承权，这样他们能够充分证明遗嘱的效力，然而他们再也不能以受益人的身份获得利益。毕竟陪审团有可能不会让他们继承一个子儿。

和解中最后一个匪夷所思之处是遗嘱的最大受益方不在谈判桌上。克拉克家人质疑贝洛斯瓜尔多基金会是否为真正的慈善机构，还是胡姬律师和会计使用委托人身份进行敛财的借口。至于支持这条起诉的证据，亲属们指出基金会最终留下的钱将寥寥无几——据遗嘱所列，约为 470 万美元，几乎不够维持这栋豪宅的费用。律师和会计的反诉也很简单：如果这是诈骗，为什么他们不愿意投入更多的钱进去？克拉克家人同时也质疑基金会可能不是胡姬的意愿。“她骨子里就没有做慈善的想法。”几个亲人说道，他们忽略了或者完全不了解胡姬多年来对科科伦、贝斯以色列、欢乐农场的童子军、安德莉·克拉克鸟禽庇护所的善心，以及她对朋友及陌生人默默的付出。

为了支持新生的贝洛斯瓜尔多基金会计划，加州一些艺术基金会站出来

① 死者条例是一款用来防止民事案件中做假证行为的条例。它防止作为有关当事人的目击者与死者间的交流与交易作为证词。

说，他们会欢迎贝洛斯瓜尔多的加入，也有可能会在财政上支持这个新邻居。然而，当这些圣巴巴拉艺术团体试图派一名律师参加纽约的谈判时，克拉克家族的律师约翰·莫肯拒绝和他协商，说如果你们这么喜欢贝洛斯瓜尔多，我们赢了官司后会卖给你们。

克拉克家人坚持要卖掉贝洛斯瓜尔多是有理由的：胡姬大部分的钱都在这里。根据遗嘱所写，这笔钱在刨去花费和税费后，有 86% 归慈善机构，它们不需要缴税。贝洛斯瓜尔多基金会属于慈善团体，科科伦美术馆和贝斯以色列医院也是。如果是亲属而不是慈善机构每得到 1 000 万美元，将缴纳大约 400 多万美元遗产税。换句话说，克拉克家人只能再得寸进尺。

…

双方都有强烈的原因想要和解：他们需要钱能保证支付得起律师费用。

如果胡姬亲属们的目标之一是要让这笔钱免落入胡姬律师的手里，却把大部分财产又交到自己律师的手上，即使打赢了官司也绝不是胜利。根据常规，家庭律师为意外事件工作的情况下，他将会从第一个 5 000 万美元中得到 33%，第二个 5 000 万美元中得到 50%。这件案子的法庭记录中至少有 62 名律师在册，还有几十个在幕后工作，大部分律师来自曼哈顿，在这座城市有经验的律师每小时收费 1 000 美元并不罕见。每次开庭日或者调解会有 10~12 个律师到场，打表计费每小时超过 1 万美元。

另一笔花销在于需要人奔走在 50 个证人之间寻求证词，其中包括 2012 年安排三位律师去维也纳找胡姬的甥外孙安德里·贝延斯，这些费用需全部报销。安德里已经 82 岁高龄，这位优雅的前任外交官正忍受失语症（类似痴呆症的脑部疾病）的痛苦。虽然家人反对，安德里还是被安排经历了两天问话，然而他甚至说不出自己家的地址。最后律师们夜里还去参观了美泉宫的喷泉。

出售

为了增加遗产现金收入，公定遗产管理人开始出售胡姬的财产，这时候官司还没有结束。他能出售的只有那些没有具体遗赠给任何人的东西。

母亲安娜的珠宝早已经被花旗银行卖掉了，家里保险柜中的珠宝分给了哈达莎和克里斯，但胡姬还藏有另外一些珠宝，它们还搁置在原装的 20 世纪 20 年代的卡地亚或者蒂芙尼盒子里，放在一个保险柜中。显然自从 20 世纪 30 年代起，没人佩戴过它们。

公众展览过胡姬的珠宝后，佳士得拍卖行出售了胡姬 9 克拉的粉钻戒指，价值 1 400 万美元；还有 20 克拉的矩形钻石戒指，价值 270 万美元；蜜月时胡姬戴过的装饰派艺术钻石和绿宝石手镯，分别为 9 万和 48 万美元；红宝石、蓝宝石、绿宝石金手镯，价值 22 万美元；胡姬的幸运手链（描绘爱的主题，一个少女在花园里浇灌一颗心，蒙上眼睛的恋人在两个心旁做出选择）价值 7.5 万美元。这些珠宝总价值约为 1 800 万美元。那颗粉钻戒指的买家开了新闻发布会宣布自己买下这件首饰，但之后又拿不出钱，因此这件珠宝被悄悄出售，卖了个低价。

…

第五大道 907 号公寓也开始出售，总价值 5 500 万美元。12W 公寓卖出了 2 550 万美元，买家是对冲基金经理博阿兹·温斯坦。这套公寓证明了胡姬投资的眼光。即使把通胀因素考虑在内，胡姬在 1955 年投资了 6.3 万美元，现在涨了 47 倍。

石油酋长、波斯湾国家卡塔尔的总理谢赫出价 3 150 万美元购买 8W 和 8E，但业主合作委员会拒绝了他的请求。这会给交通和安保造成太多压力，委员们解释说。最终，8W 和一部分 8E 以 2 250 万美元的价格卖给了消音飞机拥有者、私募经理弗雷德里克·伊斯曼。8E 剩下的部分直到 2013 年年中还在出售。

…

在康涅狄格州，胡姬在世时有人给乐博堡出价 2 500 万美元，但胡姬没有接受，因为估计比这个稍高，大约在 2 600 万美元。胡姬曾接受过一份 2 100 万美元的提价，但需要征求市政府同意将 52 英亩土地分成十份，可随后市场崩溃。价格从最高时候的 3 500 万美元跌到 2 400 万美元，胡姬死后又降到 1 700 万美元，之后又跌至 1 590 万美元。2013 年夏天，乐博堡还在市场上出售，邻居小亨利 · 康尼克[①] 也是看房子的人之一。

胡姬剩下的财产——画作、书籍、玩偶、玩具屋和城堡模型还存放着，等待审判或者和解。

2013 年该案被分配给代理法官诺拉 · S. 安德森，她在上一年因为漏报 25 万美元竞选捐款而遭受审查。诺拉被控告犯有虚假竞选报告两项重罪，经过刑事陪审后无罪释放，随后她又受到国家司法行为委员会的审查。胡姬的父亲曾经因为非法筹集竞选资金而辞去美国参议员一职，而他女儿胡姬 · 克拉克遗产一案的审理法官也有竞选财务问题。

截至 2013 年 7 月此书完成时，双方尚未同意和解。因为没有达成协议，2013 年 9 月将举行陪审团审判来划分克拉克铜业财富。

离地方检察官办公室两个街区外，对博克和卡姆斯勒的刑事侦查被判定为“无效”。在深入挖掘接近三年的时间里，地方检察官没有找到理由对任何人提出刑事指控。博克和卡姆斯勒或许太过野心勃勃，但是调查发现，书面记录证明了他们的说法。胡姬确实书面授权出售雷诺阿、斯特拉迪瓦里小提琴和康涅狄格州房产，甚至包括给博克家庭所在的以色列社区安保系统的赠与。胡姬清晰地在这数百张赠与支票上签下了自己的名字，一直到她视力衰竭。

① 小亨利 · 康尼克（Harry Connick，Jr.，1967—），美国爵士乐音乐家、演员。

后记

Empty Mansions
The Mysterious Life of HUGUETTE CLARK
and the Spending of a Great
American Fortune

蟋蟀之歌

正直的一生

胡姬·克拉克令人惊奇的一生中充满爱，也有失去的苦痛，她积极而又富有创造力，默默地从事着慈善业，热爱艺术且极富想象。“有钱买不到幸福”这种老生常谈可能会安慰那些不富有的人，拥有巨大财富也不尽然只会带来悲伤。

是的，胡姬忍受了许多苦痛，世纪老人通常都会这样——他们活得太久了，逃过了泰坦尼克号沉没，也逃过了世贸大厦双子塔倒塌。胡姬经历了姐姐安德莉去世的悲伤，之后是父亲威廉·安德鲁斯，最后是母亲安娜。她顽强地战胜了离婚、癌症和谎言所带来的痛苦。她失去了德加的芭蕾舞者、母亲的珠宝和自己的隐私。

然而她的一生并不悲伤。胡姬常常回想自己与至亲在一起的美好回忆和欢乐时光，她和姐姐玩着捉迷藏，在城堡般的克拉克宅听着睡前故事，聪颖的她交给银行家父亲一些金币以逃脱德国军队，还和杜克·卡哈纳莫库公爵在怀基基海滩上冲浪。

胡姬和那些不太认识她的人所想的不一样。在那些追逐她财富的亲人们所讲述的故事里，胡姬患有精神疾病，甚至智力不健全。然而，小保罗·纽厄尔和胡姬保持了多年往来，一直持续到遗嘱签署头一年，他发现胡姬头脑清晰、性格开朗、记忆敏锐、令人难忘。她能记得近一个世纪前的事情，能记住保罗说过他的孙女正在上芭蕾舞课。除了隐居那些年，她的社交能力看起来非常正常。胡姬也有心绪较乱或者心情不好的时候，但她却能在多年聊天和信件往来中很巧妙地隐藏好自己的情绪。古怪并不意味着精神失常。

在艺术事业上胡姬坚持不懈、富有经验——她受过画家的专门训练，自学摄影，在收藏雷诺阿和斯特拉迪瓦里小提琴方面非常精明。她探索日本的文化和历史，从语言、发型到纺织品，都能被她用来增加城堡和画作的艺术真实性。她赞助了许多艺术家，经常和他们通信，使法国整整一代最伟大的插画师得以存活，这些人在她小时候阅读书籍和杂志时就已了然于心。视力减弱之前，胡姬会阅读经典书籍、拉小提琴，她在 80 多岁的时候还从日本雕刻集里学会了下棋，还能用法语交流。

在亲人看来，胡姬被人控制，被关在一个茧般的牢宠中，她肯定是诈骗罪的受害者。一个富有的老人把自己关在医院，赠给护士数百万财产，将她的事务全交给律师和一个重罪犯会计，谁听到这些内容不会这么想？

律师彼得·S·施拉姆给公共管理办公室的信中写道："克拉克夫人完全独立，在一小群人之间有自己的精神和情感需求，这些人是她和医院外的世界的唯一联系。"

唯一联系？虽然胡姬独居，但她没有与世隔绝。首先，每天二十四小时胡姬都有护士照顾着，首先是哈达莎·佩里。她还有自己的定期访客：朋友苏珊娜·皮埃尔夫人会带着蘸荷兰酱的洋蓟；她的医生亨利·辛格曼会带着孙子的相片；助手克里斯·萨特勒则带着法式烘焙糕点——这是胡姬小时候黄油的味道。朋友、医生和护士的子孙也会偶然来访。

胡姬还有数百位深情的访客——虽然他们只是信件来访。她给朋友和员工的孩子们或者孙子们寄去礼物，作为交换她只要求他们寄来孩子们玩玩具的照片。这些照片成百张地涌来：孩子们和卧室里的新家具，孩子们穿着的骑士盔甲服，孩子们弹的吉他和电子琴，火车组、城堡、木偶、溜冰鞋、单车，这些礼物都来自胡姬阿姨。

隐居的时候，胡姬也有许多笔友，他们是胡姬终生的朋友，其中大多数都互不相识。她的隐居只是把自己锁在了旅行、日落和咖啡厅之外，但是能写下两万张热情洋溢的信件的女人同样也是一个环游世界的旅行者。胡姬还是一个忠诚的朋友，数十年来在大部分远距离的友情中她一直保持着热忱。

她有一位法国挚友艾蒂安·德·维尔蒙特，“半生挚爱的联系从未消失”。艾蒂安的妻子伊丽莎白、女儿玛丽·克里斯汀以及大家族里许多人都和胡姬在一起，他们感激胡姬持久的资助，胡姬连法国街角的杂货商都会替他们打点好。

她有一位热爱社交的前夫比尔·高尔，胡姬一直给他寄钱，捎去家里的消息。

她有一位充满爱心和艺术气质的教女旺达·斯台卡，60 年来一直坚持给胡姬写信。

她有许多法国的艺术家朋友：性情古怪的费力克斯·罗利欧克斯，他笔下有异想天开的、送礼物的昆虫；充满奇幻思想又色情的谢里·何鲁尔德，他替胡姬搜寻杂志；还有让·梅西耶、马农·伊赛尔、J.P. 品尚，在他们年迈之时胡姬扮演着“善良的仙女”的角色。

她有通过电话交流的朋友，包括表弟小保罗·纽厄尔和甥外孙安德里·贝延斯。还有胡姬的艺术合作者：卡特莉娜·马什，她曾是胡姬和她的日本艺术伙伴川上三郎的中间人；替胡姬修理玩具屋的鲁道夫·贾克林斯也是其中一位，他的妻子安娜还替玩具屋做了窗帘；当然，这些朋友中还有蓝侏儒和克里斯汀·迪奥的员工。

她有自孩童时期的好友，胡姬在她们晚年曾慷慨资助过她们：家庭教师的女儿宁塔·桑德莉，还有很多得到过她的帮助的人。即使是陌生人格温多林·詹金斯，虽然她和胡姬唯一的联系是胡姬的股票经理人，生病时也得到过格温多林的照料。

她有在圣巴巴拉的笔友，通过这些朋友，胡姬可以密切关注母亲的贝洛斯瓜尔多豪宅和姐姐的鸟禽庇护所：司机的遗孀阿尔玛·阿姆斯特朗，她曾给胡姬寄过剪报。还有圣巴巴拉市长希拉·洛奇，一直以来她都在试图劝说胡姬把克拉克宅捐给艺术事业，胡姬的遗嘱完成了她的心愿，成立了贝洛斯瓜尔多基金会。

虽然很多亲近胡姬的人都得到过巨额赠与，这些捐赠的数量太大以至于人们会理所当然地质疑他们是否有资格证明胡姬具备行为能力，但大多数医生和护士都没有收到过礼物。然而他们口中讲述的胡姬仍然是一位了不起的人，她能了解自己的内心想法。听力学家测试了胡姬的听力，发现即使步入 99 岁高龄，她的听觉仍然很敏锐。约翰·沃尔夫医生常来探望胡姬，给她带来鲜花，听她叙述往事。神经学家露易丝·科里班诺夫觉得医院里这位小个子老人“像派一样可爱”。

助理地方检察官伊丽莎白·洛伊为完成义务去检查胡姬的健康状况。作为一名 FBI 探员调查德加画作失窃一案，她闯进过胡姬的病房。

•••

有着无限财富的人们大多数不会选择胡姬的爱好。她对自己收藏玩具、建造城堡、观看《蓝精灵》的喜好一点也不觉得难为情，就像人们集邮或者数 1967 年波斯顿红袜队的游击手一样。胡姬很认真地践行着克莱拉·斯宾塞小姐的劝告，“培养想象力”——甚至到了担心“那些小人们撞到了自己的头”的地步。

我们无法知道为什么胡姬如自己所说，“有点特别”。处在她小圈子里的人说他们也不知道。局外人这么推测：是因为父亲老年得女！是因为姐姐早逝！或者是母亲去世！因为财富！是自闭症、亚斯伯格症或者是童年创伤！这些简单的答案都不对，因为这个问题都基于这样的假设——人的性格只受单一因素影响。无论是什么原因导致胡姬害羞，与人交往或处理社交事务时能力不足，害怕陌生人、绑架、针和第二次法国大革命，胡姬都找到了适合自己的情境，成为现代的“布”·拉德力[1]，自己选择关在屋内，远离可能会有伤害的世界。

万众瞩目的父亲和热爱音乐的母亲都有着自己意志坚定又个性鲜明保护隐私的处事方式，胡姬也是如此。她有着令人敬畏的个性，以自己想要的方式生活，总是按自己的主张行事。胡姬完全不受财政顾问的控制，反而常常让他们觉得挫败。胡姬意志坚定，但总是很友善。出生在这种娇生惯养的环境下的人很容易滥用权力，但在争夺胡姬财产的较量中，50 位证人关于胡姬的证词都是，没有任何迹象显示胡姬曾经用财富伤害过他人，这不是胡姬的处事方式。

胡姬拥有过最精美的财产，经历过最奢华的旅行，欣赏过最令人震撼的风景，拥有过最伟大的艺术品，聆听过最动人心魄的音乐。然而最终，胡姬选择带着她的荷兰酱、奶油卷和羊绒衫住在一间病房里。她有这份勇气——或者说是凭借着克拉克家的固执去成为一名艺术家，虽然在那个年代，艺术这条路并不适合女人。胡姬从一段不想要的婚姻里逃离出来，摆脱了医院和美术馆想要掠夺她更多钱财的控制，把大部分遗产留给了朋友以及缅怀母亲的慈善机构。人们普遍认为，“挥金如土”是精神疾病的标志，但胡姬只是喜欢给认识的人送礼物。

这些都不是缺乏行为能力的表现，而是自我表达和适应。胡姬用自己的方式找到了自己的人生——正直的一生。

胡姬是这个喧嚣时代里的静者。她拥有所有人都渴望的财富，但是她把这些身外物丢到了一边——除了她的奶油卷和羊绒衫。

为了活得快乐

2005 年 3 月 2 日，胡姬签署最后一份遗嘱的前一个月。她坐在医院病床上，辛格曼医生顺道来拜访。胡姬为他准备了特别节目。

① 出自《杀死一只知更鸟》，Arthur “Boo” Radley 象征无辜的受害者，也是小说中最重要的“知更鸟”。他足不出户。杰姆和斯各特童年时都把他看成恐怖的代名词，但他常为孩子们留下一些陈旧的小礼物，并且在杰姆和斯各特被袭击时拯救了他们。

胡姬读了一首诗——《蟋蟀之歌》(*The Cricket*)，这是一个最古老的法国寓言故事，胡姬记得父亲第五大道克拉克宅的图书馆里有一本用摩洛哥皮革包着的书中有这个寓言。年长 9 岁的姐姐安德莉在这个图书馆中曾读书给胡姬听。这个寓言创作于 1700 年末，作者是让·皮埃尔·克拉里斯·德·弗洛里昂。有时候，人们也称这首诗为《真正的快乐》。胡姬把它牢记在心：

蟋蟀之歌

一只可怜的小蟋蟀
藏在花草丛中，
他看着一只蝴蝶
飞舞在草地上。
蝴蝶闪耀着最绚丽的色彩：
翅膀上散发出蔚蓝、紫色和金色的光芒；
他年轻、漂亮、华丽，追逐在花朵间，
寻找最甘甜的蓓蕾。
啊，蟋蟀叹息道，他的命运和我的命运
是多么不同！自然女神
为他做了一切，为我什么也没做。
我没有才华，不够美貌；
没有人投给我目光，没有人知道我在这下面；
我好似不存在这世间。
当他说着话，草地里
来了一群孩子。
他们随即奔向这只蝴蝶，
都渴望得到这美丽。
他们用檐帽、手帕、软帽来抓他。
蝴蝶尝试逃脱结果却是徒劳，
他很快成为孩子们的战利品。
一个抓住他的翅膀，一个抓住他的身体；

又来了第三个，抓住他的头。

不费多少力气，

把这只可怜的家伙撕成几块。

啊！啊！蟋蟀叫道，我不再觉得可惜；

闪耀在这个世界代价太大。

我将多么热爱这片深草丛！

为了活得快乐，请活得隐秘。

98 岁的胡姬凭记忆背诵出这首孩童时期的寓言诗，并念了三次。

一次用英语。

一次用西班牙语。

当然，还有一次用法语。

为了活得快乐，请活得隐秘（*Pour vivre heureux*，*vivons caché*）。

译者后记

相信很多读者和我一样，第一次见到胡姬·克拉克这个名字出现在中文网站上是在《纽约时报》畅销书介绍里。初看这个名字我们会觉得熟识，但又不能准确说出她是谁。她曾一度成为媒体热门，遗产疑云、豪宅风光和隐居生活持续出现在新闻报道和街头巷议中。比尔·戴德曼这本《空虚的豪宅》像是为了终结世人的无端的猜测和议论，还原一个真实的胡姬。

《空虚的豪宅》实际上有两个主题：一个是参议员威廉·克拉克白手起家、实现美国梦的奋斗史，一个是女儿胡姬跨越世纪的成长史。我们跟随作者的叙述跨越了一个半世纪，从广袤的西部大荒野到纽约曼哈顿的车水马龙里。作者选取了十三个地点，用客观、详尽的笔触回溯了父亲和女儿各自的人生。这不仅是一本个人传记或者家庭回忆录，也展现了财富的创造积累到挥霍的过程。克拉克家族的神秘世界如作者所说，再现了“美国历史的浮光掠影”。读这本书，你能看到宏大的西进场景，也能了解琐碎的生活细节，里面的人物或是开拓进取或是穷侈极奢，你能读到温暖感人的友情和亲情，也会憎恶无尽的勒索和欺骗。

作为读者，我很难做到不偏不倚。有两个片段让我的情绪变得非常激动：一个是克拉克去西部淘金、倒卖杂物，他独自驾着马车经过严冬的冰河，冰面破裂，人和马一起掉进刺骨的河水里；另一个是胡姬住在贝斯以色列医疗中心，她不断给护士和医生购置公寓、赠送礼物，似乎被人长期勒索但又不自知。我既感叹父亲的坚强意志，又为女儿的处境暗自担心。

作为译者，我希望能尽力展现作者的文字风格和情感态度。书的前半部分洋溢着美国人乐观进取的精神，从西进运动、比尤特开矿、参议院争夺和克拉克铁路建设一系列故事中读者能审视马克·吐温对克拉克的评价是否得当。

而书的后半部分充满了现代生活的不安和疏离，在这个经济衰退、社会多元化、恐怖主义战争兴起以及人际关系日益复杂的世界，也能体会到胡姬从灰褐色病房里欣赏空调机组风景的无奈。

这整本书都在追寻着父辈的物质财富和精神财富该如何传承，人用财富还是财富用人，这是胡姬一生的议题。胡姬同我们一样追求友情、爱情和陪伴，但她是“这个喧嚣时代的静者”，具有独立自主的品质和迥然不同的美国财富精神。最近读到一句话特别适合这位主人公——人类要成为思考中高贵而美丽的对象，不能靠着把自身中一切个人性的东西都磨成一律，而要靠在他人权力和利益所许的限度之内把它培养起来和发扬出来。

感激在翻译这本书的过程中给我提供帮助的人。中国人民大学出版社的编辑给予我理解和支持，师大同窗好友清兰替我斟酌字句、查阅资料，远在大洋彼岸的好友明宣给我提供美国法律和社会知识以便参考，还有家人创造了相对安静的环境让我得以沉浸在威廉·安德鲁斯和女儿胡姬的奇妙世界里。我的研究生导师张源在我翻译书籍、论文写作过程中给予我极大的鼓励与指引。挚友孙继明与我分享有关日本文化的内容，让我得以理解胡姬对于日本玩偶的眷恋。感谢带领我走进语言文学学科的俞洪亮老师、朱建迅老师，经由他们的教诲，我才开始接触文学和翻译的世界。谢谢大家的包容、指导和支持！

愿大家喜欢这个童话与现实交织、美丽和残酷并存的故事。

黄文彦

与比尔·戴德曼和小保罗·克拉克·纽厄尔的对话

帕特里克·麦克德：《空虚的豪宅》这本书的主题是什么？

比尔·戴德曼：在威廉·安德鲁斯和女儿胡姬的生活中，贯穿的主线有这些——雄心壮志背后的代价、继承财产的压力、脆弱不堪的名望、旁人妄自揣测豪宅生活引发的荒唐、与外部世界联系的压力和风险，以及远离这些危险所做的努力。在我们看来，胡姬选择的这一条路就体现在她最喜欢背诵的那段法国寓言里——“要想活得快乐，请活得隐秘”。

帕特里克：保罗，你是怎样跟胡姬对上话的？她是否知道你正在写一本书？你当时是试着采访她还是只限于表亲之间的对话？

小保罗·克拉克·纽厄尔：我给她写的第一封信里就阐明了这一点，我重拾了父亲未竟的心愿，用这本书记录克拉克家族的事迹。多年来我们通过电话交流，可能每年能通六次电话，我都避免了太过激进地发问。我喜欢和她交流，也喜欢彼此间的对话能够继续，对于可能会让她觉得带有压迫性的问题，我一般很警觉，因为它们能轻易阻断我们接下来的交流。她从来没有给过我她的电话号码。我通过她的律师联系，然后她会在约定的时间给我回电话。我想问胡姬很多问题，但不想冒险失去联系她的渠道。

帕特里克：比尔，你曾想问胡姬什么问题？

比尔：我觉得保罗很明智，没有向她发问。当然，我也很想听她描述她的生活，如四岁时从巴黎搬到纽约的感受，从小在纽约城最大的克拉克公馆长大、四口之家坐拥 121 间房的滋味。她会用怎样的词句形容她父亲——这个既声名远扬又臭名昭著的人，他品格和性情如何？她又会怎样形容私下里活跃但人群中又很疏远的母亲？胡姬对于金钱的态度我们也很想了解，她怎么用金钱来保障舒适和隐私，慷慨和慈善在她一生中起到了什么作用？作为一个隐居、害羞的女人，她却和很多人维持了长达数十年的友谊，甚至和前夫比尔·高尔以及法国朋友（也有可能是未婚夫）艾蒂安·德·维尔蒙特相交甚笃。胡姬对于人际关系的看法的确值得探究。胡姬身边的每个人都说她是一个快乐的人，根本不会忧郁。很显然她在管理自己的社交恐惧心理。她会如何解释自己做出的选择？

帕特里克：胡姬视隐私如生命。你们的报道和书籍揭开了这些隐私，会因此觉得内疚吗？

比尔：不会，因为我们坦诚地、公正地讲述了她的故事。保罗当然会因为亲戚关系对胡姬更为亲近，他跟胡姬谈话多次，彼此保持着友好的信件往来。保罗认为她是一个优雅、聪明、理智、颇为幽默的人，不失为一个令人喜爱的家庭成员，根本就不是一个有缺陷的人，然而人们都不这样认为，甚至于胡姬大多数亲人也不这么想。你能从电话录音里听见，从信件、收藏品和画作中看见她的个性。我们用积极的笔调描绘胡姬并不是因为我们想显得友好，而是因为我们发现她本身就是这样。

保罗：比尔在 NBC 新闻发表的头几篇文章像云雀一样，讲述了一栋闲置豪宅的传奇故事，胡姬的名字随之出现在公众视野中。但他接下来进行了一系列深入调查，情况似乎变得非常严重：一个与世隔绝的女人，她的财产被悄悄变卖。理所当然地，人们就会想到这是否是一起虐待老人事件，好在联邦地方检察官开始着手调查胡姬和她的财产状况。

比尔：随着调查深入，地方检察官发现没有人犯罪。人们显然都能猜测出这些赠与涉及金额巨大，但确实是胡姬写下了这些支票。没人偷走她的财产。然而，无论是不是有火灾，查一查烟从何来也是公众服务的职责所在。

帕特里克：胡姬如果知道经过法庭和解，她遗产中有 3 000 多万美元给了自己的亲人，甚至还从护士那里拿回了 500 万美元，她会怎么想？

比尔：胡姬曾经告诉过好友苏珊娜·皮埃尔：她所有的亲人都无法继承财产，事实证明她是正确的。胡姬生性固执，又极力保护自己的隐私。毫无疑问，如果听到自己的遗嘱正在审查、护士没有得到原本应允的份额，还有大多数亲人跟外人说她患有精神疾病、不具备行为能力，她肯定会很难过。

和解也许是不可避免的，因为两方都没有绝对证据。亲戚一方找不到证据来支撑他们的控诉，即胡姬不具备行为能力。不仅如此，这本书的初版印刷于审判前夕，陪审员还能去参观胡姬的油画，了解她的慷慨性格，甚至还能听她电话留言里的声音。另一方面，传言说她最后立的那份遗嘱，其代理人是一个有重罪记录的会计和一个从来没有见过胡姬的律师。胡姬的护士因为巨额赠与受到严加盘问。医院曾谋求胡姬的捐赠，负有法律责任，虽然没有任何证据表明医院方的行为影响了遗嘱设立。漫长的审判过程中两方都是赤手空拳且花费巨大。随着审判日期临近，支持遗嘱一方的法律顾问们会见了模拟陪审团，呈上双方的主要情况。模拟陪审团三位成员中有两位决定支持此遗嘱，但和解才是明智的做法。我们在书中也指出，只有通过和解才能保证两方所有的律师都能拿到报酬。

对于胡姬来说，能找到些许安慰的就是经过法庭和解，最后遗嘱遵循了一个主要条款：在她最爱的圣巴巴拉克拉克夏季别墅——贝洛斯瓜尔多设立艺术基金会。

帕特里克：比尔，你曾经有没有能想过找一个亲人合作，他也是发自内心想要维护亲戚的名声，为了保全胡姬和家族里最有名的威廉·安德鲁斯的名声？

比尔：首先，保罗没有卷入任何金钱上的冲突，只当自己是亲人，而不是胡姬的侄子。他没有参与任何继承遗产的行为，也不属于法律诉讼的任何一方，所以没什么可担心。不仅如此，从一开始我就被保罗打动了，他致力于呈现事实，真实还原胡姬的故事，即使这些事实引出了令人不悦的家族历史。我们的目标不是要把威廉·安德鲁斯的政治丑闻张贴出来，也不是要深究克拉克铜矿开采给环境造成的影响。就像人们应该知晓见马克·吐温对克拉克的谴责——“美国国家的耻辱”，人们也同样应该了解，克拉克和他的铜矿与马克·吐温的财务冲突。

帕特里克：保罗，你如何看待你的叔祖父、参议员威廉·安德鲁斯的政治丑闻？

保罗：我们一致认为叙述应当基于事实，克拉克家族的行为应该在不同的语境、时代以及人们所处的文化中加以分析。在美国成立初期，腐败和暴力是瘟疫，在西部边境法律缺乏的区域尤其严重。克拉克和他的宿敌马库斯·戴利通过金钱和权利来操控和影响政治进程。他们两人都被指控公然贿赂。直到今天，富贾们还是能买下官署或者影响公众选举。但这些手段表面上看都是合法的，如铺天盖地的电视竞选。不管其形式如何，这些都不是民主在推动。

帕特里克：你是怎样重现了家族生活的众多细节，比如公馆和衣着？

比尔：我们从旧照片和新照片里吸取了这些细节，胡姬相册里的家族照片以及她寄给保罗的一些旧照片也包含在内。我们邀请了一位艺术史教授一起座谈，讨论了胡姬的油画以及 20 世纪初期女性画家的社会角色。同时我们也雇用了一位来自南加州的景观设计师来鉴定贝洛斯瓜尔多夏季别墅的新照片里出现的树木和植物。一位教授时装史的教授帮助我们正确认识了紧身裙和钟形帽的小细节。以上诸多细节帮助我们重建了镀金时代和爵士时代里克拉克家族的世界。

我们也有为数众多的材料在手：胡姬 20 年来的就医记录和护士的记载；遗产纠纷里有 50 个证人的证词，我们有核心集团的一部分；胡姬去世后，在她公寓里发现的数千封信件，其中有四千页内容还需要从法语中翻译得来。没有这些文件的话，我们就无从得知她和前夫比尔维持了长期的友谊和往来，也无法读到她写给远在法国的艾蒂安的深情信件。通常，文件和照片能一起呈现出细节。举一个小例子：从她的信中可以看到参加拍卖会的座签，她以每件 1 万 4 千美元的价格拍下了两件法国古董娃娃，我们由此查阅了伦敦苏富比的拍卖目录，才得到了这些玩偶的照片和介绍。

我们从公共档案里发现了细节来了解人物。比如，ancestry.com 这个网站能查到登记的旅客信息和老式的护照申请材料。根据后代的说法，威廉·安德鲁斯的身高不超过 5 英尺 5 英寸，可能穿上靴子，能到 5 英尺 6 英寸。但从护照申请表上看，他登记的身高是 5 英尺 8 英寸，甚至随着他的政治力量和财富日增，身高涨到了 5 英尺 10 英寸。

帕特里克：能谈谈你们的写作过程吗？是先做调查再动笔吗？

比尔：调查一直没有停止。即使在后期编辑过程中，有一位研究生在巴黎搜寻胡姬朋友艾蒂安的资料时，从记录里才发现他根本就不是侯爵这个事实，然而在20世纪30年代和40年代人们都这么称呼他。

我们在报道中采用的方法是遍寻每条小巷，随心捕捉引导我们的信息。胡姬和她家族的故事通过这些细节呈现在我们眼前。如果我们没有在胡姬去世很久之后去她住过的病房，就不会得到那张展示了窗外萧条风景的照片。另举一个例子：如果在第五大道的克拉克宅里没有找到那本书，了解不到书中记载了一家公司，那里能生产最华丽的管风琴（克拉克家的管风琴花费了12万美元，而且是1910年的价格），我们就没法得知卖掉管风琴背后的故事——1927年克拉克宅被推倒的时候，它的卖价只值一根上等的雪茄。

我们写作的方法是尽量阐释清晰，让这个故事自己呈现。期间主要的困难就是如何平衡威廉·安德鲁斯和胡姬这两条平行的故事主线，在她父亲最精彩的经商和从政生涯中主角胡姬因为还未出生没法出现在故事的台前。

帕特里克：许多历史纪实文学作者通过虚构看似逻辑性的场景甚至是对话来“辅助故事讲述”。为什么不虚构一些场景，把克拉克家族史诗这一系列深入的、基于事实的报道联结起来？

比尔：我们坚信纪实文学只能包含真实的信息。记者和纪实文学作者不会了解他人的思想、感受或者信仰，他们只知道人们的话语、文字和事件。如果一个作者给你剖析了某人内心的想法，你应该把这本书放到小说一栏。我们没有向任何人的头脑里灌输任何思想，也没有进行心理分析。如果某个字词或者某种行为有可能表明胡姬或者另外一个人物的内心感想，读者不需要我们来指出。虽然在前言中就总结了胡姬的一生（“正直的一生”），但我们仍然试图给读者丰富的想象空间，让他们构建自己的思考。对于参议员、他的年轻妻子安娜、女儿安德莉和胡姬、谋求胡姬遗产的亲属、医院的主治医师以及身家达到3 100万美元的护士，读者能自行评判这些人物的动机、道德和情感。

帕特里克：比尔，因为当时家里正在找房子，你才发现胡姬在康涅狄格州有一处价值2400万美元的豪宅，而且它从20世纪50年代起荒废至今，而后你才开始写这本书。不知道你找房子的结果如何？你家买到房子了吗？

比尔：是的，虽然不能和克拉克夫人的豪宅的价格相比，没有 52 英亩的房屋面积，也没有专门用来烘干尿布的房间，不管怎样，我们还是成功做到了。

帕特里克：这本书充满了不可思议的故事。如果要你选一个最喜欢的，你觉得是哪个？

保罗：虽然描写胡姬性格古怪、花钱如流水的故事很有吸引力，但我觉得她的慷慨乐施是最让我惊讶的。她是个腼腆的艺术家，与世隔绝，忙于照料玩偶和城堡，但她从没有停止对朋友和陌生人施以仁心。

比如，我们可以想想胡姬给格温多林·詹金斯提供家庭医疗护理这件事。詹金斯从没有见过胡姬本人，只是帮助照顾过胡姬的朋友。当时她刚回家，看见律师拿着一张漂亮的卡片，感到非常惊讶。正如她自己所说："那天晚上我对女儿说，我没法相信这位夫人，在这么高龄的时候还能写出这么漂亮、得体的卡片……而且她还附上了一份所谓的"小礼物"——一张 300 美元的支票！我不敢相信。我想去《圣经》研读会的时候把这事告诉大家，我有神佑！然后女儿说，'妈妈，你最好先坐下来，我给你读这封信。这张支票上有 3 万美元！'"

比尔：胡姬一生慷慨好施，甚至在诺曼底街角的杂货店里都要设立一个账户，以便她能发送电报给朋友买些东西。读者对这本书产生了许多思索，最主要的就是"如果我也像胡姬一样，天生具有这些优势和不足，我的生活会跟她的一样吗？"我们当中很少人能够做出跟她相同的选择——显而易见，我们可能会更多地游玩、选择风景好的地方居住、穿戴那些华服和珠宝。但我们能像胡姬一样慷慨吗？

Empty Mansions: The Mysterious Life of Huguette Clark and the Spending of a Great American Fortune

ISBN: 978-0-345-53453-8